经济学家的故事

主编 何晓波 梁 胜

主编 尹清丽 邹冬梅 戴 清

大师名家故事系列丛书

THE STORIES OF ECONOMIST
经济学家的故事

何晓波 梁胜·主编

四川大学出版社
SICHUAN UNIVERSITY PRESS

项目策划：陈　纯　梁　胜
责任编辑：陈　纯
责任校对：孙滨蓉
封面设计：璞信文化
责任印制：王　炜

图书在版编目（CIP）数据

经济学家的故事 / 何晓波，梁胜主编 . — 成都：四川大学出版社，2021.12
ISBN 978-7-5690-3672-5

Ⅰ . ①经… Ⅱ . ①何… ②梁… Ⅲ . ①经济学家－生平事迹－世界－通俗读物 Ⅳ . ① K815.31-49

中国版本图书馆 CIP 数据核字（2020）第 019117 号

书名　经济学家的故事

主　　编	何晓波　梁　胜
出　　版	四川大学出版社
地　　址	成都市一环路南一段24号（610065）
发　　行	四川大学出版社
书　　号	ISBN 978-7-5690-3672-5
印前制作	四川胜翔数码印务设计有限公司
印　　刷	成都金龙印务有限责任公司
成品尺寸	148mm×210mm
印　　张	11.875
字　　数	318千字
版　　次	2021年12月第1版
印　　次	2021年12月第1次印刷
定　　价	50.00元

版权所有 ◆ 侵权必究

◆ 读者邮购本书，请与本社发行科联系。
　电话：(028)85408408/(028)85401670/
　(028)86408023　邮政编码：610065
◆ 本社图书如有印装质量问题，请寄回出版社调换。
◆ 网址：http://press.scu.edu.cn

四川大学出版社
微信公众号

名人名言

1. 一切经济最后都归结为时间经济，一切节约，归根结底都归结为时间的节省。

　　　　　　　——［德］卡尔·马克思

2. 工资取决于对劳动的需求和供给，换句话说，取决于人口和资本。

　　　　　　　——［英］约翰·穆勒

3. 资本的本质在于能产生收入，而收入的本质在于能直接或间接地构成资本。

　　　　　　　——［法］莱昂·瓦尔拉斯

4. 资本主义，在本质上是经济变动的一种形式或方式，它不仅从来不是，而且也永远不可能是静止的。

　　　　　　　——［奥地利］约瑟夫·熊彼特

5. 通过连续的通货膨胀，政府可以秘密地、不为人知地剥夺人民的财富，在使多数人贫穷的过程中，却使少数人暴富。

　　　　　　　——［英］约翰·梅纳德·凯恩斯

6. 投资人在投资过程会中往往会产生很多很多的动物特征，贪婪、恐惧、羊群效应等，出现信心、公平、欺诈、货币幻觉和听信故事等非理性行为。

　　　　　　　——［英］约翰·梅纳德·凯恩斯

7. 学习经济学的主要目的就是不受经济学家的欺骗。

　　　　　　　——［英］琼·罗宾逊

8. "自由""私有""市场"这三个词是密切相关的。在这里,"自由"是指没有管制的、开放的市场。

——[美]米尔顿·弗里德曼

9. 选择一种东西意味着需要放弃其他一些东西。一项选择的机会成本是相应的所放弃的物品或劳务的价值。

——[美]保罗·萨缪尔森

10. 历史总是重要的。它的重要性不仅仅在于我们可以向过去取经,而且还因为现在和未来是通过一个社会制度的连续性与过去连接起来。今天和明天的选择是由过去决定的。

——[美]道格拉斯·诺斯

写在前面的话

　　人类社会之所以能薪火相传、绵延不绝并不断走向辉煌，一个重要的原因就是人类对与自己相关的一切都怀有浓厚的兴趣，并且愿意孜孜不倦地去探究、发现与创造。在认识、改造、创新世界的同时，人类也认识、改造、创新自身。在这个充满刺激与浪漫的过程中，那些不断闪烁着智慧光辉的名字更是推进世界进步的重要力量。没有他们，这个世界是不可想象的。这些分布在政治、经济、军事、科学技术等各个领域的精英们或用他们的道德力量，或用他们的学术魅力，或用他们的天才，或用他们无限的创造力穿越时空的藩篱，召唤着我们的灵魂，涤荡着我们的心灵。

走近他们，认识他们，亲近他们，在时空的轴上与他们对话，从他们创造的精神财富中汲取养分，获得创造的力量，在润泽、养育精神世界的同时，激励认识世界的勇气，提升改造世界的能力，自然成为后来者的责任。

　　虽然编辑的是这样一本小册子，但我们却不敢掉以轻心，犹如生怕损坏了一个个精致的艺术品，因而总是怀着一份虔诚，一份感激，一份小心，犹如绣花一般，做着这样一件意义重大的事。

　　希望读者能够在阅读这些故事的时候产生与我们一样的感受！

　　人物故事以时间顺序排序。

编　者
2018年10月

目 录

第一部分 外国经济学家的故事

亚当·斯密 …………………………………………（ 3 ）
大卫·李嘉图 ………………………………………（ 10 ）
约翰·穆勒 …………………………………………（ 18 ）
卡尔·马克思 ………………………………………（ 23 ）
阿尔弗雷德·马歇尔 ………………………………（ 28 ）
约瑟夫·阿罗斯·熊彼特 …………………………（ 32 ）
约翰·梅纳德·凯恩斯 ……………………………（ 38 ）
弗里德里希·奥古斯特·冯·哈耶克 ……………（ 42 ）
西奥多·舒尔茨 ……………………………………（ 47 ）
简·丁伯根 …………………………………………（ 51 ）
琼·罗宾逊 …………………………………………（ 56 ）
米尔顿·弗里德曼 …………………………………（ 61 ）
威廉·阿瑟·刘易斯 ………………………………（ 67 ）
保罗·萨缪尔森 ……………………………………（ 73 ）
道格拉斯·诺斯 ……………………………………（ 78 ）
约翰·纳什 …………………………………………（ 82 ）
罗伯特·蒙代尔 ……………………………………（ 87 ）
詹姆斯·莫里斯 ……………………………………（ 92 ）
罗伯特·卢卡斯 ……………………………………（ 96 ）
约瑟夫·斯蒂格利茨 ………………………………（102）

· 1 ·

第二部分　中国经济学家的故事

陈翰笙 ·· (109)
王学文 ·· (117)
何廉 ·· (122)
马寅初 ·· (132)
卓炯 ·· (143)
方显廷 ·· (149)
钱俊瑞 ·· (154)
孙冶方 ·· (160)
薛暮桥 ·· (168)
王亚南 ·· (172)
张培刚 ·· (177)
许涤新 ·· (183)
于光远 ·· (190)
董辅礽 ·· (199)
蒋一苇 ·· (206)
马洪 ·· (214)

第三部分　外国经济史话

第一章　古代西方的经济发展 ···················· (223)
第二章　西欧封建经济的发展 ······················ (234)
第三章　资本主义的兴起 ···························· (244)
第四章　工业革命与世界经济的形成 ············ (258)
第五章　自由市场经济的消亡 ······················ (274)
第六章　战后经济的发展 ···························· (285)

· 2 ·

第四部分　20世纪以来世界经济大事记

附录1　历届诺贝尔经济学奖得主（1969—2017年）……（353）
附录2　外国经济学家姓名中英文对照表……………（359）
参考文献………………………………………………（363）

· 第一部分 ·
外国经济学家的故事

亚当·斯密

> 提示语：伟大的经济学家，西方经济学的主要创立者，被称为"现代经济学之父"。

亚当·斯密（1723—1790年），出生在苏格兰的一个叫柯科迪（旧译基尔克加特）的小镇。这个小镇在当时还是半野蛮状态的农村。

斯密青年时代先后就读于格拉斯哥大学和牛津大学。大学时代他就展露出他的学术才能，被授予牛津学院奖学金。1750年后，亚当·斯密在格拉斯哥大学担任逻辑学和道德哲学教授，还兼学校行政事务，一直到1764年离开格拉斯哥大学为止。其间，亚当·斯密于1759年出版了《道德情操论》，获得学术界高度评价。而后于1768年他又开始着手著述《国民财富的性质和原因的研究》（简称《国富论》）。1773年，《国富论》基本完成，亚当·斯密又花了三年时间来润色此书。1776年3月，《国富论》出版后引起广泛讨论，刮起学术飓风，除英国本土外，欧洲大陆和美洲也为之疯狂。休谟写道："好！太棒了！亲爱的斯密先生，我对您的工作极为满意！"《国富论》的巨大成就，世人尊称亚当·斯密为"现代经济学之父"和"自由企业的守护神"。

斯密从小是个瘦弱的孩子，从孩提时代就养成了自言自语的习惯，一生未改。斯密虽然从早年起，甚至还是个小孩的时候，就会不时发生神不守舍状态。斯密在陌生环境发表演说时，刚开始会因害羞频频口吃，一旦熟悉后便恢复辩才无碍的气势，侃侃而谈；而且亚当·斯密对喜爱的学问研究起来相当专注、热情，甚至废寝忘食。有一天他同一个朋友边走边热烈地讨论，不慎跌入一个鞣制皮革的坑里，竟把坑里的水当作饮料，说一生从未尝过这样难吃的茶。

亚当·斯密生活的中心是他的母亲。斯密的母亲叫玛格丽特，一直活到90岁。在斯密出生前，他父亲就已去世了，童年时代斯密体质孱弱多病，又无兄弟姐妹，所以斯密特别亲近他的母亲。母亲也经常教导和鼓励斯密，斯密受到母亲的影响，在他长大成人后仍时常陪伴在母亲身边。而真正了解亚当·斯密的人就是他的母亲。在长达60年的岁月中，斯密对母亲孝顺侍奉，报答她的养育之恩，为此斯密终身未娶。1784年5月23日，亚当·斯密的母亲去世，这年斯密已经61岁，在母亲去世6年后的1790年，斯密也离开了人世。在他的坟墓前竖着一块简易的墓碑，上面写着："这里躺着《国富论》的作者。"斯密的一生是很幸运的，在他生前亲眼看见自己的著作在社会上所产生的巨大影响，在他有生之年，《国富论》中的不少理论主张都已实现了。

斯密一生最密切的朋友是大卫·休谟，休谟在哲学方面的造诣对斯密产生了很大影响。两人大概在1751年前后结识，此后，两人除见面外，一直有着频繁的通信联系。当斯密在写完《国富论》后，担心自己健康恶化有可能看不到该书的出版，便指定休谟为自己的遗稿管理人。但结果却是休谟去世在先。而在休谟的遗嘱中，也恰恰指定斯密为遗稿管理人。亚当·斯密的著作，对后世有着重大影响。时至今日，经济学界依然不断有"回到斯密"的呼声。如1998年诺贝尔经济学奖得主阿玛

蒂亚·森，在他的著述中反复阐明斯密的贡献。在经济学界，斯密几乎成为被征引最多的作家。为了纪念这位卓越的经济学家，2007年起，亚当·斯密的头像就出现在英国20镑面值的新版钞票上。

亚当·斯密的代表作是《道德情操论》(1759)、《国富论》(1776)。

亚当·斯密在《国富论》中所建立的经济理论体系，就是以《道德情操论》为基础的，"这个基础就是人的行为，更确切地说是决定大量行为的内在情感（同情心），不只是日常生活中的行为，而且也包括运用一种在完美自由的社会中具有重大意义的激情时的行为，即想方设法地赚钱。"《道德情操论》和《国富论》不仅是亚当·斯密进行交替创作、修订再版的两部著作，而且是其整个写作计划和学术思想体系的两个有机组成部分。《道德情操论》所阐述的主要是伦理道德问题，《国富论》所阐述的主要是经济发展问题，用21世纪的观点看来，这是两门不同的学科，前者属于伦理学，后者属于经济学。亚当·斯密把《国富论》看作是自己在《道德情操论》论述的思想的继续发挥。《道德情操论》和《国富论》这两部著作，在论述的语气、论及范围的宽窄、细目的制定和着重点上虽有不同，如对利己主义行为的控制上，《道德情操论》寄托于同情心和正义感，而在《国富论》中则寄希望于竞争机制；但对自利行为的动机的论述，在本质上却是一致的。在《道德情操论》中，亚当·斯密是把"同情"作为判断核心的，而其作为行为的动机则完全是另一回事。

《国富论》有下列重要主张:

1. 个人主义:经济体制之建构,应以保障个人之生存及发展为原则。因为每个人若能充分发展自我,则社会整体也将获得进步。

2. 财产私有制:就是主张私人有权拥有及支配自己的财富。因为如此才能使个人充分发展,同时促进文明的发展。

3. 追求利润具有正当性:企业家投资工商业虽然为了追求利润,但是在过程中往往产生服务人群、贡献社会的效果,促进社会进步。

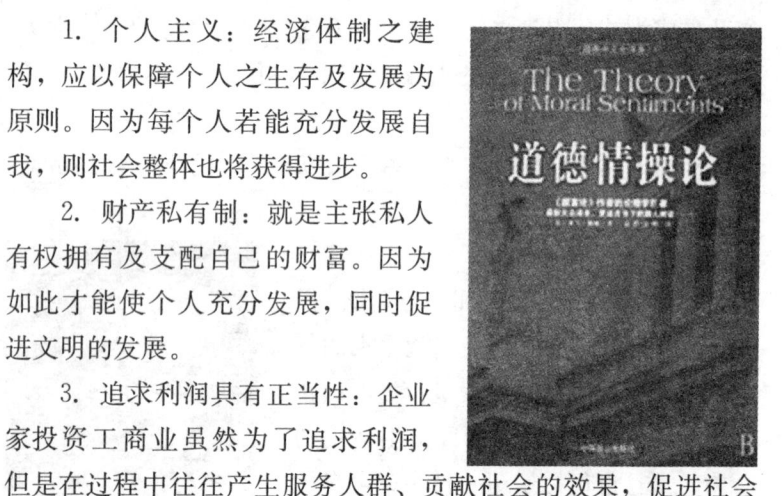

4. 经济自由:主张政治中立,不随便干预经济活动,使每个人得按照自己的意志,自由地进行其经济活动,如此才能有效率。

5. 价格机能:商品的价格,由市场来决定,如此价格自然会调整恰当,而且资源也会配置得当,结果将使社会效益达到最佳的状态。

斯密认为人类具有自私利己的天性,因此追求自利并非是不道德的事。倘若放任个人自由竞争,人人在此竞争的环境中,不但会凭着自己理性判断,追求个人最大的利益,同时有一只"看不见的手(指市场)"使社会资源分配达到最佳状态。

《国富论》的重点之一便是自由市场,自由市场表面看似混乱而毫无拘束,实际上却是由一双被称为"看不见的手"所指引,将会引导市场生产出正确的产品数量和种类。如果产品发生短缺,产品的价格便会高涨,生产这种产品所能得到的利润便会刺激其他人也加入生产,最后便消除了短缺。如果许多产品进入了市场，生产者之间的竞争将会增加，供给的增加会将产品的价格降低至接近产品的生产成本。即使产品的利润接近于零，生产产品和服务的利润刺激也不会消失，因为产品的所有成本也包括了生产者的薪水在内。如果价格降低至零利润后仍继续下跌，生产者将会脱离市场；如果价格高于零利润，生产者将会进入市场。斯密认为人的动机都是自私而贪婪的，自由市场的竞争将能利用这样的人性来降低价格，进而造福整个社会，而提供更多产品和服务仍具有利润的刺激。不过，斯密也对商人保持戒心，并且反对垄断的形成。

亚当·斯密的经济思想体系结构严密，论证有力，大致包括以下几类理论：

一、分工理论

亚当·斯密认为，分工的起源是由于人的才能具有自然的差异性，这种差异起因于人类独有的交换与易货倾向。交换及易货属私利行为，其利益决定于分工，假定个人乐于专业化及提高生产力，剩余产品的交换，促使个人增加财富，这种交换行为将扩大社会生产，促进社会繁荣，并达到私利与公益的平衡。

他列举制针业来说明，"分工已经使针的制造成为一种特殊的职业。一个工人，如果没有受过这种职业的训练，是不知怎样使用这职业上使用的机器（引起这种机器的发明的，也是同样的分工），纵令竭力工作，也许一日也不能造成一枚，要是说二十枚，那就决然是不可能了。"分工促进劳动生产力的原因有三个：第一，劳动者的技巧因专业而与日俱进；第二，由一种工作转到另一种工作，通常需损失不少时间，有了分工，就可以免除这种损失；第三，许多简化劳动和缩减劳动的机械发明，只有在分工的基础上才有可能。

二、货币理论

货币的首要功能是流通手段，持有人持有货币是为了购买其他物品。当物物交换发展到以货币为媒介的交换后，商品的价值就用货币来衡量。这时，便产生了货币的另一功能——价值尺度。亚当·斯密也谈到货币的储藏功能、支付功能。但是，他特别强调货币的流通功能。

三、价值论

亚当·斯密指出，价值涵盖使用价值与交换价值，前者表示特定财货之效用，后者表示拥有此一财货换取另一财货的购买力。进一步指出，具有最大使用价值之财货，往往不具交换价值，水及钻石是其著名的例子。

四、分配理论

亚当·斯密的分配论，即劳动工资、资本利润及土地地租自然率的决定理论。亚当·斯密指出，尽管雇主拥有抑低工资的力量，工资仍有其最低水平，此一最低水平是劳动者必须能够维持基本生活，假定工人需求增加或工资基金提高，工资将高于最低水平。就另一角度言之，一国财富、资本或所得增加，将促使工资上涨，工资上涨则促进人口增加。

五、资本积累理论

对于投资家，提供收入或利润的资本，有两种使用方法：一是投下资本，把物品开采出来，制造出来，或购买进来，再卖出去而兼得利润，二是资本又可用来改良土地，购买有用的职业所需的机械工具。一个国家一个社会的总资产可以分为三部分：第一部分为支费，即"留供目前消费，其特性为不提供收入或利润。"比如已经由消费者买回来但还没有消费掉的食品衣服家具等物品。第二部分是固定资本,"其特性为不流通,不更换主人,已可提供收入或利润。"第三部分即流动资本,其特性是由流通或更换主人而提供收入。

六、赋税理论

亚当·斯密提出四大赋税原则,具体内容如下:

第一,一国国民,各须在可能范围内,按照比例于各自的资力,即按照比例于各自在国家保护下享得的收入,提供国赋,维持政府。

第二,各国国民应当完纳的赋税,须是确定的,不得随意变更。完纳的日期,完纳的方法,完纳的额数,皆当让一切纳税者及其他的人,一一清楚明白。

第三,各种赋税完纳的日期及完纳的方法,须予纳税者以最大便利。

第四,一切赋税的征收,须设法使民之所出,尽可能的等于国之所入。

大卫·李嘉图

| 提示语： 英国古典政治经济学的主要代表人物，英国古典政治经济学的完成者。

大卫·李嘉图（1772—1823年），出身于一个犹太人家庭，父亲是证券交易所经纪人。他12岁时到荷兰商业学校学习，14岁跟随父亲从事证券交易，1793年，21岁的李嘉图独立开展证券交易活动，很快便获得成功；1819年李嘉图被选为上议院议员。1823年9月，李嘉图因为病重辞去议员一职。数月后，他与世长辞，享年51岁。

在经济理论研究方面，大卫·李嘉图算得上是一位大器晚成的奇才。他27岁时才第一次读到斯密的《国富论》，37岁发表他的第一篇经济学论文。随后就一发而不可收。在他14年短暂的学术生涯中，为后人留下了大量的著作、文章、笔记、书信、演说。其中，1817年出版的《政治经济学及赋税原理》最负盛名。

李嘉图是一个金融天才。26岁时李嘉图以800镑为资本开始独立经营，到42岁退休时，资产达到160万镑。这一数字使他成为当时的头等富豪。但是，同凯恩斯这样的经营奇才一样，后人对他们的景仰不是因为他们的投机传奇，而是因为他们对经济学发展的开创性贡献。真正使李嘉图具有传奇色彩的是，这位经济学史上一流的思想家，"他所受到的正规教育是一个伟大的经济学家所受到的最贫乏的教育，这样，他作为一个经济学思想家的成就就必须归之于天才"。

历史要翻到1799年。这一年，注定是李嘉图的人生转折年。当时，李嘉图在一家温泉胜地养病期间，偶尔翻阅了《国富论》。他"非常喜欢它，以致要取得研究的体验"。这是李嘉图对经济学产生研究兴趣的开始。此后，李嘉图经常阅读詹姆斯·穆勒主编的主张自由贸易的《爱丁堡评论报》。1808年穆勒出版了阐述自由贸易主张的《商业保护论》，李嘉图大为赞许。此时，穆勒已经是一位有影响的历史学家和逻辑学家。李嘉图对穆勒深为敬佩，特别对穆勒受到他自己所缺少的正规的教育很是羡慕，李嘉图主动与之结识并成为知交。此后，李嘉图与穆勒经常就当时的热点问题座谈和通信讨论，李嘉图的知识素养和研究能力得到培养和提高。

穆勒不仅对李嘉图的写作给予精神支持，不断督促和鼓励，还在写作方法，结构安排，论点阐述等技术环节给予周详的指导。穆勒的鼓励和指导贯穿于李嘉图写作的整个过程。1817年，《政治经济学及赋税原理》一书终于写作完成并出版。正是穆勒的无私奉献推动了这一政治经济学历史上有重要时代意义的著作的问世，甚至可以说，没有穆勒，就没有李嘉图的《政治经济学及赋税原理》。

另一个人物，在李嘉图的学术生涯中也占据了重要位置，他就是马尔萨斯。

李嘉图和马尔萨斯是两位在出身、经历、个性和思想观点等方面都有着明显反差的思想家。马尔萨斯出身于上层贵族社会，其父亲与当时思想界名流如休谟、卢梭等有着广泛的交游；而李嘉图出身于富有但缺乏社会地位的犹太移民家庭，父亲似乎就是一个唯利是图的投机者。马尔萨斯少年时代就博览群书,并进入剑桥大学;而李嘉图从未接受系统的正规教育。马尔萨斯是一个职业学者;而李嘉图的身份是证券经纪人。马尔萨斯过的是平淡无奇的教师生活;而李嘉图不仅在证券经营中一帆风顺,还担任过议员。马尔萨斯一辈子过的是学院生涯,却关心现实;而李嘉图虽然经商,但成了理论家。马尔萨斯从来没有富裕过;李嘉图个人财产达到160万英镑。

马尔萨斯成名早于李嘉图。由于《人口原理》的发表,在李嘉图进行经济学研究时,马尔萨斯早已是名满英伦的经济学家,李嘉图对马尔萨斯的人口理论很是折服。"它所阐述的理论是那么清楚,那么使人满意,因而引起我的兴趣,这是仅次于亚当·斯密的名著。"在当时关于银行券问题的争论中,李嘉图分别于1810年和1811年发表了《黄金的高价是银行纸币贬值的验证》和《答博赞克特先生对金价委员会报告的实际观感》两篇论文,引起了马尔萨斯的注意。为了和李嘉图在相关问题上取得一致,避免无谓的笔墨官司,马尔萨斯主动结识了李嘉图。

在李嘉图与马尔萨斯的关系中,与终身论敌相伴的是另一层关系:终身朋友。罗伯特·海尔布罗纳称呼他们为"既相互依赖同时又彼此独立"。李嘉图不仅通过自己的证券经营帮助马尔萨斯赚取投资收益,临终前还留赠了马尔萨斯一笔生活费用。马尔萨斯曾说过:"我们的不同之处和不同见解,至少足以表明我们双方所共有的诚意,从而提供了一个有力的假设,即,提出我们的理论时,不论在我们的思想上存在什么偏见,却不是那种最难防范的、最难觉察的、出于自己的处境和利益关系而产生的偏见。"

大卫·李嘉图继承和发展了亚当·斯密创立的劳动价值理论，并以此作为建立比较优势理论的理论基础。

一、比较成本学说

李嘉图刚刚开始进入经济学界的时候，英国正在紧锣密鼓地制定限制谷物贸易的《谷物法》。李嘉图鼓吹自由贸易，但《谷物法》最终还是通过了。这促使李嘉图更深入地思考贸易问题，从理论上驳斥贸易限制的荒唐。

他的国际贸易学说可以被称为"比较成本说"或"比较成本规律"。他模仿亚当·斯密关于个人劳动分工的理论来分析两个国家间贸易的好处。假定织一单位布，英国需要50个劳动日，葡萄牙需要25个劳动日；酿一单位酒，英国需要200个劳动日，葡萄牙只需要25个劳动日。可以看出，葡国酿酒、织布所需的成本都比英国低，即都处于绝对优势。不过，两国生产的相对成本是不同的，因而两国各具比较优势，葡萄牙在酒的生产中表现出的优势更大，葡萄牙的酿酒成本相对低，处于比较优势，织布成本相对高，处于比较劣势。而英国织布成本相对低，处于比较优势。在这种情况下，英国放弃生产比较劣势的酒，专门生产比较优势的布。如此分工，两国合起来不仅可以生产出更多的酒和布，英国还可以用布换到较多的酒，而葡萄牙用酒可以换到更多的布。两国同时获得国际分工与国际交换的好处。

这种理论为自由贸易提供了坚实的理论基础。李嘉图认为，国际分工与国际交换的利益，只有在政府不干涉对外贸易，实行自由贸易的条件下，才能最有效地实现。"在一个具有充分商业自由的体制下，每个国家把它的资本和劳动置于对自己最有利的用途"。因此，他是坚定的自由贸易论者。

二、价值理论

李嘉图的经济学理论的基础是劳动价值论，这是从亚当·斯密的观点中演化而来，但经过了一些改动。李嘉图认为"一件商品的价值，或所能换得的他种商品的数量，乃定于生产所必要的相对劳动量。"根据这个理论，他认为，劳动的价值（工资）是一定社会中为维持工人生活并延续其后代通常所必需的生活资料决定的，而利润则决定于工资。

然而，这种认识也有不完美的地方。"我们若有一不变标准，以测定商品价值的变动，我们一定会见到，在假设的场合上，商品腾贵，必于该商品生产上所必要的劳动追加量相应。生产所必要的劳动未加，商品的价值亦不能腾贵。"这种论点就不能解释如窖藏越久的酒，最初的花费很少，越到后来却越贵；也不能解释淡水很重要，价格却很低，钻石没有任何用处，价格却很高。实际上，这是因为价值取决于消费者的主观判断，商品的相对价格是由消费者对这些产品的评估和欲望决定的。

李嘉图在学术上的突出成就表现在以下几个方面：

一、税收来源

他坚持劳动时间决定商品价值的原理，认为劳动是创造价值的唯一源泉。根据他的劳动价值理论，李嘉图认为税收来自劳动产品的价值，"一国生产物，有一部分须受政府处分。这一部分，叫做赋税。赋税的付纳，或出自一国资本，或出自一国收入。"也就是说，税收来源于资本和收入两个方面。"政府增加赋税增加消费的结果，若能在人民方面增加生产，缩减消费，这种赋税，就将出自收入。国家资本，可不致减少。若不能在人民方面增加生产，缩减消费，赋税必须出自资本。"

但是，税收不论来自收入还是资本，"凡属赋税，都有减杀蓄积力的倾向。赋税非加在资本上，即须加在收入上。如果资本受蚕食，工业基金亦必按比例减少。"因此，国家在增加税收时，除非人们能够按比例地增加资本和收入，否则他们常年的享乐就必然减少。政府的政策应当是不要征收必然要落在资本上面的赋税，因为征收这种赋税，会损害维持劳动的基金，因而会减少国家将来的生产。

二、税收原则

李嘉图并没有像亚当·斯密那样比较系统和全面地对税收原则进行分析，但在一些论述分析中也体现出他的税收原则思想，其中主要是税收公平和税收对生产的影响。

李嘉图认为社会一切收入都应征税，人们应按自己的财力来负担税收；政府税收只要负担合理，至于落在哪项收入上面是无关紧要的，"只要赋税不是不平均地压在从事积累和节约的阶级身上，它究竟是课加在利润上面、课加在农产品上面、还是课加在工业品上面，并没有多大关系。"为了公平地征收税收，应该建立以工资税、利润税和农产品税组成的税收制度。同亚当·斯密一样，李嘉图也同意政府财政支出是非生产性的；政府税收是用于政府支出，因而也具非生产性；税收具有妨碍生产和耕种的通病，给生产带来负担。"一切赋税，都有一方面的弊害。非影响利润或他种收入来源，即将影响支出。设负担平均，不抑制再生产，那加在什么方面，毋庸过问。"因此，李嘉图认为"最好的财政计划就是用费少；最好的赋税制度是数额小。"

三、赋税影响

1. 赋税对资本主义生产的影响。李嘉图认为，税收不是来自资本，就是来自收入，因而从总体上看，税收不利于资本主义生产的发展。他说："如果没有赋税，资本这种增加还会更多得多。凡属赋税都有减少积累能力的趋势。赋税不是落在资本上面，就是落在收入上面。如果它侵占资本，它就必然会相应地减少一笔基金，而国家的生产性劳动的多寡总是取决于这笔基金的大小的。如果它落在收入上面，就一定会减少积累，或迫使纳税人相应地减少以前的生活必需品和奢侈品的非生产性消费，以便把税款节省下来。但是，赋税的巨大危害倒不在课税的目的的选择，而在于整个来说的总效果。"李嘉图还进一步指出，来自资本的赋税比来自收入的赋税对生产更有害。如果赋税落在资本上，人民原来决定用在生产性消费上的基金将会因此受到损失。李嘉图在阐述税收对经济的影响时，还指出赋税会造成利润率下降，从而导致资本转移的倾向。他说："如果谷物的价格不能按课税总额提高，农业利润就会低于一般利润水平，资本就会寻找更为有利的用途。"他还认为，如果征税不具有普遍性，对某些行业征收某种税。而对另一些行业不征税，同样会引起资本的转移。他认为，为了减轻赋税对生产的不利影响，就要避免对资本课税，而尽量征收弊病最小的均等收入税和奢侈品税。

2. 赋税对价格的影响。李嘉图认为课税往往使商品价格呈上升趋势。"任何课加在农业经营者身上的赋税，无论是采取土地税的形式，什一税的形式还是产品税的形式，都将增加生产成本，因之也就会提高农产品的价格"。"每一种新税都会成为生产的一种新负担，并使自然价格提高。"李嘉图还认为，赋税可以改变商品间原来的价格比例关系。"我们已经看到，谷物和农产品的直接税在货币也在本国生产的情况下，必须会按照农产品加入商品构成的比例而提高一切商品的价格，因而破坏各商品之间原有的自然关系。"

3. 赋税对经济的其他影响。李嘉图认为，税收可以通过改变利润水平来影响产品供求；税收还可以通过改变国民的收入投向，变个人所得为政府收入，引导资源配置；税收可以通过减少资本，减少劳动的实际需求，从而减少工人的就业机会；税收可以通过出口退税，进口课税，发展对外贸易，促进本国经济发展。

约翰·穆勒

> 提示语：英国著名哲学家、心理学家和经济学家，19世纪影响力很大的古典自由主义思想家。

约翰·穆勒又译约翰·密尔（1806—1873年），1806年5月20日出生于伦敦，1809年，他开始学习希腊语，7岁时就已经阅读了《柏拉图对话集》的大部分，次年开始学习拉丁语，在此期间通读了希罗多德、色诺芬、第欧根尼·拉尔修的著作以及卢西安的部分著作。8岁到12岁期间，他读完了维吉尔、霍勒斯、李维、萨勒斯特、奥维德、特伦斯、卢克莱休、亚里士多德、索福克勒斯和阿里斯托芬的作品；掌握了几何、代数和微分，写了一本罗马史、一本世界史节略，还写了几首诗。17岁时，穆勒进入不列颠东印度公司，一直到1858年。他一生以新闻记者和作家的身份著书立说。《政治经济学原理——及其在社会哲学上的若干应用》（简称《原理》）的问世，让他誉满全世界。直到19世纪末，这本书一直都是英、美等英语国家的大学初级经济学课程的基础教科书。

穆勒生来就是与思想为伍的。总结他在东印度公司任职期间的生活，没有玩伴，没有嬉戏，只有书籍和父亲的话语。这样的生活在1826年出了问题，那一年他发生了精神危机，他不断思索作为一个人的价值何在,两年之后这场精神危机才慢慢过去。他从英国湖畔派诗人华兹华斯的诗歌中受到启发。从此,他的思想进入一个崭新阶段,并开始大幅修正原来的效益主义观。他开始大量阅读具有不同观点人士的著作,例如英国浪漫派的哲学家柯立芝、孔德与圣西蒙等等。在对民主政治的讨论上,他受到德·托克维尔很大的影响。

对他影响最大的是他与哈莉特·泰勒长达20年的相互爱恋以及6年的婚姻生活。结婚之后,穆勒的公开活动一度变得很少,在两人思想的激荡下,穆勒许多重要的著作纷纷问世,这包括了《逻辑体系》《政治经济学原理》《论自由》《论代议制政府》《效益主义》《女性的屈从地位》《论社会主义》,等等。穆勒的思想不仅在当时非常前卫,即便是放在当下,他很多看法比起许多女性主义者也不逊色。他反对爱情,因为爱情奴役了女性;反对基督教,因为它造成了个人解放的障碍,形成了社会专制;对于社会主义的关注,使得穆勒重新思索公平正义的问题,这些在穆勒的著作中都不难发现其踪迹。

《原理》一书,是穆勒思想的奠基作,也是代表作,它讨论的主题是生产和分配的规律,以及由这些规律推断出来的一些实际结论。

一、生产

穆勒认为,生产要素有两种:劳动和适当的自然物品。人类依靠自然界提供的原材料进行劳动,创造收入。在物质世界中,劳动总是而且仅仅是用来使物体产生运动,其余的事便遵循自然规律，让自然规律发挥引导作用。人类的技能和才智主要用于发现靠人力可以实现的而且能带来预想效果的活动。不论是体力的还是脑力的劳动，都是社会创造所需要的。

劳动产生的效用有三种：

第一，固定和体现在外界物体中的效用，即运用劳动使外物具有能使它们对人有用的性质。这就是改造自然，让自然为人类服务。

第二，固定和体现在人身上的效用：在此情况下，劳动用于使人具备能使他们对自己和别人有用的品质。换一个说法，通过劳动，可以培养个人和社会的整体品质。

第三，也是最后一种效用：并未固定或体现在任何物体中，而只存在于所提供的服务中，即给予一种快乐，消除不便或痛苦，时间可长可短，但不会使人或物的性质得到永久性改善。这就是我们最为熟悉的社会服务业所产生的效果。

二、分配

穆勒认为，财富的分配要取决于社会的法律和习惯，决定这种分配的规则是依照社会统治阶级的意见和情感而形成的。当然，这种分配规则在不同的年代和国家内是不相同的。因为生产要素可以被分别占用，产业社会可以分为地主、资本家和生产性劳动者，整个社会就是由这三个阶级组成。有时产品由三个阶级分享，有时产品全部归于一个阶级，有时产品分属于两个阶级。

三、交换

交换价值不同于价格，"今后如说某一物品的价格，我们是指它用货币表示的价值；如说某一物品的价值或交换价值，是指它的一般购买力，即拥有这一物品对于一般可购商品所具有的支配力。"物品要有交换价值，必须满足两个条件：一是必须具有某种效用,即帮助实现某种目的,满足某种欲望。二是获得它必须存在若干困难。

穆勒化学心理学和自由主义的观点,对后世也影响巨大。

约翰·穆勒为了补救他父亲心理力学中机械性的缺陷,提出了"化学心理学"这一思想,认为有些观念的联合好像氢和氧化合成水一样,水具有新的性质,这种性质无论在氢或氧中都是没有的,它是由氢和氧的化合物形成的新品质。这种由观念的联合而形成的新品质不能由原先观念的性质来预知,而必须通过实际经验才可以认识到。他将"心理混合"改为"心理化合",用心理化学代替心理力学。1865年约翰·穆勒提出了四条联想律,即类似律、接近律、多次律和不可分律。其中删去了1843年他所提出的强度律。约翰·穆勒和他父亲詹姆士·穆勒都属于唯心论的联想主义心理学家,但他反对心理力学、倡导心理化学,强调心理学的独立性,强调化学联想的主动性和联想律的共同基础,这在当时的历史条件下难能可贵,具有进步意义。

约翰·穆勒对西方自由主义思潮影响甚广,尤其是其名著《论自由》,更被誉为自由主义的集大成之作,同时也与弥尔顿的《论出版自由》一道,被视为报刊出版自由理论的经典文献。这部著作的要义可以概括为:只要不涉及他人的利害,个人(成人)就有完全的行动自由,其他人和社会都不得干涉;只有当自己的言行危害他人利益时,个人才应接受社会的强制性惩罚。这就是约翰·穆勒所划定的个人与社会的权利界限,所以,1903年当严复第一次把《论自由》介绍到中国来时,书名就叫《群己权界论》。《论自由》的第二章专门探讨了言论自由问题,标题就叫《论思想自由和讨论自由》,这部分论述对报刊自由主义影响最大。约翰·穆勒的经典之作《论自由》被认为是对19世纪维多利亚社会中弥漫着的强制性道德主义的反抗。

"每一个已经成年的人,都应有一部分生活不受任何其他人或公众全体的控制。只要是稍许尊重人类自由和尊严的人都不会怀疑，人类生活中确实应该有这样一种受到保护的、不受干预的神圣空间。"这种个人自由观念是建立在"最大多数人的最大幸福"这一功利主义原则之上的，因为约翰·穆勒认为，由于人类难免犯错，自由讨论才是最有可能发现新真理的途径，而对任何探究的封杀和排斥，都会对人类造成损失，因而都是不明智的。此外他还认为，只有通过争辩，才能让我们学会更好地表述和捍卫真理，并使真理保持旺盛的生命力。

卡尔·马克思

> 提示语：德国伟大的思想家、政治家、哲学家、经济学家、革命家和社会学家。

卡尔·马克思（1818—1883年），全名卡尔·海因里希·马克思，是马克思主义的创始人之一，第一国际的组织者和领导者，马克思主义政党的缔造者，全世界无产阶级和劳动人民的革命导师，无产阶级的精神领袖，国际共产主义运动的开创者。主要著作有《资本论》《共产党宣言》等。

卡尔·马克思1818年5月5日出生于德意志邦联普鲁士王国莱茵省特里尔城一个律师家庭。

1830年10月，马克思进入特里尔中学。中学毕业后，进入波恩大学，18岁时转学到柏林大学学习法律，但他大部分的学习焦点却摆在哲学和历史上。

1836年晚夏，在波恩大学攻读法律的马克思，回特利尔向自己热恋的姑娘求婚，燕妮就和18岁的马克思约定了终身。按照当时的习俗，这是前所未有的。贵族出生、年华似锦的燕妮，被公认为是特利尔最美丽的姑娘和"舞会皇后"，许多英俊贵族青年为之倾倒，求婚者不乏其人，毫无疑问燕妮可以缔结一门荣华富贵的婚姻。但是她却蔑视社会的一切传统观念，瞒着父母把自己许配给一个市民阶层的子弟，她完全不能预计和马克思共同生活的前途如何。从他们私自约定终身到结合，燕妮等待了漫长的七个年头。在这7年中，她除了曾与未婚夫马克思有过少数的几次相聚之外，就只能从远方用自己的思念和书信陪伴他了。婚礼举行后，马克思和燕妮随即动身做了一次短途的新婚旅行。1843年秋，年轻的马克思夫妇一同流亡到巴黎，同比他们早两个月来到这里的卢格筹办并出版《德法年鉴》杂志。至此，马克思夫妇拉开了充满困苦和自我牺牲的生活序幕。

由于马克思对共产主义事业的卓越贡献和对地主、资产阶级的无情揭露和批判，使得一切保守势力排挤他，驱逐他。他不得不携家小四处转移，其生活困难有时达到难以想象的地步。1881年12月2日，燕妮长眠不醒了，这是马克思从未经受过的最大打击。在此后的几个月里，他接受医生的劝告，到气候温和的地方去休养。可是不论到哪儿都忘不了燕妮，止不住的悲痛。

在马克思的一生中，有一个人不能不提到，他，就是恩格斯。

19世纪80年代初，弗里德里希·恩格斯，一个年轻的德国理想主义者，被他父亲——一位德国莱茵兰地区的制造商，打发到曼彻斯特去学习生活中的经济常识。他遇到了年轻的理想主义者马克思。马克思当时是一份适度自由的报纸的主编，思想还不如恩格斯激进。两人很快成为亲密的朋友。当马克思和妻子1849年到国外避难时，当时已是一位成功商人的恩格斯，为他们提供了大量的经济资助。此外，两人还是亲密的合作者。马克思有些极有名的著作，包括1848年出版的《共产党宣言》，都是与恩格斯合著的，而且马克思很少写未经过他这位朋友严格评读的作品。

在伦敦，马克思度过了一生中最困难的日子。在5年时间里，马克思因为经济和债务问题，精神焦虑，又遭受疾病的折磨，情绪不佳，六个孩子中有三个死亡。但在这期间，马克思写出了他最重要的著作——《资本论》（第一卷）。马克思在思想上是富有者，在经济上却是贫困户，这位对资本主义经济有着透彻研究的伟大经济学家，本身却一贫如洗，他的一生几乎就是在贫困潦倒中度过的。马克思没有固定的工作，一家人的经济来源主要靠他极不稳定而又极其微薄的稿费收入，加之资产阶级对他的迫害和封锁，使饥饿和生存问题始终困扰着马克思一家，差不多把马克思置于死地。在颠沛流离的生活中，他常常囊空如洗，衣食无着，在困境的泥沼中挣扎。是恩格斯在经济上长期无私的援助，才让马克思能领导国际无产阶级运动并专心理论创作。

马克思经济学的主要观点体现为以下几个内容：

1. 资本主义生产方式占统治地位的社会的财富，表现为"庞大的商品堆积"，单个的商品表现为这种财富的元素形式。每一种有用物，如铁、纸等等，都可以从质和量两个角度来考察。物的有用性使物具有使用价值。使用价值只是在使用和消费中才能得到实现。不论财富的社会形式如何，使用价值总是构成财富的物质内容。交换价值首先表现为一种使用价值同另一种使用价值相交换的量的关系或比例，这个比例随着时间和地点的不同而不断改变。

2. 商品流通是资本的起点。资本在历史上起初是以货币形式出现的，作为货币财产，作为商人资本和高利贷资本与地产相对立。货币贮藏者竭力把货币从流通中拯救出来，以谋求价值的无休止的增殖，而精明的资本家不断地把货币重新投入流通，以创造新的价值。资本一经出现，就标志着社会生产过程一个新时代的到来。

3. 劳动力或劳动能力，是人的身体即活的人体中存在的、每当人生产某种使用价值时就运用的体力和智力的总和。同任何其他商品的价值一样，劳动力的价值也是由生产从而再生产这种特殊物品所必需的劳动时间决定的。

马克思认为，人类历史发展的阶级社会阶段中，阶级斗争是不可避免的，阶级斗争本身就构成了人类历史发展的一种推动力量。只有联系生产力发展以及由生产力决定的社会关系结构的变化，才能彻底解决阶级斗争的问题。马克思在关于阶级的理论中，特别强调阶级是一个经济范畴——现代阶级关系的产生源于劳动者同自己的生产资料的分离，但阶级一旦产生，又会把阶级利益对立的烙印打在文化、宗教等领域。在这个意义上，阶级有时是一个社会范畴。人类社会的阶级关系从早期的简单走向复杂，然后又走向现代社会的简单化。马克思指出，讲究功利的资本主义社会并未改变阶级对立的事实；而和平式的协商办法无法从实质上解决阶级间的矛盾。

马克思具有伟大的创新精神，而这种创新精神同他对人类文化遗产的批判继承紧密结合在一起。马克思主义的三个组成部分，都是批判继承与理论创新相结合的典范。马克思在青年时期曾经是狂热的黑格尔信徒，在他发现黑格尔哲学体系中的矛盾之后，勇敢地提出质疑，并深入研究，最终马克思批判了黑格尔哲学中的唯心主义体系，吸取了他的辩证法的"合理内核"，以及批判了费尔巴哈唯物主义的唯心史观，吸收了他的唯物主义"基本内核"，创立了马克思主义哲学。马克思主义的另外两个主要组成部分（政治经济学和科学社会主义）也都是在批判地继承前人优秀成果的基础上创立的。

马克思为了把最好的研究成果贡献给工人阶级，他总是以极其严谨的态度，反复推敲、修改自己的作品。熊彼特评价说："马克思个人的修养很高，那些目不识丁的庸俗社会主义教授完全不能与他相提并论。"马克思为写作《资本论》付出了极其艰苦的劳动，曾多次修改手稿。拉法格曾回忆说："马克思对待著作的责任心，并不下于他对待科学那样严格。他不仅从不引证一件他还未十分确定的事实，而且在他尚未彻底研究好一个问题时，他决不谈论这个问题。他决不出版一本没有经过他仔细加工和认真琢磨过的作品。他不能忍受把未完成的东西公之大众的做法。"

1867年9月14日，《资本论》第一卷在汉堡正式出版，其余各卷在马克思1883年逝世以后由恩格斯整理出版。《资本论》是马克思用毕生的心血写成的一部经典巨著，是马克思"整个一生科学研究的成果"，它凝聚着马克思的全部心血和智慧，是他献给全世界无产阶级的一部最重要的科学文献。

阿尔弗雷德·马歇尔

| 提示语： 近代英国最著名的经济学家，新古典学派的创始人。

阿尔弗雷德·马歇尔（1842—1924年），是19世纪末20世纪初最著名的资产阶级经济学家，英国"剑桥学派"的创始人。正是在马歇尔的努力下，经济学从仅仅是人文科学和历史学科的一门必修课发展成为一门独立的学科，具有与物理学相似的科学性。剑桥大学在他的影响下建立了世界上第一个经济学系。直到20世纪30年代，马歇尔的经济学说在资产阶级经济学中一直占着支配地位，直至第一次世界大战前夕，他最有天赋的学生梅娜德·凯恩斯才青出于蓝而胜于蓝。马歇尔的主要著作有《经济学原理》《工业与贸易》《货币、信用与商业》等。

马歇尔1842年出身于伦敦郊区的一个工人家庭，虽然家境一般，父母却努力让他受到很好的教育。1861年，马歇尔获奖学金进入剑桥大学圣约翰学院学习数学、哲学和政治经济学。尽管他对哲学饶有兴趣，但最后还是选定经济学作为专业。做出这个决定的重要原因是马歇尔曾经走访过英国的贫民区，无法忘却他所见到的贫穷和饥饿。1865年，剑桥大学圣约翰学院聘马歇尔为助教；1868年，剑桥大学聘他为道德哲学讲师；1877年到1884年，马歇尔先后在布里斯托尔大学和牛津大学讲授政治经济学；1885年，马歇尔被聘为剑桥大学政治经济学教授，直到1908年退休，在此期间还参与了英国政府政策咨询活动。退休后，马歇尔仍从事研究和写作活动。1924年，马歇尔逝于剑桥家中（马歇尔楼），享年82岁。

"均衡价格论"是马歇尔经济理论的核心和基础。

他认为一种商品的价值，在其他条件不变的情况下，是由该商品的需求状况和供给状况决定的，用商品的均衡价格去衡量商品的价值。"所谓均衡价格就是把价值看作是由供给或买卖双方所达到的均衡来决定的价格。"首先，马歇尔用边际效用规律来论证需求规律。"经济规律，即经济倾向的叙述，就是与某种行为有关的社会规律，而与这种行为有主要关系的动机的力量能用货币价格来衡量。"马歇尔还提出"需求弹性"的概念，"如果每磅茶的价格，假定从十六便士跌到十五便士，会大大增加他的购买量。这就是说，当价格下跌时需求是有弹性的，价格上涨时需求也是有弹性的。"换句话说，需求弹性就是需求和价格之间相互依赖的程度大小。"需求弹性的大小取决于价格下跌时需求量增加的多少、价格上升时需求量减少的多少。"

除了需求弹性之外，马歇尔还提出了"消费者剩余"的概念。"一个人对一物所付的价格，绝不会超过，而且也很少达到他宁愿支付而不愿得不到此物的价格。因此，他从购买此物所得的满足，通常超过他因付出此物的代价而放弃的满足；这样，他就从这购买中得到一种满足的剩余。他宁愿付出而不愿得不到此物的价格，超过他实际付出的价格的部分，是这种剩余满足的经济衡量。这个部分可称为'消费者剩余'。"据说，"这……曾导致当时正在巴勒莫一处屋顶上的锡沐盆里晒太阳的马歇尔激动得跳到了空中，嘴里喊着：'有了！想到了！'这一闪现的灵感是系统描述和解释人们对商品的需求（或供给意愿）在商品价格变化而改变的方式的可能性。"

马歇尔的最主要的著作是1890年出版的《经济学原理》。该书在西方经济学界被公认为划时代的著作，也是继《国富论》之后最伟大的经济学著作，与《国富论》《赋税原理》齐名，多年来一直被奉为英国经济学的圣经。该书所阐述的经济学说被看作是英国古典政治经济学的继续和发展。以马歇尔为核心而形成的新古典学派在长达40年的时间里在西方经济学中一直占据着支配地位。马歇尔经济学说的核心是均衡价格论，而《经济学原理》正是对均衡价格论的论证和引申。他认为，市场价格决定于供、需双方的力量均衡，犹如剪刀的两翼，是同时起作用的。

《经济学原理》一书的主要成就就在于建立了静态经济学。"在静态下，那个显而易见的规律是：生产成本决定价值。各种结果主要归于一个原因，因果之间不存在许多复杂的作用和反作用。各种成本要素是由'自然'规律所决定，受着固定习惯的某种控制。"但在现实世界中，这种静态的状态是不存在的，每种因素都在不断地起着变化，相互制约。

在马歇尔的《经济学原理》中，他认为，政治经济学和经济学是通用的。因此，不能把"政治经济学"理解为既研究政治又研究经济的学科，"政治经济学"也可简称为"经济学"。马歇尔的经济学说是19世纪上半叶至19世纪末经济学之集大成，并形成自己独特的理论体系和方法，对现代西方经济学的发展有着深远的影响。

马歇尔是剑桥大学教授，也是英国正统经济学界无可争辩的领袖，被认为是英国古典经济学的继承和发展者，他的理论及其追随者被称为新古典理论和新古典学派。同时由于他及其学生，如 J.M. 凯恩斯，J.S. 尼科尔森，A.C. 庇古，D.H. 麦格雷戈

等先后长期在剑桥大学任教,因此也被称为剑桥学派。

在不断地学术研究与现实经济社会的交互作用下,马歇尔看到了19世纪中期在资本主义制度下英国出现的严重的社会不公平,他感觉到神学、数学、物理学和伦理学都不能够给人类带来"福音",于是,他把自己的注意力转移到政治经济学上面,把理解社会现状的希望寄托在经济学的研究上,打算从经济上来分析社会不公平的原因,他把经济学看成是增进社会福利、消灭人类贫困的科学。

约瑟夫·阿罗斯·熊彼特

| 提示语： 一位有深远影响的美籍奥地利政治经济学家。

约瑟夫·阿罗斯·熊彼特（1883—1950年），26岁成为当时奥地利最年轻的经济学教授，28时已成为同行盛赞的学术传奇，30岁已经是学术舞台上风度翩翩的大师人物。他的主要著述有《经济发展理论》《资本主义、社会主义与民主》《经济分析史》等，其中《经济发展理论》是他的成名作。

熊彼特也是一位非常独特的经济学家，加尔布雷斯评价他是"这个世纪最老练的保守派"；《商业周刊》称赞他是"美国最热门的经济学家"；而管理大师彼得·德鲁克称他是"为世界经济快速增长提供指引"的人。

1883年，熊彼特出身于奥匈帝国摩拉维亚省特利希镇的一个织布厂主的家庭。他幼年就学于维也纳的一个贵族中学；1901—1906年就读于维也纳大学，攻读法律和经济，获得法学博士学位，是奥地利学派主要代表人物庞巴维克的受业弟子；1918年，他曾一度出任考茨基、希法亭等人领导的德国社会民主党"社会化委员会"的顾问；1919年，他又短期出任由奥托·鲍威尔等人为首的奥地利社会民主党参加组成的奥国混合内阁的财政部部长；1921年，他弃官从商，任私营比德曼银行行长,直到1924年该银行破产;1925年,熊彼特又回到学术界,先应邀拟赴日本任大学客座教授,但不久改赴德国任波恩大学教授,直到1931年短期访日讲学;1932年,熊彼特迁居美国,任哈佛大学经济学教授,直到1950年初去世。熊彼特迁美后,尽管深居简出,但仍积极从事学术活动:1937—1941年任"经济计量学会"会长;1948—1949年任"美国经济学会"会长。如果不是过早去世,他还会担任预先商定的即将成立的"国际经济学会"第一任会长。

熊彼特对历史的和纯理论性的东西、计量经济学和收集到的大量实际资料、社会学及统计学,他都持肯定态度,认为它们均有用。

熊彼特的学术主张主要体现在创新理论上。近年来,熊彼特在中国大陆声名鹊起,特别是一谈到"创新",熊彼特的"五种创新"理念时常被人引用和提及,几乎到了"言创新必称熊彼特"的程度。不仅仅是中国,作为"创新理论"和"商业史研究"的奠基人,熊彼特在西方世界的影响也正在被"重新发现"。统计显示,熊彼特提出的"创造性毁灭",在西方世界的被引用率仅次于亚当·斯密的"看不见的手"。

熊彼特的创新理论的精髓主要体现在以下几个方面。

一、企业家的本质是创新

创新就是建立一种新的生产函数,也就是说,把一种从来没有过的关于生产要素和生产条件的"新组合"引入生产体系。这种新组合包括五种情况:采用一种新产品或一种产品的新特征;采用一种新的生产方法;开辟一个新市场;掠取或控制原材料或半制成品的一种新的供应来源;实现任何一种工业的新的组织。因此"创新"不是一个技术概念,而是一个经济概念:它严格区别于技术发明,而是把现成的技术革新引入经济组织,形成新的经济能力。

熊彼特把新组合的实现称为企业，把以实现新组合为基本职能的人称为企业家。按照他的定义，企业家比人们原来所指的企业家在内涵和外延上既要窄又要宽。人们认为的企业家并不是熊彼特意义上的企业家，而原来不被当作企业家的则属于熊彼特意义上的企业家。一个人只有当他实际上实现"新组合"时才是一个企业家。

熊彼特还认为，一个企业家并不是一种职业，一般说也不是一种持久的状况，企业家并不能形成一个专门意义上的阶级。他说："一旦当他建立起他的企业以后，也就是当他安定下来经营这个企业，就像其他的人经营他们的企业一样的时候，他就失去了这种资格。"因此，一个人在其一生中很少能总是一个企业家，因为企业家的职能本身是不能继承的。

二、企业家是推动经济发展的主体

在没有创新的情况下，经济只能处于一种"循环流转"的均衡状态，经济增长只是数量的变化，这种数量关系无论如何积累，本身并不能创造出具有质的飞跃的"经济发展"。"在例行事物的边界以外，每行一步都有困难，都包含一个新的要素。正是这个要素。构成领导这一现象。"这里的领导，就是率先创新的企业家。只有企业家实现创新，"创造性的破坏"经济循环的惯行轨道，推动经济结构从内部进行革命性的破坏，才有经济发展。

熊彼特还认为，创新引起模仿，模仿打破垄断，刺激了大规模的投资，引起经济繁荣，当创新扩展到相当多的企业之后，盈利机会趋于消失，经济开始衰退，期待新的创新行为出现。整个经济体系将在繁荣、衰退、萧条和复苏四个阶段构成的周期性运动过程中前进。

三、创新的主动力来自于企业家精神

熊彼特认为,企业家从事"创新性的破坏"工作的动机,固然是以挖掘潜在利润为直接目的,但不一定出自个人发财致富的欲望。他指出,企业家与只想赚钱的普通商人或投机者不同,个人致富充其量仅是他部分目的,而最突出的动机来自"个人实现"的心理,即"企业家精神"。熊彼特认为"企业家精神"包括:建立私人王国;对胜利的热情;创造的喜悦;坚强的意志。

四、成功的创新取决于企业家的素质

熊彼特认为企业家的工作是"创造性的破坏"。而阻碍创新的因素有三个:一是信息不充分条件下许多事情处于不可知的状态。"实现一个新计划,和根据一个习惯的计划去行动,是两件不同的事情,就像建造一条公路和沿着公里行走是两件不同的事情一样。"二是人的惰性。"作为一种新的事情,不仅在客观上比做已经熟悉的和已经由经验检验过的事情更加困难,而且个人会感到不愿意去做它,即使客观上的困难并不存在,也还是感到不愿意。"三是社会环境的反作用。首先,这种反作用因为在法律上或政治上存在障碍而表现出来。其次,在受到创新威胁的各个集团中会表现出来。再次,在难于找到必要的合作上也会表现出来。最后,是在难以赢得消费者上表现出来。

熊彼特认为企业家要进行创新,首先,要进行观念更新。这是因为"一切知识和习惯一旦获得以后,就牢固地植根于人们之中,就像一条铁路的路堤植根于地面上一样。它不要求被继续不断地更新和自觉地再度生产,而是深深沉落在下意识的底层中。它通常通过遗传、教育、培养和环境压力,几乎是没有摩擦地传递下去。"其次,企业家必须具备一定的能力。这些能力包括:①预测能力。企业家应具有"尽管在当时不能肯定而以后则证明为正确的方式去观察事情的能力，以及尽管不能说明这样做所根据的原则，而却能掌握主要的事实、抛弃非主要的事实的能力"，能抓住眼前机会，挖掘市场中存在的潜在利润。②组织能力。企业家"不仅在于找到或创造新的事物，而在于用它去给社会集团留下深刻的印象，从而带动社会集团跟在它后面走"。③说服能力。企业家善于说服人们，使他们相信执行他的计划的可能性；注重取得信任，以说服银行家提供资本，实现生产方式新组合。

五、信用制度是企业家实现创新的经济条件

由于创新来自于体系内部，新组合的实现，就意味着对经济体系中现有生产手段的供应做不同的使用。支配生产手段对于执行新组合是必要的。银行家通过提供信用，向企业家贷款，正好就把资源放在企业家手中供其运用，这就是银行家所起的杠杆和桥梁作用。而提供信贷的人便是"资本家"那一类人的职能。在熊彼特看来，所谓资本，就是企业家为了实现"新组合"，用以"把生产指往新方向""把各项生产要素和资源引向新用途"的一种杠杆和控制手段。资本不是具体商品的总和，而是可供企业家随时提用的支付手段，是企业家和商品世界的"桥梁"，其职能在于为企业家进行创新而提供必要的条件。由此可见，熊彼特所谓的信用，指的就是企业家能够按照自己的意志随时使用的支付手段。换句话说，信用就是专为以实现创新为目的的企业家而创设的货币资本。信用使得个人能够在某种程度上不依靠继承的财产而独立行事。因此，信用对于新的组合是首要的。而这只有在资本主义社会才具有。熊彼特进一步分析指出，当资本主义经济进入相对发达阶段之后，资本市场的建立和良好运转成为实现创新的基础。

"景气循环""经济周期"的概念是熊彼特经济学思想中的重要概念。

"景气循环"也称"商业周期",根据熊彼特的说法,类似"景气循环"的主张早在19世纪的30年代就被英国经济学家图克采用其时代的经济学术语提出过,后来在一些重要的经济学家著作中也都约略地提到过,比如在李嘉图、马歇尔、庞巴维克跟马克思等人的著作中。熊彼特认为自己只不过是将景气循环的定义与作用明确地展示出来的那个人而已。

经济周期有四阶段:繁荣、衰退、萧条、复苏。当景气循环到谷底的同时,也就是某些企业家不得不考虑退出市场或是另一些企业家必须要"创新"以求生存的时候。只要将多余的竞争者筛除或是有一些成功的"创新"产生,就会使景气提升、生产效率提高,当某一产业又重新有利可图的时候,它又会吸引新的竞争者投入,然后又是一次利润递减的过程,回到之前的状态。可以说,每一次的萧条都包括着一次技术革新的可能,这句话也可以反过来这样表达:技术革新的结果便是可预期的下一次萧条。在熊彼特看来,资本主义的创造性与毁灭性是同源的。

约翰·梅纳德·凯恩斯

> 提示语： 英国经济学家，因开创了经济学的"凯恩斯革命"而著称于世，被后人称为"宏观经济学之父"。他所创立的宏观经济学与弗洛伊德所创的精神分析法和爱因斯坦发现的相对论一起并称为20世纪人类知识界的三大革命。

约翰·梅纳德·凯恩斯（1883—1946年），1883年6月5日生于英格兰的剑桥，是神学博士约翰·布朗牧师的女儿弗罗伦斯·亚达·凯恩斯和剑桥大学注册主任约翰·内推尔·凯恩斯的长子。凯恩斯的母亲异常能干，曾经担任过剑桥市市长；父亲是一位卓越的逻辑学家和著作家，他曾写过被认为是最好的经济学方法论的论著。

凯恩斯14岁时获得奖学金进入伊顿公学主修数学。毕业后，以数学及古典文学奖学金进入剑桥大学国王学院学习。1905年毕业，获剑桥文学硕士学位。之后在剑桥师从马歇尔和庇古攻读经济学，以准备英国文官考试。1906年，他以第二名的成绩通过文官考试，入选印度事务部。任职期间，为其第一部经济著作《印度通货与金融》做了大量研究准备工作。

1908年凯恩斯辞去印度事务部职务，回剑桥任经济学讲师至1915年。其间，1909年以一篇概率论论文入选剑桥大学国王学院院士，另以一篇关于指数的论文获亚当·斯密奖。概率论论文后稍经补充，在1921年以《概率论》的书名出版。第一次世界大战爆发不久，凯恩斯应征入英国财政部，主管外汇管制、美国贷款等对外财务工作。1919年初他作为英国财政部首席代表出席巴黎和会。同年6月，因对赔偿委员会有关德国战败赔偿及其疆界方面的建议愤然不平，他辞去和会代表职务，复归剑桥大学任教。

凯恩斯原是一个自由贸易论者，直至20世纪20年代末仍信奉传统的自由贸易理论，认为保护主义对于国内的经济繁荣与就业增长一无可取。甚至于1929年同瑞典经济学家俄林就德国赔款问题论战时，还坚持国际收支差额会通过国内外物价水平的变动，自动恢复平衡。

但到了1936年，凯恩斯一反过去的立场，转而强调贸易差额对国民收入的影响，相信保护政策如能带来贸易顺差，必将有利于提高投资水平和扩大就业，最终导致经济繁荣。

这一思想集中体现在1936年2月4日出版的凯恩斯的代表作、"凯恩斯革命"的核心文献《就业、利息与货币通论》中。西方学者对此评论道："凯恩斯是在致命危机威胁资本主义世界时挽救和巩固了这个社会。"有的学者把凯恩斯的理论比做"与哥白尼在天文学上、达尔文在生物学上、爱因斯坦在物理学上一样的革命"。

凯恩斯发展了关于生产和就业水平的一般理论。具有革命性理论的内核是：关于存在非自愿失业条件下的均衡，在有效需求处于一定水平上的时候，失业是可能的。与古典经济学派相反，他认为单纯的价格机制无法解决失业问题。引入不稳定和预期性，建立了流动性偏好倾向基础上的货币理论；投资边际效应概念的引入推翻了萨伊定律和存款与投资之间的因果关系。

凯恩斯主义的理论体系是以解决就业问题为中心，而就业理论的逻辑起点是有效需求原理。基本观点是：社会的就业量取决于有效需求，所谓有效需求，是指商品的总供给价格和总需求价格达到均衡时的总需求。当总需求价格大于总供给价格时，社会对商品的需求超过商品的供给，资本家就会增雇工人，扩大生产；反之，总需求价格小于总供给价格时，就会出现供过于求的状况，资本家或者被迫降价出售商品，或让一部分商品滞销，因无法实现其最低利润而裁减雇员，收缩生产。因此，就业量取决于总供给与总需求的均衡点，由于在短期内，生产成本和正常利润波动不大，因而资本家愿意供给的产量不会有很大变动，总供给基本是稳定的。这样，就业量实际上取决于总需求，这个与总供给相均衡的总需求就是有效需求。

凯恩斯认为，利息率取决于流动偏好和货币数量，流动偏好是指人们愿意用货币形式保持自己的收入或财富这样一种心理因素，它决定了货币需求。在一定的货币供应量下，人们对货币的流动偏好越强，利息率就越高，而高利率将阻碍投资。这样在资本边际效率递减和存在流动偏好两个因素的作用下，使得投资需求不足。消费需求不足和投资需求不足将产生大量的失业，形成生产过剩的经济危机。"失业是对一个民主政府的谴责。失业过多就要采取措施减少失业。"因此解决失业和复兴经济的最好办法是政府干预经济，采取赤字财政政策和膨胀性的货币政策来扩大政府开支，降低利息率，从而刺激消费，增加投资，以提高有效需求，实现充分就业。"要使企业活跃，必须有两个条件。第一，必须有获取利润的希望；第二，企业家必须能够支配足够的资金，使他们的计划能够付诸施行。"

第一部分 外国经济学家的故事

"《就业、利息和货币通论》的成功是顷刻间的事,而且正如我们所知,这一成功是持久的。"追随凯恩斯的人自发地形成了凯恩斯学派,对其观点进行宣传和发扬光大。凯恩斯主义者不去看保留条件,他们只考虑一件事情——对于私人节约的谴责及这一谴责在管理经济和收入不平等方面所具有的含义。

古典经济学家和新古典经济学家都赞同放任自流的经济政策,而凯恩斯却反对这些,提倡国家直接干预经济。他论证了国家直接干预经济的必要性,提出了比较具体的目标;他的这种以财政政策和货币政策为核心的思想后来成为宏观经济学的核心,甚至可以说后来的宏观经济学都是建立在凯恩斯的《就业、利息和货币通论》的基础之上的。毫无疑问,凯恩斯是一个伟大的经济学家,他敢于打破旧的思想束缚,承认有非自愿失业的存在,首次提出国家干预经济的主张,对整个宏观经济学的贡献是极大的。

凯恩斯是活跃于20世纪上半叶西方学术、思想和政治舞台的著名经济学家、哲学家和政治家,也是20世纪西方世界应付内外危机、实现国家和社会治理的政策和思想传统的根本转换的枢纽型人物。在20世纪40年代的第二次世界大战后期及第二次世界大战战后初期,凯恩斯参与了国际货币基金组织、国际复兴开发银行(即世界银行)和关贸总协定(世贸组织之前身)等机构(它们构成了所谓的"华盛顿体系")的组建工作,是当今世界经济秩序的主要奠基人之一。

弗里德里希·奥古斯特·冯·哈耶克

> 提示语：奥地利裔英国经济学家，新自由主义代表人物。

弗里德里希·奥古斯特·冯·哈耶克（1899—1992年），1974年获诺贝尔经济学奖；1984年，获得伊丽莎白二世授予的名誉勋位；1991年，哈耶克获颁美国总统自由勋章，以表彰他"终身的高瞻远瞩"。哈耶克于1992年在德国的弗莱堡去世，享年93岁。

哈耶克的代表作有《通往奴役之路》《个人主义与经济秩序》等。他学术上属奥地利学派，但与芝加哥学派的许多代表人物关系密切。他对市场经济理论、市场机制的运行过程研究得十分深入彻底。但因为其极端的自由主义，被贴上了"保守主义""反理想主义"的标签。他被广泛视为奥地利经济学派最重要的成员之一。

哈耶克，出身于奥地利维也纳一个杰出的知识分子家庭。他分别在1921年和1923年于维也纳大学取得法律和政治学博士学位。他的父亲在政府的社会福利系统担任医生，发表过植物学论文。他是哲学家路德维希·维特根斯坦的表弟。哈耶克在1923年至1924年之间，担任纽约大学教授耶利米·精其的研究助理。接着他回到奥地利，协助政府处理在第一次世界大战后留下的、国际条约上有关法律和经济的问题。哈耶克还创办了奥地利商业

第一部分 外国经济学家的故事

周期研究中心并担任所长，并在 1931 年应邀前往伦敦政治经济学院任教。在奥地利被纳粹德国侵吞后，哈耶克不愿意再返回母国，他于 1938 年成为了英国公民，并终身使用这个公民籍。

20 世纪 30 年代，哈耶克被广泛认为是最主要的奥地利学派经济学家之一，但他的经济理论却和当时新崛起的凯恩斯学派格格不入。两个经济学派之间的争论一直持续至今。1950 年哈耶克离开了伦敦政治经济学院，前往美国的芝加哥大学担任社会思想委员会的教授。不过，从那个时候开始，哈耶克的兴趣逐渐转向政治哲学和心理学——虽然他也持续撰写经济学有关的著作，而且即使到这时，他的主要经济学理论也尚未完全发表。1962 年哈耶克前往德国担任弗莱堡大学的教授，直到 1968 年他退休为止。哈耶克的理论在 20 世纪 70 年代后期，开始在美国和英国获得重视，支持哈耶克的政治家们开始在这些国家浮上台面，例如美国的罗纳德·里根和英国的玛格利特·撒切尔，就是比较典型的代表人物。

哈耶克是 20 世纪学术界对于集体主义的主要批评者之一。哈耶克相信所有形式的集体主义即使是那些在理论上根基于自愿合作的集体主义形式，最终都只有可能以中央集权的机构加以维持。在他的名著《通向奴役之路》和其他作品里，他认为社会主义必须要有一个中央的经济计划，而这种计划经济最终将会导致极权主义，因为被赋予了强大经济控制权力的政府也必然会拥有控制个人社会生活的权力。显然，哈耶克的这一观点从社会实践的角度看，是有失偏颇的。

根基于早期米塞斯和其他人的著作，哈耶克主张，在中央计划经济里，某个特定的个人或团体必须决定资源的分配，但这些计划者永远都不会获取足够的资信来正确地分配资源，这种问题又被称为经济计算问题。哈耶克认为有效的资源交换和使用只有可能经由自由市场上的价格机制才能加以维持。在他1945年出版的《知识在社会中的运用》一书中，哈耶克主张价格机制可以用以交流和协调个人的知识，使社会的成员能够达成多样化，借由自发性的自我组织原则来解决复杂的难题。他创造了交易经济学一词来称呼"自我组织的自愿合作制度"。

在哈耶克来看，国家的主要角色应该是维持法治，并且应该尽可能地避免介入其他领域。在《通往奴役之路》一书中他主张极权主义独裁者的崛起是由于政府对市场进行了太多干预和管制，造成政治和公民自由的丧失而导致的。哈耶克主张经济上的自由是公民和政治自由所不可或缺的必要条件。英国经济学家约翰·梅纳德·凯恩斯说："就我来看这是一本伟大的书，在道德上和哲学上我都不由自主地同意了书中几乎所有论点：不只是同意之，而是深深地被其说服。"

哈耶克认为自由价格机制并不是经过刻意介入产生的（亦即事先由人们刻意加以设计），而是由"自发社会秩序"——或者称之为"由人类行为而非人类设计"产生的秩序所领导。也因此，哈耶克将价格机制的重要性提升至和语言同等重要。这样的思考使他开始推测人类的脑袋如何容纳这些行为。1952年出版的《感觉的秩序》中，他主张是联结主义的假设形成了神经网络和许多现代神经生理学的基础。

哈耶克在1988年出版的《致命的自负》一书中主张人类文明的诞生是起源于私人财产的制度。依据他的说法，价格是唯一一种能使经济决策者们透过隐性知识和分散知识互相沟通的方式，如此一来才能解决经济计算问题。

哈耶克对于资本、货币和商业周期的著作被广泛视为是他对经济学最重要的贡献。哈耶克在1939年出版的《利润、利息和投资》一书中将他的理论与其他奥地利学派的理论家如米塞斯和罗斯巴德等人做出区隔，首先他避免以货币理论作为商业周期的全盘解释，并提出一个根基于利润而非利息上的特殊解释方式。哈耶克明确指出大多数正确的商业周期解释方式都是注重于现实上，而非数据上的波动。他也注意到这种特殊的商业周期解释方式无法和其他奥地利学派的理论完全吻合。

哈耶克的学说产生了广泛的社会影响。

1947年，哈耶克和其他人一同创办了朝圣山学会，由一群在各种学术领域反对社会主义的学者组成。在1974年获颁诺贝尔经济学奖的演讲上，哈耶克指出人类知识在经济和社会制度上的出错性之高，并称他对于经济学经常被误导为是和物理学、化学和医学一般的精密科学感到忧虑，因为强加精密科学的研究方式在经济学上将会导致不可收拾的灾难性结果。

除了深刻影响撒切尔的经济政策以及成为罗纳德·里根的经济顾问之外，哈耶克在20世纪90年代成为东欧最受敬重的经济学家之一。哈耶克对于社会主义和非社会主义的预测在苏联解体的过程中完全获得证实，他也因此在东欧国家大为出名。

哈耶克的著作影响相当广泛，包含了经济学、政治学、哲学、社会学、心理学和人类学。即使是在他死后，哈耶克的理论依然持续发挥影响力，尤其是在那些他曾经任教的大学里：伦敦政治经济学院、芝加哥大学以及弗莱堡大学。许多在他去世后才发表的著作也进一步发挥影响力。在伦敦政治经济学院，一个由学生组织的团体——哈耶克社会便以他为名；在牛津大学也有哈耶克社会组织；而美国华盛顿特区影响力最大的智囊团之一的卡托研究所则将所内的一个演讲厅以哈耶克命名。

西奥多·舒尔茨

> 提示语： 美国著名经济学家、芝加哥经济学派成员。

西奥多·舒尔茨（1902—1998年），1902年出生在美国南达科他州一个德国移民聚居的农场。他22岁时在家乡的布鲁克林农业学校毕业，后又考入本州州立学院。毕业后，他又进入威斯康星大学麦迪逊分校攻读硕士和博士学位，并于1928年和1930年分别获得科学硕士和哲学博士学位。或许是因为受到广阔草场和良田沃土环境的影响，或许是受到陪伴他度过孩提时代田园风光的熏陶，舒尔茨对农业经济学发生了浓厚的兴趣。此后，他成为美国农业经济学领域的一位重要人物。

舒尔茨的主要著作有：《关税对大麦、燕麦、玉米的影响》《训练和充实农村地区社会性工作者》《改变农业》《农业生产和福利》《人力资本的投资》等。在发展经济学方面，其代表作有：《改造传统农业》《不稳定经济中的农业》《农业的经济组织》《世界农业中的经济危机》《经济成长和农业》。

舒尔茨的学术思想体现在农业经济理论和人力资本理论两个方面。

20世纪50年代，经济学家普遍重工轻农，他们把经济发展等同于工业发展，认为农业对经济增长无所裨益，甚至还拖了工业的后腿。舒尔茨坚决反对轻视农业的观点，在他看来，农业绝不是那么消极无为，相反，它可以成为经济增长的原动力。但舒尔茨同时也强调，对于经济增长，传统农业很难做出什么贡献，唯有现代化的农业，才能像发射卫星的助推器，推动经济腾飞。因此，如何把传统农业改造成现代农业，也就很自然地成了要讨论的中心问题。

作为改造传统农业的关键因素，新的生产要素有供给者，也有需求者。供给者开发新的生产要素，并提供给农民。由于气候、土地等条件的限制，发达国家的农业生产资料，对于发展中国家来说，不是拿来就可以用，而是要经过研究和改造，才能使之适应传统农业社会，能够担当起这一重任者，就是新生产要素的供给者。不仅如此，他们还可以利用现有的科学知识，生产出新的生产要素。因此，舒尔茨认为，是这些新生产要素的供给者掌握着经济发展的"钥匙"。

人力资本是农业增长的主要源泉，这是舒尔茨反复强调的一个观点。他多次借鉴历史事实，来论证人力资本的重要性。例如他指出，第二次世界大战后，西欧伤痕累累，一片废墟，但它很快就摆脱了战争的阴影，重振往日雄风，这颇为出人意料。因为，在当时的经济学家看来，物质资本受到如此重创后，国民经济已经元气大伤，短期内很难恢复原状。他们没有估计到幸存下来的人力资本对经济恢复的巨大作用，因而对西欧经济前景过于悲观。相比之下，他们对发展中国家的经济潜力又估计过高，因为他们只考虑到物质资本的增加，而忽视了人力资本的匮缺，而后者又正是经济增长的关键。

舒尔茨乐观地指出，农业可以成为经济增长的发动机，这已不容置疑。但是，政府必须向农业投资，这不仅要注意投向，还要对农民给予指导和鼓励。

首先提出人力资本理论并对经济发展动力做出全新解释的是舒尔茨。舒尔茨认为，人力资本（Human Capital）主要指凝集在劳动者本身的知识、技能及其所表现出来的劳动能力，这是现代经济增长的主要因素，是一种有效率的经济。他在长期的农业经济研究中发现，促使美国农业产量迅速增长的重要原因已不是土地、劳力或资本存量的增加，而是人的技能与知识的提高。同时，他发现工人工资大幅度增长中有一部分尚未得到解释。他将这一部分归功于人力投资的结果。于是，舒尔茨在1960年提出人力资本学说，其中心论点就是，人力资本的提高对经济增长的作用，远比物质资本的增加重要得多。同年，舒尔茨在美国经济学第73届年会所做的"人力资本投资"的演讲，被称作人力资本理论创立的"宪章"，证明了教育对经济发展的巨大贡献。

人力资本具有三个突出的特点：

1. 人力资本投资收益率超过物力资本投资的收益率。人力资本与物力资本投资的收益率是有相互关系的，舒尔茨认为人力资本与物力资本的相对投资量，主要是由收益率决定的。收益率高说明投资量不足，需要追加投资；收益率低，说明投资量过多，需要相对减少投资量。当人力资本与物力资本二者间投资收益率相等时，就是二者之间的最佳投资比例。在二者还没有处于最佳状态时，就必须追加投资量不足的方面。当前相对于物力投资来说，人力资本投资量不足，必须增加人力资本投资。

2. 人力资本在各个生产要素之间发挥着相互替代和补充的作用。现代经济发展已经不能单纯依靠自然资源和人的体力劳动，生产中必须提高体力劳动者的智力水平，增加脑力劳动者的成分，以此来代替原有的生产要素。因此，由教育形成的人力资本在经济增长中会更多地代替其他生产要素。例如，在农业生产中，对农民的教育和农业科学研究、推广、应用，可以代替部分土地的作用，促进经济的增长。

3. 具体数量化计算。进一步加以证明人力资本是经济增长的源泉。舒尔茨运用自己创造的"经济增长余数分析法"，测算了美国1929—1957年国民经济增长额中，约有33%是由教育形成的人力资本做出的贡献。

简·丁伯根

| 提示语： 1969 年与拉格纳·弗里希共同获得诺贝尔经济学奖。

简·丁伯根（1903—1994 年），1903 年出生在荷兰海牙。19 岁时，丁伯根考入荷兰莱顿大学，攻读物理学，23 岁毕业后，经过三年的努力，在 1929 年获得物理学博士学位。但就在这个时候，他的志趣已经不在物理学方面，而转向了经济学。促使丁伯根这个转变的原因是他对数学的特殊爱好。即便是在专攻物理学时，他也着重研究物理学中的数学问题。他的博士论文就是以"物理学和经济学中的最小值问题"为题的。数学是丁伯根由自然科学工作者转向经济学家的桥梁。简·丁伯根被誉为经济计量学模式建造者之父，他发展了动态模型来分析经济进程。由于他的突出成就，1969 年被授予诺贝尔经济学奖。

简·丁伯根一生都专心致志于使数理经济学同统计分析结合在一起，为创建资产阶级经济计量学而坚持不懈。简·丁伯根的研究活动对西方经济学的贡献，大致可分为三大阶段。在每个阶段都有其独特的开创性的研究成果，开拓了经济理论及政策的新里程碑。

第一阶段——

1929年至第二次世界大战期间，他与其他经济及统计学者一起，共同努力使经济计量学成为一门科学。丁伯根在数量经济学理论上有三个贡献：一是提出了现代动态经济分析和"蛛网理论"；二是根据历史统计资料，利用数学和数理统计方法，对各种商业循环理论进行统计检验，这是经济计量学给自己规定的主要任务；三是在《商业循环理论的统计检验》一书中，首次用48个方程式替美国建立了完整的宏观经济计量模型，把通行的统计方法用于宏观经济问题的研究，从而开创了一个全新的经济学分支，即经验宏观经济学。

第二阶段——

第二次世界大战结束到20世纪50年代中期，是丁伯根的学术活动和理论创造的第二个阶段。这一时期，他在现代经济政策理论上的新贡献，就是把他在荷兰中央计划局的经验和在经济政策的广阔领域内参加讨论的结果，提高为系统的经济政策理论，成为规划短期经济政策的基础。这些政策理论主要体现在《经济政策论》《经济政策的集中和分散》和《经济政策：原理和设计》三本书中。

第三阶段——

丁伯根的学术活动的第三个阶段是20世纪50年代以后。1955年，他从荷兰中央计划局退休，仍在许多国际组织中任职或担任一些国家政府的顾问，因而能连续多年全力投身于长期发展计划的方法研究和实践。丁伯根关于发展计划的理论比较集中地反映在《发展计划》一书中，其主要内容是关于发展计划的一般经验总结。首先，阐述长期计划、中期计划和年度（短期）计划的相互关系；其次，是计划的准备工作；再次，是编制计划的步骤。丁伯根在这一时期的另一贡献是关于国际经济理论。他在《国际经济一体化》一书中系统地阐述了独立国家之间的经济关系的实质，指出各国之间的经济交往主要包括产品转移和生产要素的转移两大类。

总之，丁伯根对西方经济学的贡献主要是创建或参与创建了现代动态经济学、经济计量学、经验宏观经济学、发展计划的理论以及国际经济合作和一体化的政策和理论。

下面我们对经济计量学模型和丁伯根法则做进一步的了解。

关于经济计量学模型。1936年，丁伯根创立了一个具有24个联立方程式的荷兰经济模型。他相信，联立方程是反映大量不同性质的经济活动水平相互依存关系的最好手段。

丁伯根创建的模型包括与凯恩斯学派相一致的收入形成和消费支出方程式。模型中的消费是一个可支配收入的函数，并把商品和劳务的需求作为经济活动总水平的主要因素。他的模型还包括出口与进口，将货币流量分为价格和数量，并将滞后计入一些方程式中。20世纪30年代中期，国际联盟要求丁伯根创建当时各种经济周期理论的经验验证方法。当时，对经济活动的波动有很多解释，但是，对这些解释加以全面论证的可靠方法，一直没有被发明。这个项目的研究成就集中体现在丁伯根于1939年发表的《经济周期理论的统计检验》一书中，此书共分两册。在第一册中，集中检验投资活动理论，丁伯根阐述了经验方法并提供了它的应用实例。丁伯根的分析采用了标准的多元回归分析，同时也运用已有方法去解决宏观经济问题。第二册的基本意图是建立一个宏观经济模型，从而说明经济的周期。它是一个包括有48个联立方程的方程组，构成了应用于美国经济的一个完整的宏观模型。丁伯根不是着眼于每个单一的经济阶段，而是创立了一个统一的动态模型。他还进行了用于预测的数量分析。

宏观经济模型在20世纪50年代以前一直未受到学术界的广泛关注,但在后来的许多年中,它却使经济学界发生了革命。近几十年来,宏观经济计量模型的预测能力尽管还不够可靠,但却越来越得到经济学家、工商界人士和政府官员的高度评价。在经济计量学领域中,丁伯根对于动态理论方面的贡献和利用统计学对经济周期理论进行验证的尝试,尤为人所称道。他是最早应用方程式进行动态分析的,这个方法在20世纪30年代末成为一种模式。丁伯根还因创建了说明单个市场周期的"蛛网理论"而受到赞誉。这个理论阐述了价格变化的反应有一年的滞后期,而需求的反应则是即时的。更广为人知的是,丁伯根最早创立了经济计量学模型,它保证了可靠的短期经济预测,并导致多种短期政策的选择,奠定了他的经济计量学理论重要创始人的地位。

关于丁伯根法则。丁伯根法则是由丁伯根提出的关于国家经济调节政策和经济调节目标之间关系的法则。其基本内容是,为达到一个经济目标,政府至少要运用一种有效的政策;为达到几个目标,政府至少要运用几个独立、有效的经济政策。所以丁伯根法则告诉我们:一种工具,实现一种政策目标最有效率,而如果试图用一种工具实现一种以上的政策目标时,便会因目标之间的冲突而降低效率,甚至会背离目标而出现更加失衡的状态,即一种政策工具只能解决一个问题。

1955年,丁伯根辞去中央计划局的职务,在荷兰经济学院任发展计划学科教授。他开始就发展问题进行广泛的研究,同时还担任了一些发展中国家及联合国有关机构的顾问。1966—1972年,他担任了联合国发展计划委员会主席,这是一个关于独立发展问题的专家顾问团体。丁伯根将自己的精力投入发展中国家的实际问题中,并就政策的选择问题进行广泛的巡回讲演,他决心为缩小富国与穷国之间的差距而工作。

增进国际合作和经济一体化,是丁伯根考虑的政策问题。在

1965年的著作《国际经济一体化》中，丁伯根论证了国际经济一体化是自主国家之间国际经济关系的实质。他将政策建议与经济科学有机地结合起来，同时一旦超越了这个界限，他总是认真地提醒读者。丁伯根认为国际合作应该更加计划化，并看到每个国家对短期利益的重视而引起了严重的政治问题。他主张减少进口限制、统一间接税、自由兑换货币等政策。这些措施将使其他的政策手段更为分散化。丁伯根对于经济一体化的纯理论讨论并不满意，并极力主张，关于这方面的进一步研究要多搞一些定量分析。

除了对国家之间关系给予关注以外，丁伯根还对促进第三世界国家的长期发展做出了广泛的努力。丁伯根的发展模型是利用这样的假定而设计的，即在发展中国家只有极少的数据可以利用，计划者、管理者和从事发展计划的政治家们的技能是有限的。他设计了三种主要的模型。

第一种是建立在三个计划阶段上的简单宏观模型。第一阶段，即宏观阶段，经济变量的总水平被作为目标，对全国的产量、储蓄、投资、资本和进出口规模制订计划。第二阶段，经济将根据地理区域和产业或部门进行分类，应用投入—产出模型和部门产出系数，总体活动水平将在各部门之间加以分摊。第三阶段，在计划的微观阶段，对单个项目进行评价和规划。

第二种模型是以单个项目为出发点，制订了一个由许多微观计划组成的宏观计划。

第三种模型是他发展了与政策手段的联系更为密切的大型联立方程组。

这些发展模型源于他对经济周期研究中的经济计量模型方法论。

琼·罗宾逊

| 提示语： 新剑桥学派最著名的代表人物和实际领袖。

琼·罗宾逊（1903—1983年），英国著名女经济学家，新剑桥学派的代表人物，世界级经济学家中的唯一女性。主要著作有《不完全竞争经济学》《就业理论引论》《就业理论文集》《论马克思主义经济学》《经济论文集》（四卷）《资本积累论》《经济增长论文集》《经济哲学》《经济学——为难之处》《自由与必然：社会研究导论》《经济学异端：经济理论中若干过时问题》《现代经济学导论》（合著）《现代经济学文稿》《现代经济学文稿续集》。她的大量著作对当代经济理论的发展有相当大的影响。

琼·罗宾逊1903年10月31日出生于英国的坎伯利，她的外祖父、母亲都是剑桥大学的教授。起初，琼·罗宾逊在伦敦的圣保罗女子学校学习历史，后来转到剑桥大学格顿学院学习经济学，1925年以优等成绩获得学士学位。1926年与E.D.G.罗宾逊结婚，1927年获剑桥大学硕士学位。1929年在剑桥大学任教，最初是经济学的助理讲师。在剑桥，罗宾逊夫妇一起组成了五人"小圈子"讨论凯恩斯1930年出版的《货币论》，并将讨论的结果反馈给凯恩斯，在一定意义上促进了凯恩斯的《就业、利息和货币通论》的写作。1933年,她因为发表了《不完全竞争经济学》一书,闻名于西方经济学界。1936年,凯恩斯的《就业、利息和货币通论》问世后,她写了许多阐述凯恩斯理论的书籍和文章,成为一个重要的凯恩斯主义者。20世纪50年代后,她同美国凯恩斯主义者的新古典综合派进行长期论战,最终形成新剑桥学派。1965年起琼·罗宾逊任教授,直至1971年。20世纪70年代初,她提出了"经济学的第二次危机"的新论点,将凯恩斯理论以前经济学无法解释的失业问题称为第一次危机,现代经济学不能解释的就业问题称为第二次危机。她的理论发展过程极其丰富,从自由竞争均衡发展到不完全竞争,再到凯恩斯的宏观分析,又到对凯恩斯体系缺陷的弥补,并部分接受马克思经济理论。

1973年,琼·罗宾逊退休并转任名誉教授后,仍著书立说,直到1983年去世。罗宾逊夫人学习、研究经济学的原因是希望"想要了解为什么世界上存在着贫困和失业"。

罗宾逊夫人是剑桥学派经济增长理论的奠基者。她的经济增长理论的特点在于:将有效需求理论运用于长期经济增长理论的分析,着重论述经济发展和收入分配之间的依存关系。她把整个社会收入分为两类:资本家阶级的利润(包括利息)和工人阶级的工资。根据这一经济增长理论,资本主义经济要稳定、均衡地发展,实际工资水平随人均增长率以相同的比率稳定增长,资本家对未来是乐观的,投资按同一比率逐年增加。罗宾逊夫人把满足这些条件的经济增长称为"黄金时代"。但是,由于资本主义经济中经常出现资本家的积累冲动而引起的投资波动、劳动力供求不平衡等,不可能总是具备"黄金时代"所需的条件。因此资本主义经济并不总是稳定地增长,而且经济的持续增长还会加剧收入分配的不合理。

与约翰·伊特韦尔合写的《现代经济学导论》一书是罗宾逊

夫人与"新古典学派"论战的主要著作。全书分为三卷。第一卷围绕财富、价格、货币、社会正义和有效需求等问题，扼要论述了从18世纪到现在为止的经济学说。作者强调指出，经济基础的变化引起经济学说的发展，经济学说是为一特定阶层服务的："重商主义者是海外贸易商的拥护者；重农主义者维护地主的利益；亚当·斯密和李嘉图则相信资本家（他们赚取利润，为的是进行再投资，扩大生产）。马克思把他们的论点倒转来为工人辩护。现在，马歇尔站出来充当食利者的战士……"第二卷主要是对资本主义经济的分析。作者首先提出一个农业生产模型，接着提出一个工业生产模型，用来说明凯恩斯的有效需求理论和技术变革的影响；然后着重说明利润和分配问题；最后四章涉及金融、经济增长、国际收支和社会主义计划。第三卷探讨了当前世界的一些经济问题，包括就业、增长和通货膨胀问题，社会主义国家的国际贸易、农业和计划问题，以及第三世界的土地改革、就业不足、资金、技术和人口等问题。

《现代经济学导论》一书的特点是推翻"新古典学派"以边际生产率为依据的分配论。萨缪尔森根据这种分配论指出，随着资本量的增长，资本的边际生产率不断降低，于是利润率将逐渐下降，工人的实际工资将逐渐提高。在该书中，罗宾逊夫人指出，"资本"是不能测度的量值，因而资本边际生产率概念是没有意义的，用边际生产率来说明工资率和利润率的理论也是站不住脚的。她采用彼罗·斯拉法所著《用商品生产商品》一书的论证方法，推论出资本家的消费和投资决定利润，而不是相反的情形。如果资本家的消费倾向不变，那么"整个经济的利润水平——产量与就业水平——决定于投资水平"。较高的投资率必然带来较高的经济增长率。在经济增长过程中，工资和利润在国民收入中所占的相对份额将朝着不利于工人的方向发生变动。她对马克思主义经济理论也做过深入的研究，提出了"向马克思学习"的口号。她还主张用学院式方法来解决马克思提出的问题，这在西方经济学家中是很少见的。

在罗宾逊夫人学术生涯中，有一件很令人惋惜的一件事，那就是与诺贝尔经济学奖失之交臂。

我们将镜头推向1975年，1975年10月的一天清晨，伦敦的天气一如既往地阴霾潮湿，人们聚集在酒馆里企盼着一个重要的消息，那种热切期盼的气氛丝毫没有受到天气的影响，仿佛没有经过昼夜交替似的，要知道，人们已经在这里等候了整整一个晚上。所有的人都情绪高涨，热烈地交换着意见，以至于连酒馆的应侍生在内，都抱着同一个信念：本年度诺贝尔经济学奖得主非罗宾逊夫人莫属。在大洋彼岸的美国，同样的猜测也主导着经济学界，而全球经济学界几乎唯美国是瞻。尽管这位女士在20世纪60年代曾代表英国的剑桥与美国剑桥（中译坎布里奇，麻省理工学院所在地）的萨缪尔森展开了一场关于资本理论的大论战，被称为"两个剑桥之争"，不幸罗宾逊夫人处于下风。而此时，就算是对她最苛刻的批评家也在打赌，断定罗宾逊夫人一定会获得当年的诺贝尔经济学奖。而且，还有一个重要的因素是：1975年是联合国确定的"世界妇女年"。天时地利人和，一切似乎已经确定无疑，大家仿佛已代替诺贝尔经济学奖评选委员会做出了决定，只等公布了。精明的美国《商业周刊》杂志提前刊出一篇罗宾逊夫人的传记，旨在阐明美国经济学界对她学术成就的评价，以及这位才华横溢的女经济学家的独特魅力，并坚称这位女性的名字将会"出现在今年诺贝尔经济学奖的每一张选票上"。然而，造化弄人，来自瑞典的消息出奇的冷漠与宁静，获奖者是俄罗斯人康托罗维奇和美国人库普曼斯！那些彻夜等待结果的仰慕者和学生伤心泣下。顿时，曾经人声鼎沸的酒馆成了迷恋者的伤心之地。事情过去将近30年了，但关于这件公案的是是非非一直是经济学人议论的话题，它成为世人诟病诺贝尔经济学奖评选委员会不公正的一个主要论据。人们认为：至今没有一个女经济学家获奖，而罗宾逊夫人是才华横溢、著作等身的经济学家，不授奖给她，证明评委有性别歧视；罗宾逊夫人并非主流经济学家，没有给罗宾逊夫人这样影响甚大的、具有左翼色彩的经济学家授奖，证明评委有政治歧视。

米尔顿·弗里德曼

> 提示语：美国当代经济学家、芝加哥经济学派代表人物之一。

米尔顿·弗里德曼（1912—2006年），美国当代经济学家、芝加哥大学教授、芝加哥经济学派代表人物之一，货币学派的代表人物。1976年获诺贝尔经济学奖。主要著作有《对货币数量论的研究》《消费函数理论》《资本主义与自由》《美国货币史，1867—1960年》《选择的自由》等。

弗里德曼1912年出身于纽约市一个工人阶级的犹太人家庭，读高中时，弗里德曼的父亲逝世，举家搬到新泽西州的罗威市。他在16岁时完成高中学业，获得奖学金入读罗格斯大学。1932年取得文学学士学位，第二年他到芝加哥大学修读硕士，1933年芝大硕士毕业。大学毕业后，他曾为罗斯福政府工作以求糊口。"当时我是一个彻底的凯恩斯主义者"。他在自传中这样描述。辗转间他又到哥伦比亚大学继续修读经济学，研究计量、制度及实践经济学。返回芝加哥后，被亨利·舒尔茨（Henry Schultz）聘为研究助理，协助完成《需求理论及计算》论文。

1941—1943年，他出任美国财政部顾问，研究战时税务政策，曾支持凯恩斯主义的税赋政策，并且协助推广预扣所得税制度。1943—1945年，弗里德曼在哥伦比亚大学参与 Harold

Hotelling 及 W. Allen Wallis 的研究小组，为武器设计、战略及冶金实验分析数据。1945 年，他与后来的诺贝尔经济学奖得主乔治·斯蒂格勒到明尼苏达大学任职。1946 年获哥伦比亚大学博士学位后，回到芝加哥大学担任经济学教授，教授经济理论，直至 1976 年退休。

在芝加哥大学教授经济学期间，弗里德曼对于经济政策的看法逐渐转变。他在芝加哥大学成立了货币及银行研究小组，借助经济史论家安娜·施瓦茨的协助，出版了影响深远的《美国货币史》一书。他在书中挑战凯恩斯学派的观点，抨击他们忽略货币供应、金融政策对经济周期及通货膨胀的重要性。经过 30 年的努力，他将芝加哥大学经济系形塑成紧密而完整的经济学派，力倡自由经济，被称为芝加哥经济学派。在弗里德曼的领导下，多名芝加哥经济学派的成员获得诺贝尔经济学奖。他在 1953—1954 年以访问学者的身份前往英国剑桥大学冈维尔与凯斯学院任教。弗里德曼 1977 年开始加入了斯坦福大学的胡佛研究所。1980 年他主持了名为"选择的自由"的节目，并出版了同名的著作，使得他广泛地被大众认识。在节目中他以一支铅笔说明自由市场的原理的片段，成了他广受欢迎的一段言论，至今在网络上依然可以见到其踪影。

弗里德曼 1988 年获得美国国家科学奖章。2006 年 11 月 16 日，他在旧金山家中因心脏病发引致衰竭逝世。

弗里德曼通常反对政府干预的计划，尤其是对于市场价格的管制，他认为价格在市场机制里扮演调度资源所不可或缺的信号功能。在《美国货币史》一书中，他提出大萧条其实是政府对于货币供应管制不当造成的。2006 年他说道："你知道吗？很奇怪的是为何人们仍以为是罗斯福的政策让我们脱离了经济大萧条。当时的问题是，你有一堆失业的机器和失业的人民，你怎么能靠着成立产业垄断集团和提升价格及工资来解决他们的问题？"

第一部分　外国经济学家的故事

1992年获诺贝尔经济学奖的加里·贝克形容，弗里德曼可能是全球最为人所知的经济学家，"他能以最简单的语言表达最艰深的经济理论"。他亦是极出色的演说家，能随时即席演说，极富说服力。香港科技大学经济发展研究中心主任雷鼎鸣形容弗里德曼思考快如闪电，据说辩论从未输过。"无人敢说辩赢了他，因与他辩论过已是无限光荣，没多少人能与他说上两分钟。"

弗里德曼最知名的理论，是他提出的货币供给作为决定生产价值基准的因素，通货膨胀在根本上源自货币供给量的主张。货币主义是现代经济学在货币数量理论的重要观点之一，这种理论的根源可以追溯至16世纪西班牙的萨拉曼卡学派，弗里德曼的贡献则是现代化了这种理论，将其推广为现代经济学的主流货币学说。弗里德曼的观察研究和一些学说进一步推展了这种结论，主张货币供给的改变是影响经济生产的首要原因，但长期的影响则是由物价水平决定的。

弗里德曼对于消费层面的分析也相当知名，也就是他在1957年提出的恒常所得假说。这个理论被一些经济学者视为是他在经济学方法论上最重要的贡献。其他重要的贡献还包括了对菲利普斯曲线的批评，以及他提出的失业率的自然比率的概念（1968年）。这些学说都与货币和金融政策在对经济的长期及短期影响上有关。在统计学上，他则创造出了知名的弗里德曼

· 63 ·

测试。

弗里德曼是货币主义经济学派的主要提倡者。他主张在通货膨胀与货币供给之间有着一个紧密而稳定的联结关系，亦即通货膨胀的现象应该是以联邦储备银行对全国经济提供的货币数量为基准；他强烈反对以金融政策作为需求管理的手段，并且主张政府在经济上扮演的角色应该被严格限制。他深信经济自由最终将导致政治自由。

他描述当时美国政府在大恐慌前就已经对经济进行了沉重的管制，而对银行的管制造成银行无法向市场上对货币的需求做出反应。而且，美国联邦政府限制了货币兑换黄金的汇率，起初这种限制导致了大量黄金过剩，但之后这种限制又因降得太低导致大量黄金流出美国。

弗里德曼认为这种无法对货币需求做出反应的限制造成银行丧失了处理能力，在对黄金和货币汇率进行限制的同时却没有修正通货紧缩的压力，结果导致了经济大恐慌。他认为，美国政府提升税率的举动造成了对民众更大的伤害，接着又印制更多钞票来偿还债务（因此又导致通货膨胀），这些失误加起来便彻底摧毁了中产阶级的储蓄。

弗里德曼说："正是联邦储备银行的举动，将这场普通的经济衰退——虽然可能是相当严重的一场，转变为一次主要的经济灾难，而不是试着用它的力量来抵销大衰退。1929年至1933年间货币供给减少了三分之一便是这场灾难的开端……大恐慌不但不是一场自由企业体制的衰退，反而是一场政府造成的悲剧。"弗里德曼的结论是政府应该停止对于货币和外汇市场的干预，这个理论衍生出了大量的经济研究和争论，同时也促生了后来国际间所采用的自由浮动的汇率制度。

弗里德曼在理论上有三大贡献。

第一，是提出现代货币数量论，即通货膨胀起源于"太多的货币追逐太少的商品"。政府可以通过控制货币增长来遏制通货膨胀。这被视为现代经济理论的一场革命。

第二,他创立了消费函数理论,对凯恩斯经济理论中的边际消费递减规律进行驳斥。凯恩斯认为,随着社会财富和个人收入的增加,人们用于消费方面的支出呈递减趋势,与此同时储蓄则越来越多。因此政府可以通过增加公共支出来抵消个人消费的减少,从而保证经济的持续增长。弗里德曼指出,这一理论站不住脚,因为人们的欲望实际上永无止境,原有的欲望得到满足后,新的欲望又会产生。

第三,1968年,弗里德曼与美国哥伦比亚大学经济学家菲尔普同时提出"自然率假说"理论。他们发现,长期来看,失业率与通货膨胀并没有必然联系。自然失业率永远存在,是不可消除的。因此政府的宏观调控政策长期来看是不起任何作用的。

弗里德曼的声誉主要来自他在三个方面的著作:第一,对资产阶级货币理论的研究,特别是对货币数量论的研究,由于在这一领域中的著作,他成为西方的'货币主义'的领袖并且被认为是目前的西方新古典宏观经济学的先驱者;第二,在消费函数上的永久性收入的理论;第三,新自由主义的经济观点。

弗里德曼1980、1988、1993年三次访问中国,做学术交流。他说,"在我们1980年第一次访问时,中国的试验几乎才刚刚开始,但是某些结果已开始显现。对我们个人而言,最重要的是提供了判断未来发展的基础。我们1988年的第二次访问也许适逢中国试验最有希望的时期……重读我两次访问的笔记,强烈地感受到1988年的中国与1980年的中国是多么不同……这时不再有1980年的老式单调的灰卡叽布服装、色彩灰暗的制服,当时这让我们印象深刻而又深感沮丧。街上的色彩与多样化的服装伴随着希望与期待的气氛,伴随着经济增长与发展的明显迹象。由邓小平带来的最初的变化主要体现在农业上,在那里取得了明显的效果，既提高了农业产量，也为城市工业的发展提供了劳动力。到 1988 年，改革已经影响了城市，虽然还没有对国有企业产生任何程度的实质性影响。……到 1993 年，我们第三次访问时……经济也正在再次迅速地发展。"

这是一个对世界经济非常感兴趣的学者。

威廉·阿瑟·刘易斯

> 提示语:在经济发展方面做出了开创性研究,深入研究了发展中国家在发展经济中应特别考虑的问题。

威廉·阿瑟·刘易斯(1915—1991年),1915年1月23日出身于原英属西印度群岛圣卢西亚岛(现为圣卢西亚共和国)一个黑人移民家庭。1932年,刘易斯到英国伦敦经济学院学习经济学,1937年获经济学学士学位,1940年获经济学博士学位并留校任教直到1948年。1948年,刘易斯到曼彻斯特大学担任斯坦利·杰文斯政治经济学讲座教授。1943年,刘易斯被英国政府任命为英国殖民地经济顾问委员会负责人,对英国殖民地经济问题进行深入研究。1954年发表他的最重要的研究成果——《劳动无限供给条件下的经济发展》。1955年他出版了《经济增长理论》一书,对经济发展的相关问题进行了广泛而深入的分析,该书至今仍被认为是"第一部简明扼要地论述了经济发展问题的巨著"。1963年,刘易斯应邀到美国普林斯顿大学任教。1986年,刘易斯从普林斯顿大学退休,住在巴巴多斯岛上,住所就在西印度大学的科维·希尔校园附近。在这里他继续从事经济发展问题的研究,并为各国提供发展指导。1991年,刘易斯在他的住所去世。

刘易斯一生出版了12本专著,撰写了10余篇政府发展报告

和 70 余篇论文。主要著作有《经济计划原理》《经济增长理论》《经济成长面面观》《国际经济秩序之演化》等。

刘易斯是黑人，受到过种种不公正的待遇。正是这种人生经历，孕育了他反帝国主义的思想，关心同情贫穷国家的人民。在政治上他倾向于对英国殖民政策持批评态度的费边社。费边社是20世纪初英国的一个工人社会主义派别，注重务实的社会建设，提倡建立互助互爱的社会服务。费边社本身并没有创建一套完整的社会福利理论，但是在他们的社会实践中，明显地贯穿着期望通过社会各阶层的平等，包括财产、社会地位和政治权利的平等分配而到达自由，体现出实践平等和自由的理念达至社会合作和互爱的人际关系的理念。这是英国工人群众对福利国家制度最早、最直接的要求。刘易斯从来就不是一个推崇自由放任政策的经济学家，他的《经济计划原理》是为费边社撰写，以解决混合经济问题的。这种政治立场和态度影响了他一生的研究与工作。

在理论方面，刘易斯最重要的研究成果是 1954 年发表于《曼彻斯特学报》的《劳动无限供给条件下的经济发展》。这篇文章提出了用以解释发展中国家经济问题的著名的"二元"模式，这个"二元"模式在经济学界引起广泛争论，也是他获得诺贝尔经济学奖的主要原因。1955 年他出版了《经济增长理论》一书。他指出，"影响经济增长的人的行为分三类，首先，是厉行节约，就是降低任何一种特定产品的成本，否则就不会出现经济增长。其次，是增进知识及其运用，产出增长加快与生产上知识的积累和应用的加快有关。再次，是增长有赖于人均资本额与其他资源量的增加。"

在实践方面，刘易斯担任了各种职务，为发展中国家的经济发展出谋划策，比较重要的有 1951 年任联合国总部不发达国家专家小组成员，1957—1959 年任加纳共和国总理经济顾问，1959—1960 年任联合国特别基金的代理人，1959—1963 年任西印度大学第一副校长，1970—1973年任加勒比地区开发银行第一总裁。由于这些贡献，刘易斯在1963年被英国女王晋封为勋爵。

刘易斯对"大萧条"的研究值得人们关注。他承认在前一个世纪中，每间隔四到十年就会发生经济衰退的现象。问题的焦点并不在于1929年为什么会发生衰退，而是在于为何衰退一旦开始，会如此急剧地恶化？这中间有什么特殊的地方？他整理出七项决定性的因素。

1. 当时美国经济的繁荣，和铁道—营建—移民—建筑产业的循环周期相重合。然而，随着美国国会通过从1924年起限制移民的法案，营建业从20世纪20年代中期开始衰退，再加上20世纪30年代前半段经济的不正常，于是导致整体经济的全面恶化。

2. 20世纪20年代中期，由于农产品产量的成长速度超过需求成长，使得农产品价格在美国国内及国际市场上不断滑落。农村地区的消费能力与水准也跟着降低，导致众多农村银行倒闭。

3. 当时的货币与财政主管当局相信，重振生产的最好方法，就是降低所得税以及增加货币供应，而他们也的确如此执行，但此举也可能使不景气雪上加霜。

4. 德国产业的萧条和美国一样严重，二者间的关系加重了彼此经济的恶化。

5. 各地的资本家普遍缺乏信心，从而减少投资。投资减少意味着生产降低、所得减少，从而使投资更为减少，形成了恶性循环。

6. 纽约证券市场的气氛在20世纪20年代末期过度乐观，之后却兵败如山倒，连不相干的消息也能导致股价下跌。

7. 各国相继放弃金本位制，实施严格的外汇管制，并提高关税，国际贸易量下跌了30%。

刘易斯只是要借此说明，由于有这么多的不利因素聚在一起，1929年的经济大恐慌是一种必然结果。

刘易斯对这个主题感兴趣，乃是衍生自他个人反对帝国主义的信念。他还记得7岁那年，父亲曾带他参加当地的马卡斯·加维协会的聚会。因此，他生平出版的第一本著作，就是由费边社发行的名为《西印度群岛的劳工》的小册子，也就不足为奇了。该书叙述了20世纪二三十年代工会运动的崛起，特别是20世纪30年代工会与政府之间的激烈冲突。该书并不是宣传手册，而是根据报纸的报道以及和工会领袖的访问对话所汇编而成的。

刘易斯在伦敦遇见全球各地反对帝国主义的同志，并着手对英国殖民帝国及其统治措施进行系统性的研究——如对有色人种的歧视，又如在肯尼亚严禁非洲人种植咖啡，迫使他们投身劳力市场，赚取缴税所需的现金。

到了第二次世界大战期间，人们可以感觉到整个气氛在转变。在和许多反帝国主义者，特别是英国工党的国会议员交换意见之后，刘易斯感觉到权力核心已经对维系帝国失去兴趣，也准备逐渐放弃。1943年，他甚至还受殖民办公室邀请，担任新成立的经济咨询委员会的主任委员。在他的建议下，该委员会对各个经济部门的经济政策，进行了系统化的调查。从这个过程中，刘易斯才清楚地了解，政府官员对于哪些是该做的事，彼此之间的分歧有多大。

1946年，伦敦经济学院为来自各殖民地的社会工作者开了为期一年的特别课程，刘易斯应邀讲授基本经济学。但他实际讲授的是经济政策。他记得，有一位学生在课堂上痛斥英国派驻该国总督的某些政策，刘易斯打断了他，并且说，"假如你是贵国的部长，你会怎么做？你的国家将会在10年内独立，那时你可能担任部长或部门主管。数落英国政府的各项罪状，并没有任何裨益。你需要自己有一套积极的方案。你在伦敦经济学院的这一年,就是让你有机会学习如何面对各种棘手的问题。"刘易斯对时间的预估稍嫌乐观,这位学生的国家,在经过 17 年而非 10 年才宣告独立——但除此之外他都相当正确,这名学生后来真的成了部长。

1948 年,刘易斯前往曼彻斯特大学担任正教授,开始有系统地讲授发展经济学的课程。该课程特别强调政策面,因此必须对社会学与政治实务有相当程度的了解。实务上,有些经济学家太强调价格机能,而忘却了有时从制度面着手改变可能比价格的改变更容易解决问题。同样地,也有若干结构派经济学家,极力避免使用价格作为政策工具,因为它可能对所得的分配与波动产生不利的影响。在这两派经济学家之间,刘易斯算是立场中庸。1955 年,他出版了《经济成长理论》一书,目的之一即要具体说明这些论点,同时对经济面有兴趣的人,也会发现该书对社会面做了完整的铺陈。

要解答这两个问题,必须打破既有知识上的局限。所有刘易斯曾学习过的一般均衡模型中,劳动的供给弹性均为零,所以增加任何投资,都将会提升对劳动的需求,使得工资上扬。然而,如果设定劳动的供给弹性为无限大,问题就迎刃而解了。在这个模型下,技术提升所带来的利益,完全归属于雇主以及极少数高薪阶层的员工,广大工资微薄的都市劳工是没有份的,因此成长只会带来利润的增长。在大宗物资市场方面,由于热带农作物的供给无限,因此技术进步所带来的利益,也曾全部由工业界的买方所享有,其道理与前面是一样的。这就是刘易斯两部门模型,也叫刘易斯模型。

两部门模型的提出,立即吸引了全球经济学者的注意,因为它可以应用在许多不同的场合。但必须特别小心,先确认此模型的确适用于某种特殊的情况,再实际加以应用。在研究像是移民问题时，这些模型特别有用。移民问题在战后成为备受瞩目的课题，是因为世界上大部分的国家，不管是已开发或是开发中，都面临了人口大量移动的问题，包括城乡之间的移动以及从贫穷国家移向富有的国家。

1957—1973年之间，刘易斯曾有9年的时间离开研究工作，任职于行政部门，包括：纽约联合国总部、加纳总理恩克鲁马博士的经济顾问、西印度群岛大学副校长、加勒比海开发银行总裁。这些工作的磨炼（相较于早先赴印度与加纳的观察访问），让刘易斯学到很多行政管理的经验，但在经济发展理论相关事情上则收获有限。当时刘易斯致力于建立一些高素质的组织，希望它的高标准不但能产生丰硕的成果，也可以鼓舞其他的机构起而效法。其间偶尔也产生了一些意料之外的情况。有次刘易斯在巴巴多斯的一个酒会上，碰到一位年轻的会计师，刘易斯问他为何没有来应征。他说："我本来想申请，可是一位朋友对我说，千万别到那家银行，因为你会忙坏了。"刘易斯说："我从来没有要他们忙得不可开交。"这位会计师回答说："你是没有，可是你自己那么认真，其他人都不得不以你为榜样了。"

保罗·萨缪尔森

| 提示语： 凯恩斯主义的集大成者。

保罗·萨缪尔森（1915—2009 年），1915 年 5 月 15 日出身于美国印第安纳州加里城的一个波兰犹太移民家庭。聪明勤奋的萨缪尔森在 15 岁的时候就考入芝加哥大学，专修经济学。他进入经济学领域纯属偶然，但结果证明，经济学这一行如天造地设般适合他。进入大学后，萨缪尔森高效率地利用时间学习，博览群书。他爱好广泛，课余常把做高等数学习题作为自我消遣。他对物理学也有浓厚的兴趣。初入大学时，萨缪尔森年纪虽轻，但沉着稳重，喜欢思考。他对前人的理论总抱着审视的态度，寻觅理论尚未完善或不完美的地方。萨缪尔森最后以平均成绩为 A 的优异成绩获得了芝加哥大学的学士学位，随后又从容地进入哈佛大学就读。进入哈佛大学后，萨缪尔森的眼界大为开阔，这里的学术思想与芝加哥大学迥然不同。他在哈佛就读期间，师从约瑟夫·熊彼特、华西里·列昂惕夫、哥特弗里德·哈伯勒和有"美国的凯恩斯"之称的阿尔文·汉森研究经济学。

面对各种学术流派，他刻苦地探讨和研究、类比各种学说的异同，找出它们的不足。1936 年，也就是来到哈佛大学一年后，萨缪尔森获得了硕士学位，并以敏捷的思维、广博的知识以及实

干精神，赢得了哈佛大学经济学权威人士阿尔文·汉森教授的青睐。汉森收萨缪尔森做自己的助手，这使他对各种学派的研究更为深入。他不断地探讨汉森的学术思想，继续攻读博士学位，同时也为自己选择研究的主攻方向。

1936年，英国内阁经济顾问委员会主席约翰·梅纳德·凯恩斯发表了他最有影响的《就业、利息和货币通论》一书以后，美国许多经济学者对凯恩斯的学说大感兴趣，萨缪尔森的导师就是其中的一个。他原来反对凯恩斯的国家干预政策，提倡"自由放任"，后来转而成为凯恩斯主义在美国的传播人，把凯恩斯主义移植到了美国。他不但继承凯恩斯的经济学说，而且把这种学说理论通俗化，还做了一些补充发展，成为美国凯恩斯主义学派的权威人士之一。萨缪尔森纵观凯恩斯主义的形成和发展，感到确有可研究之处，于是师生协作，不断宣传凯恩斯主义，并对它做了进一步的补充。这样，汉森和萨缪尔森便成为凯恩斯主义在美国的主要代表人物。而萨缪尔森对研究凯恩斯主义所做的贡献远比他的导师大得多。

他是那些能够和普通大众进行交流的为数极少的科学家之一。他经常出席国会作证，在联邦委员会、美国财政部和各种私人非营利机构任学术顾问。他发展了数理和动态经济理论，将经济科学提高到新的水平。他是当今世界经济学界的巨匠之一，他所研究的内容十分广泛，涉及经济学的各个领域，是世界上罕见的多能学者。萨缪尔森首次将数学分析方法引入经济学，帮助经济困境中上台的肯尼迪政府制定了著名的"肯尼迪减税方案"，并且写出了一部被数百万大学生奉为经典的教科书——《经济学》。"瑞典皇家科学院在发布1970年诺贝尔经济学奖的公告时指出,萨缪尔森的全部著作几乎涉及了当代西方经济学的所有领域,在其著作中既能推导出新定理,也能发现旧定理的新应用,认为他在提高西方经济理论的科学分析水平方面,比当代其他经济学家做出了更多的贡献。"这本书能畅销成为经典的原因在于:

第一,它是内容不断更新、深浅适度的一本经济学入门教科书。

第二,也是最重要的原因,就是该书突破编写传统教科书的传统框架,对内容与结构进行开创性的革新,建立宏观经济学与微观经济学相结合的新古典综合的编写体例。

第三,是萨缪尔森将其一些重要概念首次有机地结合到他的《经济学》教科书中。如:凯恩斯十字图式、生产可能性边界、混合经济等。

萨缪尔森在《经济学》一书中提道:"人类社会,无论它是一个发达的工业化国家,也无论它是一个中央计划型的经济体,或者只是一个孤立的部落社会,都必须面对和解决三个最基本的经济问题:生产什么、如何生产和为谁生产。"生产要素报酬就是生产要素的收益,要素报酬等于要素的边际产品价值。要素的边际产品也就是要素的边际生产率。

在短期内,虽然产品价格会因为国际贸易而发生变化,但生产要素还来不及在部门间流动。因此,国际贸易在短期内只影响产品价格。从前面的分析中我们知道,一国出口产品的相对价格会上升,进口产品的相对价格会下降。长期来看,生产要素可以在各产业间自由流动。国际贸易对生产要素报酬的影响就要结合产品价格和要素边际生产率的变化来分析。由于贸易的结果使出口行业的资本和劳动受益，报酬提高，进口竞争行业的资本和劳动就会向出口行业流动。这里我们假定出口行业是劳动密集型的，进口竞争行业是资本密集型的。这样，一方面，进口竞争行业的资本—劳动比率较高，当本国进口竞争产品产量因国际贸易而减少后，转移出来的资本就比劳动多；另一方面，劳动密集型的出口行业的劳动—资本比率相对较高，在出口产品产量扩大后对劳动的需求大于对资本的需求。这样，从进口竞争行业转移出来的资本多，但需求少；转移出来的劳动少，但需求却更多。结果就是资本相对过剩，劳动相对不足。如果两个行业都按照原来的资本—劳动比率生产的话，就会有一部分资本闲置下来。

但是，当资本过剩时，它就会变得相对便宜，这样闲置的资本就会被两个行业吸收，以用来替代相对稀缺从而昂贵的劳动（这里我们假定劳动和资本可以相互替代）。这样，两个行业都会比贸易前投入更多的资本来替代劳动，于是它们的资本—劳动比率都会比贸易前提高。由于资本投入增加，各行业中的劳动边际生产率提高，而资本边际生产率则因为资本投入增加而下降。

萨缪尔森是经济学界的通才。他的研究涉及经济理论的诸多领域。他根据所考察的各种问题，采用了多种数学工具，使用了既包括静态均衡分析，也包括动态过程分析的方法，这对当代微观经济学和宏观经济学许多理论的发展，都有一定的影响。萨缪尔森对静态、比较静态、动态三者的联系和区别，做了精辟的论述。在一般均衡论方面，他补充并发展了希克斯关于静态一般均衡稳定条件，进一步发展了均衡的极大条件、均衡位移和提·查特莱尔原理，并举出了很有说服力的经济实例，说明数理方法的普遍适用性。

在福利经济学方面，首先，萨缪尔森对所有在这一领域中创建各个学说的先驱者的著作进行了分析和评价。其次，他建立起自己的新福利经济学，并和汉森为国家福利论的建立和在实际生活中实施，做出了重大贡献。在国际贸易理论方面，萨缪尔森补充了比较成本学说的"赫克谢尔—俄林定理"，对贸易国之间的生产要素价格趋向均等的条件做了严密论证，被西方人士公认为"赫克谢尔—俄林—萨缪尔森模型"。他论述了国际贸易对贸易国利益的影响，被各资本主义国家认为是现代国际贸易理论的一项重要发展。

萨缪尔森告诫人们，"永远要回头看"。他说，如果发现错误后还死不承认，我的自责会更深。萨缪尔森法则是"永远要回头看。你可能会由过去的经验学到东西。我们所做的预测，通常并不如自己记忆中的那样正确，二者的差异值得探究。"格言说："如果你必须预测，那么就经常为之"。这并非只是玩笑之辞或自认无能，而是体认到残酷的事实比美丽的理论重要。未来有些部分不能由过往推知，这也正是科学无从措手之处。好在有待科学做的事还很多，而且许多科学任务尚未完成。

谈到学术研究，他说，该从哪里开始呢？我有一本用来记载研究思考的大记事本，以1983年的那本为例，1月1日的那一栏，我可能顺手记下了如何设计一个线性规划系统的数字实例，足以推翻经济学的夏特里耶原理的原型。这项研究一直尚未发表，其源头可追溯到一项早在1949年的研究——或甚至早到1937年，当时我还是威尔森门下的学生。然后在1月2日和3日，还可以找到这个问题的记录，可能还有对相关问题的演绎。在1983年之中，类似这样的记录可能超过五十项。然而刚好记载于这本床头笔记本中的事项，也并非我该年所有研究的完整描述，甚至连这些研究的抽样代表也称不上。因此，我要找一个较充裕的时间，才能详细说明某些著名研究成果是如何酝酿成形的。

道格拉斯·诺斯

> 提示语：美国经济学家、历史学家。

道格拉斯·诺斯（1920—2015年），1920年出生在美国马萨诸塞州坎布里奇市；1942年获得加州大学伯克利分校学士学位；1952年获得博士学位；1946年开始在伯克利任教；1950年成为华盛顿大学的教授；1961年担任华盛顿大学研究所的所长；1960—1966年任《经济史杂志》副主编；1972年担任美国经济史学协会会长；1966—1986年任国民经济研究局董事会董事；1968年、1971年、1978年经济研究所理事会理事；1972—1973年任东方经济协会会长；1973年任巴黎高级研究实验学院历史研究中心客座副主任；1975—1976年任西方经济协会会长；1979年任教于赖斯大学；1981—1982年任教于剑桥大学；1982年到圣路易斯华盛顿大学，担任该大学经济系卢斯讲座教授；1987—1988年任斯坦福大学行为科学高级研究中心客座研究员；1993年获诺贝尔经济学奖。2015年11月23日于密歇根州本西县本佐尼亚村家中逝世。

主要著作有《1790—1860年的美国经济增长》《美国过去的增长与福利：新经济史》《制度变化与美国的经济增长》（与戴维斯合著）《西方世界的兴起：新经济史》（与托马斯合著）《经济史中的结构与变迁》《制度、制度变迁与经济绩效》等。

道格拉斯·诺斯的经济学重要贡献体现在制度理论上。他认为，制度理论基石包括三个内容：描述一个体制中激励个人和集团的产权理论；界定实施产权的国家理论；影响人们对"客观"存在变化的不同反应的意识形态理论。

产权理论。诺斯认为，有效率的产权对经济增长起着十分重要的作用。他曾提到"增长比停滞或萧条更为罕见这一事实表明，'有效率'的产权在历史中并不常见"。很显然，经济能否增长往往受到有无效率的产权的影响。有效率的产权之所以对经济增长起着促进的作用，一方面，因为产权的基本功能与资源配置的效率相关；另一方面，有效率的产权使经济系统具有激励机制。这种机制的激励作用体现在以下三个方面：降低或减少费用；人们的预期收益得到保证；从整个社会来说，个人的投资收益充分接近于社会收益（在产权行使成本为0时，充分界定的产权使得个人的投资收益等于社会收益）。所以诺斯认为产权的界定、调整、变革、保护是必要的。

国家理论。国家理论是诺斯制度变迁理论的第二大理论支柱。诺斯对国家的看法集中体现在这一悖论中："国家的存在是经济增长的关键，然而国家又是人为经济衰退的根源。"对这一悖论的论证，诺斯是从国家与产权的关系上展开的。如果国家能够界定一套产权，提供一个经济地使用资源的框架，它就能促进全社会福利增加，推动经济增长，这就是国家契约论；如果国家界定一套产权，仅使权力集团的收益最大化，就不能实现整个社会经济的发展，而会造成人为的经济衰退，这就是国家掠夺论。那么，对国家存在的解释到底是契约论还是掠夺论呢？诺斯认为，"尽管契约论解释了最初签订契约的得利，但未说明不同利益成员的利益最大化行为，而掠夺论忽略了契约最初签订的得利而着眼于掌握国家控制权的人从其选民中榨取租金"，所以他把不全面的两种理论统一起来，用"暴力潜能"论解释国家的存在。

为什么国家对经济发展起着双重作用呢？诺斯认为国家作为"经济人"提供服务有两个基本的目的：一是界定形成产权结构的竞争与合作的基本规则（即在要素和产品市场上界定所有制结构），这能使统治者的租金最大化；二是在第一目的的框架中降低交易费用以使社会产出最大，从而使国家税收增加。事实上，这两个目的是不一致的。第一个目的实质上指国家企图确立一套基本规则，以保证统治者收入最大化，但国家为使自己的"垄断租金"最大化，并不关心交易费用的降低和有效率的制度的创新，从而会阻碍经济的增长。第二个目的是界定一套使社会产出最大化且完全有效率的产权以推动经济增长。基于上述两个目的的不一致性，诺斯进一步认为国家在竞争约束与交易约束下会界定一套有利于统治集团而无效率的产权结构。

诺斯认为国家是一种不可控的、神秘的、超经济的力量，因而他在《经济史中的结构与变迁》中并没有解释国家存在的原

因，而强调了国家的暴力。他认为"理解国家的关键在于为实行对资源的控制而尽可能地利用暴力"。

意识形态理论。这是诺斯制度变迁的第三大理论支柱。诺斯认为，只有意识形态理论才能说明如何克服经济人的机会主义行为如"搭便车"现象，才能进一步解释制度的变迁。在诺斯的制度变迁论中，国家理论说明产权是由国家界定，而产权理论表明一个国家的经济绩效取决于产权的有效性。但是上述两大理论并没有成功解释如何克服"搭便车"的问题，也许产权的无效率性及其不完全性，可以部分地解释"搭便车"等经济行为的存在，但是产权的充分界定及行使，经济行为的监督与考核是要花费成本的。在成本小于收益的情况下，有效率且完全的产权也许勉强克服了这种经济行为，然而在成本大于收益的情况下，单靠有效率且完全的产权无济于事。总之，上述两大理论无法彻底克服机会主义行为，从而无法完全阐明制度变迁。因此，制度变迁的研究需要一种意识形态理论。诺斯认为意识形态是一种行为方式，这种方式通过提供给人们一种"世界观"而使行为决策更为经济，使人的经济行为受一定的习惯、准则和行为规范等的协调而更加公正、合理并且符合公正的评价。当然这种意识形态不可避免地与个人在观察世界时对公正所持的道德、伦理评价相互交织在一起，一旦人们的经验与其思想不相符合时，人们会改变其意识观念，这时意识形态就会成为一个不稳定的社会因素。

诺斯是新经济史的先驱者、开拓者和抗议者，他开创性地运用新古典经济学和经济计量学来研究经济史问题。他对经济学的贡献主要包括三个方面：用制度经济学的方法来解释历史上的经济增长；重新论证了包括产权制度在内的制度的作用；将新古典经济学中所没有涉及的内容——制度，极大的发展了制度变迁理论。鉴于他建立了包括产权理论、国家理论和意识形态理论在内的"制度变迁理论"，是新制度经济学的创始人。

约翰·纳什

> 提示语：发明了"纳什均衡"的博弈理论。1958年，纳什因其在数学领域的优异工作被美国《财富》杂志评为新一代天才数学家中最杰出的人物。1994年，他和其他两位博弈论学家约翰·C·海萨尼和莱因哈德·泽尔腾共同获得了诺贝尔经济学奖。

约翰·纳什（1928—2015年），全名为约翰·福布斯·纳什，纳什从小就显得内向而孤僻。他生长在一个充满亲情温暖的家庭中，幼年大部分时间是在母亲、外祖父母、姨妈和亲戚家的孩子的陪伴下度过，但比起和其他孩子结伴玩耍，他总是偏爱一个人埋头看书或躲在一边玩自己的玩具。小纳什虽然并没有表现出神童的特质，但却是一个聪明、好奇的孩子，热爱阅读和学习。纳什的母亲和他关系亲密，或许是出于教师的职业天性，母亲对纳什的教育格外关心，早在纳什进入幼儿园前，就开始教育、辅导他。而纳什的父亲则喜欢和孩子们分享自己在科学技术方面的兴趣，能够耐心地回答纳什提出的各种自然和技术的问题，并且给了他很多的科普书籍。少年时期的纳什还特别热衷做电学和化学的实验，也爱在其他孩子面前表演。

纳什就读于布鲁菲尔德当地的中小学，然而在学校里，纳什

的社交障碍、特立独行、不良的学习习惯等时常受到老师的诟病。这些问题令纳什的父母十分忧虑，曾经想过很多办法，但收效甚微。

小学时期，纳什的学习成绩（包括数学成绩）并不好，被老师认为是一个学习成绩低于智力测验水平的学生。比如在数学上，纳什非常规的解题方法就备受老师批评，然而纳什的母亲对纳什充满信心，而后来的事实也证明，这种另辟蹊径恰恰是纳什数学才华的体现。这种才华在纳什小学四年级时初现端倪，而高中阶段，他常常可以用几个简单的步骤取代老师一黑板的推导和证明。而真正让纳什认识到数学之美的，恐怕要数他中学时期接触到的一本由贝尔所写的数学家传略《数学精英》，纳什成功证明了其中提到的和费马大定理有关的一个小问题，这件事在他的自传文章中也有提及。1948年，大学三年级的纳什同时被哈佛、普林斯顿、芝加哥和密执安大学录取，而普林斯顿大学则表现得更加热情。当普林斯顿大学的数学系主任莱夫谢茨感到纳什的犹豫时，就立即写信敦促他选择普林斯顿，这促使纳什接受了一份1150美元的奖学金。由于这一笔优厚的奖学金以及与家乡较近的地理位置，纳什选择了普林斯顿大学，来到阿尔伯特·爱因斯坦当时生活的地方，并与他有过接触。他显露出对拓扑、代数几何、博弈论和逻辑学的兴趣。

1950年和1951年纳什的两篇关于非合作博弈论的重要论文，彻底改变了人们对竞争和市场的看法。他证明了非合作博弈及其均衡解，并证明了均衡解的存在性，即著名的"纳什均衡"。从而揭示了博弈均衡与经济均衡的内在联系。纳什的研究奠定了现代非合作博弈论的基石，后来的博弈论研究基本上都沿着这条主线展开的。然而，纳什天才的发现却遭到冯·诺依曼的断然否定，在此之前他还受到爱因斯坦的冷遇。但是骨子里挑战权威、藐视权威的本性，使纳什坚持了自己的观点，终成一代大师。其中一个最耀眼的亮点就是日后被称之为"纳什均衡"的非合作博弈均衡的概念。通过将这一理论扩展到牵涉各种合作与竞争的博弈，纳什成功地打开了将博弈论应用到经济学、政治学、社会学乃至进化生物学的大门。

在研究领域里，纳什在代数簇理论、黎曼几何、抛物和椭圆形方程上取得了一些突破。当时的纳什"就像天神一样英俊"，1.85米的个子，体重接近77公斤，还有一张英国贵族的英俊容貌，1957年，纳什和艾里西亚结婚了。之后漫长的岁月证明，这也许正是纳什一生中比获得诺贝尔奖更重要的事。就在事业爱情双丰收的时候，纳什也因为喜欢独来独往，喜欢解决折磨人的数学问题而被人们称为"孤独的天才"。他不是一个善于为人处世并受大多数人欢迎的人，他有着天才们常有的骄傲、自我中心的毛病。他的同辈人基本认为他不可理喻，他们说他"孤僻，傲慢，无情，幽灵一般，古怪，沉醉于自己的隐秘世界，根本不能理解别人操心的世俗事务。"

1958年的纳什好像是脱胎换骨，精神失常的症状显露出来了。他一身婴儿打扮，出现在新年晚会上。两周之后他拿着一份纽约时报，垂头丧气地走进麻省理工学院的一间坐满教授的办公室里，对人们宣称，他正通过手里的报纸收到一些信息，要么来自宇宙里的神秘力量，要么来自某些外国政府，而只有他能够解读外星人的密码。当一个人问他为何那么肯定是来自外星人的信息，他说，有关超自然体的感悟就如同数学中的灵思，是没有理由和先兆的。秋天，纳什 30 岁，刚取得麻省理工学院的终身教授职位，艾里西亚怀孕，后来他们的儿子出生，他因为幻听幻觉被确诊为严重的精神分裂症，然后是接二连三的诊治，短暂的恢复，和新的复发。

几年后，艾里西亚因为无法忍受在纳什的阴影下生活，他们离婚了，但是她并没有放弃纳什。离婚以后，艾里西亚再也没有结婚，她依靠自己作为电脑程序员的微薄收入和亲友的接济，继续照料前夫和他们唯一的儿子。她坚持纳什应该留在普林斯顿，因为如果一个人行为古怪，在别的地方会被当作疯子，而在普林斯顿这个广纳天才的地方，人们会充满爱心地想，他可能是一个天才。艾里西亚在纳什生病期间精心照料他 30 年。到 1970 年的时候，他已经辗转了几家精神病医院，病情逐渐稳定下来。正当纳什本人处于梦境一般的精神状态时，他的名字开始出现在 20 世纪 70 年代和 20 世纪 80 年代的经济学课本、进化生物学论文、政治学专著和数学期刊的各领域中。他的名字已经成为经济学或数学的一个名词，如"纳什均衡""纳什谈判解""纳什程序""德乔治—纳什结果"等纳什的博弈理论越来越有影响力，但他本人却默默无闻。大部分曾经运用过他的理论的年轻数学家和经济学家都根据他的论文发表日期，想当然地以为他已经去世。即使一些人知道约翰·纳什还活着，但由于他特殊的病症和状态，他们也把纳什当成了一个行将就木的废人。

20 世纪 80 年代末期，纳什渐渐康复，从疯癫中苏醒，而他的苏醒似乎是为了迎接他生命中的一件大事：1994 年，他和其他两位博弈论学家约翰·C·海萨尼和莱因哈德·泽尔腾共同获得了诺贝尔经济学奖。纳什没有因为获得了诺贝尔奖就放弃他的研究，在诺贝尔奖得主自传中，他写道："从统计学看来，没有任何一个已经 66 岁的数学家或科学家能通过持续的研究工作，在他或她以前的成就基础上更进一步。但是，我仍然继续努力尝试。由于出现了长达 25 年部分不真实的思维，相当于提供了某种假期，我的情况可能并不符合常规。因此，我希望通过至 1997 年的研究成果或以后出现的任何新鲜想法，取得一些有价值的成果。"

2001 年，经过几十年风风雨雨的艾里西亚与约翰·纳什复婚了。事实上，在漫长的岁月里，艾里西亚在心灵上从来没有离开过纳什。这个伟大的女性用一生与命运进行博弈，她终于取得了胜利。而纳什，也在得与失的博弈中取得了均衡。

当地时间 2015 年 5 月 23 日，约翰·纳什夫妇遭遇车祸，纳什在美国新泽西州逝世，终年 86 岁。他 82 岁的夫人艾里西亚也在车祸中去世。

他们的故事被改编成影片《美丽心灵》。这部电影获得了奥斯卡金像奖。

罗伯特·蒙代尔

> 提示语："最优货币区理论"的奠基人，被誉为"欧元之父"。

罗伯特·蒙代尔（1932—2021年），1932年10月出生在加拿大安大略省，曾就读于英属哥伦比亚大学和伦敦经济学院，获得麻省理工学院（MIT）哲学博士学位。在1961年任职于国际货币基金组织（IMF）前曾在斯坦福大学和约翰霍普金斯大学高级国际研究院Bologna（意大利）中心任教。1966年至1971年，他是芝加哥大学经济学教授和《政治经济期刊》的编辑；还是瑞士日内瓦国际研究生院国际经济学暑期教授。1974年起蒙代尔执教于哥伦比亚大学。2009年9月，香港中文大学邀请蒙代尔出任博文讲座教授。蒙代尔教授出任香港中文大学博文讲座教授后，每年都会居留香港中文大学两个月讲学，以促进学术发展。

蒙代尔教授在北美洲、南美洲、欧洲、非洲、澳洲和亚洲等地广泛讲学。他是联合国、国际货币基金组织、世界银行、加拿大政府、拉丁美洲和欧洲的一些国家、联邦储备委员会和美国财政部等众多国际机构和组织的顾问。1970年，他担任欧洲经济委员会货币委员会的顾问；他还是1972—1973年度在布鲁塞尔起草关于统一欧洲货币报告的9名顾问之一。1964年至1978

年，他担任国际货币改革研究小组成员；1971 年至 1987 年，他担任国际货币改革会议主席。1999 年参与创建了世界经理人集团，2002 年起担任世界品牌实验室主席，2006 年起参与创建以他自己名字命名的《蒙代尔杂志》。

蒙代尔教授获超过 50 个大学颁授的荣誉教授和荣誉博士衔，1999 年他获得诺贝尔经济学奖。

瑞典皇家科学院在授奖公告中称："蒙代尔教授奠定了开放经济中货币与财政政策理论的基石……尽管几十年过去了，蒙代尔教授的贡献仍显得十分突出，并构成了国际宏观经济学教学的核心内容。"

他的主要学术观点：经济政策、汇率和资本流动性；货币动力学；最优货币区域。

经济政策、汇率和资本流动性。

蒙代尔的研究之所以有如此重要的影响，是因为他几乎是在准确预料未来发展方向的基础上进行选题。在 20 世纪 60 年代，国际货币安排的格局是各国都有自己的一套货币，并且几乎所有的学者都认为这是必须和理所当然的；国际资本市场开放的程度也相当低。正是在这种情况下，蒙代尔提出了超前于现实的问题：与国际资本市场一体化相关的货币与财政政策的结果会如何？这些结果将如何依赖于一个国家是采取固定汇兑抑或采取自由汇兑？一个国家都该有自己的一套货币吗？经过询问和回答这样一些问题，蒙代尔改革了开放经济中的宏观经济理论。他最重要的贡献是在 20 世纪 60 年代做出的。到 20 世纪 60 年代后半期，蒙代尔已是芝加哥大学学术界的领袖人物。那个时候他的许多学生，现在都已成为他奠基的这一领域中卓有成效的研究者。

在20世纪60年代初期发表的几篇论文中，蒙代尔发展了开放经济中的货币与财政政策（即"稳定政策"）的分析。他在《固定和弹性汇率下的资本流动和稳定政策》（1963年）中探讨了开放经济中货币与财政政策的短期效应，分析得很简单，但结论却很丰富、新颖、清楚。在这篇具有划时代意义的论文中，蒙代尔把对外贸易和资本流动引入了传统的 IS-LM 模型（该模型由1972年诺贝尔经济学奖得主希克斯发展，用于分析封闭经济），阐明了稳定政策的效应将随国际资本流动性的程度变化。特别地，他论证了汇率体制的重要意义：在浮动汇率下货币政策比财政政策更有威力，在固定汇率下则相反。

货币动力学。

与同时期其他研究人员不同的是，蒙代尔的研究没有停留在对短期的分析。他对货币进行了动态考察，货币动力学是几篇重要论文的关键主题。他强调产品和资本市场调整速度是不同的。后来他的学生和其他人使这个问题受到重视，并说明了汇率在某些干扰因素下怎样暂时"过火（overshoot）"。

一个重要问题与报酬平衡表中的赤字和盈余有关。第二次世界大战后的一段时间，蒙代尔研究这些不平衡建基于静态模型之上并强调真实的经济要素和对外贸易流量。得益于 David Humes 经典的关注货币因素和存量的国际价格调整机制，蒙代尔用公式表达的动态模型来揭示延续的不平衡将如何出现又怎样使之消失。他论证了随着私有部门持有的货币资产（也是它的财产）因为盈余或赤字而进行兑换，经济将随时间的过去逐渐调整。例如，在固定汇率下，当资本流动缓慢的时候，扩张的货币政策将降低利率并提升国内需求。随后报酬平衡表中的赤字将产生货币流出，这反过来会降低需求，直到报酬平衡表达到均衡。这个被许多研究者采用的方法，已成为人们熟知的报酬平衡表的货币方法。在很长一段时间，它被认为是一种分析开放经济中稳定政策的长期的基准（long-run benchmark）。这个见解已被频繁地应用到经济政策制定的实际工作中——特别是 IMF 的经济学家。

蒙代尔的贡献已经被证明是国际经济学研究的分水岭。它们引入了动态方法，在清晰区别存量和流量的基础之上，分析两者在经济走向长期稳定的调整过程中的相互作用。蒙代尔的研究也对凯恩斯主义者的短期分析和古典经济学的长期分析进行了必要的调和。后来的研究者扩展了蒙代尔的成果。这个模型被扩展到综合包括了家庭和企业的预期决策、另类金融资产和更具动态的经常项目和价格调整。尽管有这些修正，蒙代尔的绝大多数结论仍然经受住了考验。

最优货币区域

固定汇率在 20 世纪 60 年代早期占据着主流地位。少数研究人员讨论过浮动汇率的优点和缺点，但都认为一国拥有自己的货币是必须的。蒙代尔 1961 年在其论文中提出"最优货币区域"问题看起来似乎有些激进：几个国家或地区放弃各自的货币主权而认同共同的货币，在什么时候会更有利？蒙代尔的论文简要地提到了共同货币的好处，比如贸易中更低的交易费用和相关价格更少的不确定性等。这些好处后来得到了更多的描述。而最大的缺点是，当需求变动或其他"非对称冲击"要求某特定地区削减实际工资的时候，维持就业就很困难。蒙代尔强调，为抵消这些干扰，劳动力需要具有较高的流动性，这一点非常重要。蒙代尔刻画了这样一个最优货币区域，该区域的国家和地区之间移民倾向足够高，高到可以保证某一个地区面临非对称冲击时仍可以通过劳动力流动来实现充分就业。其他研究者扩展了这一理论并确定了附加标准，比如资本流动、地区专业化、共同的税收和贸易体制等。

蒙代尔几十年前的思考，与今天世界经济发展态势发生高度关联。由于世界经济中资本流动性不断变得更高，曾经固定但现在可以调整的汇率体制下,汇率变得越来越脆弱;一些地区正在卷入这个问题。许多观察家认为一个国家在货币联合或浮动汇率(蒙代尔的论文讨论的两种情况)之间必须二选其一。不必我们多说,蒙代尔的研究也影响到欧元的结合。经过对利弊的权衡,EMU研究人员把最优货币区域经济思想当作新的药方予以了采纳。

在国际金融领域,罗伯特·蒙代尔是一位伟大的先行者和预言家。

詹姆斯·莫里斯

| 提示语： 激励理论的奠基者。

詹姆斯·莫里斯（1936—2018年），1936年出生在苏格兰的明尼加夫，与亚当·斯密是同乡，1957年在爱丁堡大学获得数学硕士学位。1960年，以硕士学历申请剑桥大学本科数学专业成功，随后转学经济学。1962年，参与麻省理工学院经济项目访问印度。1963年取得英国剑桥大学哲学博士学位。1963—1968年，莫里斯任剑桥大学经济学助理讲师、讲师、剑桥大学三一学院研究员，此期间曾任卡拉奇巴基斯坦经济开发研究所顾问。1969年，年仅33岁的莫里斯被正式聘为牛津大学教授。从1969年起到1995年一直从教于牛津，任该校埃奇沃思讲座经济学教授、Nuffield学院院士。1982年，莫里斯荣任世界计量经济学会会长，并当选为美国经济学会的外籍会员。他还曾担任过皇家经济学会会长、中国政府经济顾问等职，是英国科学院院士、美国艺术与科学院院士，并担任过几个重要学术杂志的编辑工作。1994年，由于夫人乳腺癌去世，莫里斯教授为换环境于1995年5月转到剑桥大学任教。1995年，被选为剑桥大学的政治经济学教授（2003年从此职位上退休），并再次成为三一学院的研究员，其间，他继续研究福利经

济学和契约理论。1996年,因其对不对称信息理论的贡献,他和威廉·维克瑞一起荣获诺贝尔经济学奖。1997年被英国女王授予"爵士"爵位。2001年,与Patricia结婚,Patricia有很丰富的中国经验,负责组织中国项目。2002年起,莫里斯担任香港中文大学博文讲座教授。2010年起,他担任新设立的香港中文大学晨兴书院院长。2018年8月29日在英国剑桥辞世,享年82岁。

委托—代理理论是莫里斯对经济学的重要贡献。他分别于1974年、1975年、1976年发表了三篇论文:《关于福利经济学、信息和不确定性的笔记》《道德风险理论与不可观测行为》《组织内激励和权威的最优结构》,奠定了委托—代理的基本模型框架。"信息经济学是有关非对称信息下交易关系和契约安排的理论。从本质上讲,信息经济学是非对称信息博弈论在经济学上的应用。"非信息对称指的是交易中当事人一方知道另一方不知道的信息,故又称私人信息、不完全信息。非对称信息大致可以分为两类:一类是内生的非对称信息,诸如当事人选择什么样的行动;另一类是指外生的非对称信息,诸如交易当事人的能力、偏好等。前一类被称为隐藏行动,导致道德风险;后一类被称为隐藏知识,带来逆向选择。我们在现实中观察到许多制度,就是人类为应对这两类不对称信息产生的问题而创造出来的。在这两方面的研究中,莫里斯都做出了开创性的贡献。

莫里斯教授开创的分析框架后来又由霍姆斯特姆(Holmstrom)等人进一步发展,在委托—代理文献中,被称为莫里斯—霍姆斯特姆模型方法。"委托人选择合同的形式以最大化自己的效用。合同必须满足的约束条件是,代理人在最大化他的效用,并且,为诱使代理人接受合同,他必须得到足够高的效用。这样,存在一个特征化的数学结构:委托人最大化,满足代理人最大化和自愿参与两个约束。"

除对委托—代理理论的贡献外,莫里斯还在研究最优税制结构、非对称信息结构下的最优契约设计、公共财政理论、不确定性下的福利经济理论等方面造诣精深,成为这些领域的代表人物。有关论文有《不确定下的最优积累》《最优税制和公营生产:1、生产效率和2、税收条例》《具有消费外部性的聚集生产》《人口政策和家庭规模的税制》《不确定性下的最优积累:投资不变利润的案例》《税率的意义》《对公共支出的讨论》《退休年龄不确定时的最优社会保障模型》《养老金的保险特性》《随机经济中的最优税制》《最优国外收入税制》《社会保险与不合理行为》《对不确定收入的征税》《市场不完全时对相同消费者的最优税收》《最优税制与政府财政》《福利经济学和规模经济》《私人风险和公共行为:福利国的经济》《退休年龄不确定时的社会保险和私人储蓄》。

莫里斯在经济增长与发展等方面也成就非凡,曾与斯特恩(Stern)合编《经济增长模型》一书,与利特尔(Little)合著《发展中国家的项目签订和计划》一书,并于1975年发表了《关于利用消费和生产率之间关系的欠发达经济的纯理论》一文,对经济政策,尤其是增长理论进行了功利主义分析,探讨了不确定性对适度增长的影响、非再生资源理论、不可分割的增长理论以及耐用品的不可替代性定理等。在发展经济领域,莫里斯提出了成本收益分析方法,建立了低收入经济的发展模型,研究了国际

援助政策的效用与结果。1998年莫里斯曾访问中国。

除信息经济学外，莫里斯教授在其他方面也有很多重要建树。最著名的是他对公共财政理论的贡献。他在福利经济学、增长理论、项目评估方面都有贡献。张维迎曾评论詹姆斯·莫里斯是"一个非常严谨、勤奋的学者"。"除了上课，他几乎每天都在办公室工作，他的办公室很乱，满地堆的都是论文和书。看他的样子，他脑子里似乎总在思考问题。"莫里斯教授对学生要求很严格。"当你向他讲述自己的一个观点时，他总会问为什么是这样不是那样，直到你完全说服他为止。"

罗伯特·卢卡斯

> 提示语： 芝加哥经济学派代表人物之一。

罗伯特·卢卡斯（1937—），1937年出生在华盛顿的雅奇马。1955年，卢卡斯从西雅图的罗斯福公立学校高中毕业。世界顶级学府芝加哥大学给予他奖学金，但芝加哥没有工学院，从而终止了他做工程师的梦。

在那个时候，热门专业是学物理，但卢卡斯对此没有兴趣。真正令他激动的是芝加哥大学的人文科学，如西方文明史和知识的组织、方法及原理。这些课程中的一切对他都是新的。他选修古代史序列，并且变成主修历史。在芝加哥大学，卢卡斯读到了比利时历史学家亨利·皮伦尼的著作，它记述了罗马时代的终结，并强调面对政治大破坏时，人民的经济生活的连续性。对此，卢卡斯印象深刻。1959年，卢卡斯在芝加哥大学本科毕业，获得历史学学士学位。

后来，卢卡斯由于获得了一项伍德罗·威尔逊博士奖学金而进入加州大学攻读历史专业研究生。在加州大学伯克利分校，他选修了经济史课程，并旁听经济理论课。从那时起，他开始对经济学产生浓厚的兴趣。他决定改学经济学，并因此回到了芝加哥大学，于1964年获得经济学博士学位。

1963年，卡内基工学院（现在的卡内基梅隆大学）的工业管理研究生院提供给卢卡斯一个教职。卢卡斯在卡内基工学院的第一年，花了不少时间学习动态系统和在实践过程中优化的数学，并设法看一看这些方法如何可以最好地用于经济问题。那几年，卡内基梅隆有一群杰出的经济学家对动力学和预期的形成有兴趣，卢卡斯也是其中之一。他在那时与雷纳德·莱普英合作进行项目研究，他还与爱德华·普里斯科特合作完成了一个不完全竞争产业的动力学的理论项目。并写了一篇《不确定下的投资》的文章。在此期间，卢卡斯的经济动力学的全部观点逐渐成形。

以后，卢卡斯又对萨缪尔森的迭代模型产生兴趣。卢卡斯是一位经济学天才、理性预期学派的重量级代表，倡导和发展了理性预期与宏观经济学研究的运用理论，深化了人们对经济政策的理解，并对经济周期理论提出了独到的见解。卢卡斯从20世纪70年代初起，率先将理性预期假说成功地运用于宏观经济分析，开创并领导了一个新的宏观经济学派——理性预期学派，或新古典宏观经济学派。直到获奖前，卢卡斯在宏观经济模型构造、计量方法、动态经济分析以及国际资本流动分析等方面都做出了卓越的贡献。理性预期，是指经济当事人为了避免损失和谋取最大利益，设法利用一切可以取得的信息，来对所关心的经济变量在未来的变动状况做出尽可能准确的预计。他的观点集中反映在1970年完成、1972年发表的《预期和货币中性》的文章中。这篇文章是他的代表作，货币中性是他获得诺贝尔奖的演讲主题之一。1995年10月10日，瑞典皇家科学院宣布，把该年度的诺贝尔经济学奖授予美国芝加哥大学教授罗伯特·卢卡斯，以表彰他对"理性预期假说的应用和发展"所做的贡献。他的研究，"改变了宏观经济的分析，加深了人们对经济政策的理解"，并为各国政府制定经济政策提供了崭新的思路。

罗伯特·卢卡斯著述甚丰，主要包括：《理性预期与经济计量实践》（合作）《经济周期理论研究》《经济周期模式》《经济动态学中的递归法》。他的论文也比较多，如《1929—1958年美国制造业中劳动力与资本的相互替代》《最优投资政策与灵活加速器》《调整费用与供应理论》《实际工资、就业与通货膨胀》《投资与不确定性》（合作）《经济计量政策评估：一项评论》《论商业企业的规模分布》《纯粹货币经济中的均衡》《托宾与货币主义：评论文章》《优化投资与理性预期》《资本缺乏经济中的最优财政与货币政策》（合作）《金融理论中的货币》《流动性与利息率》《论效率与分配》《有效就业保障简化模式中的效率与均等》等。

卢卡斯的重要学术贡献体现在以下五个方面。

一、创立宏观经济学的动态分析基础

卢卡斯早期的学术成果是创立宏观经济学的动态分析基础，但这个理论的创立过程似乎给人一种"无心插柳柳成荫"的感觉。当年卢卡斯与他在卡耐基梅隆的好友、后来在宾夕法尼亚大学任教的爱德华·普雷斯科特试图解决不完全竞争下有关产业经济学的问题，然而后来的失败导致他们最终放弃了这个项目。但在做这个项目的两三年中，卢卡斯深入学习了一般均衡、泛函分析、概率论，并掌握了各种动态优化方法，结合平时与普雷斯科特的讨论内容，他发展出一套分析宏观经济学的动态方法。搞经济学的人都知道，直到20世纪60年代，经济学模型都基于若干静态的等式，一个表示消费，一个表示投资，一个表示生产，等等，经济学家的分析局限于静态，或者只能通过将若干个不同的参数带入模型呆板地比较模型结果。但实际的经济生活是连续的、有时间概念的，不同时间阶段的经济状态是相互影响的，今天多消费一些，明天就只能少消费一点，今天投资得越多，明天的回报就会越高，承受的风险也会随之增大。从而每一期在当期的条件限制下做得最好并不等同于整个一段时间做得最好，因此有必要在经济分析中引入动态规划及最优控制方法。而这方面，卢卡斯与南希·斯托基合著的《经济动态的迭代方法》一书堪称经典。

二、理性预期假说

所谓理性预期，是指各经济主体在做出经济决策之前，会根据掌握的各种信息对与当前决策有关的经济变量的未来值进行预测。这种预期影响经济中所有参与者的行为，并对经济活动产生重大影响。

最初始的理性预期理论的假设是约翰·穆斯1961年在一篇题为《理性预期和价格变动理论》的文章中提出的"理性预期"的概念。

卢卡斯对理性预期假说进行了深化，并把它作为工具分析了宏观经济政策的有效性问题，提出著名的"卢卡斯批判"——在个人和企业进行理性预期条件下，政府宏观经济政策无效。这一观点对奉行国家干预政策的凯恩斯主义给予了沉重的打击，也被称为是理性预期革命。

在理性预期假设的基础上，卢卡斯对宏观经济学进行了全方位的颠覆和重建。对社会总需求、社会总供给、货币、通货膨胀、经济周期等重要的宏观经济概念重新定义。

卢卡斯的另一个重要批判是针对著名的菲利普斯曲线（失业与通货膨胀之间的一种相互替代的关系）。按照理性预期学派的观点，失业，作为一种实际的经济变量，是由诸如劳动力市场的供求关系、生产的技术条件、经济技术结构等实际因素决定的，而与货币数量及价格水平没有关系。

三、理性投资

卢卡斯对投资理论的贡献主要体现在他和普雷斯科特合作的《不确定条件下的投资》一文中。卢卡斯和普雷斯科特构造了一个分析竞争性行业的局部均衡模型。他们假设,行业由使利润贴现之和最大化的无差异厂商组成,生产所需的唯一投入是资本。由于实物投资存在调整成本,因此厂商的最优决策是使其实际资本存量缓慢调整到与其意愿资本存量相等。在该模型中,资本具有不变价格,对厂商产出的需求服从已知的马尔可夫过程。行业产出的价格取决于需求和行业供给,行业供给取决于资本存量。均衡实现时厂商选择的行业资本存量路线必须使由该路线确定的产品价格与厂商的预期价格相等。因此,该模型中的均衡是一种理性预期均衡。

四、经济周期

卢卡斯在《预期与货币中性》一文中最先提出了一个货币经济周期模型,并在后来的一系列文章中对该模型做了一些扩展和补充。经济周期理论是宏观经济学中分歧最大的一个领域。在卢卡斯看来,周期的根源在于外生的货币冲击,周期的传导机制是信息不完全。该模型的缺陷在于,由于模型假设经济时刻处于均衡状态,因此货币冲击造成的产出波动的持续时间将非常短,从而不能解释就业和产出的持续波动。为此,卢卡斯在《一个经济周期的均衡模型》一文中,引入了信息滞后和实物资本两个因素,对初始冲击的持续影响做了进一步的解释。信息滞后说认为,即使是过去的相关信息也不能完全为人们所了解,从而人们不可能做出正确的预期,这样波动就会持续存在。现在,信息滞后说已成为货币经济周期理论的标准解释。

五、增长理论

卢卡斯在增长理论方面的重要贡献体现在他的一篇为新增长理论的产生奠定基础的开创性论文——《论经济发展机制》中。"经济增长作为对整个社会所有活动的总体度量,在某种程度上必然依赖于社会中所发生的一切。"文中揭示了新古典增长模型的经验缺陷(即不能解释国家之间收入水平和增长率的巨大差异),提出了两个内生增长模型。

第一个模型是人力资本外部性模型。在模型中,人力资本增长率是非工作时间的线性函数。人力资本投资所产生的收益没有全部被投资者获得,投资具有正的溢出效应。由于存在人力资本的外部性,经济中最优产出增长率高于均衡增长率。另外,整个经济的生产具有规模收益递增的性质,经济可以实现内生的增长。如果不存在人力资本的外部性,经济甚至将以更高的增长率增长。第二个模型是"干中学"的外部性模型。该模型包括两种商品和两个国家。在模型中,学习完全外在于厂商但完全内在于生产国;一种商品的生产率比另一种商品的生产率增长得更快;一国专业化于生产哪种商品完全取决于初始资源配置。如果两种商品的替代性强,生产率增长快的那种商品的消费将比另一种商品增长更快。当且仅当两种商品的替代性强时,专业化于生产知识密集型商品的国家才具有更高的增长率。一国开放贸易可能导致该国专业化于生产知识密集度低的商品,从而降低该国的增长率。

约瑟夫·斯蒂格利茨

> 提示语： 美国经济学家，哥伦比亚大学政策对话倡议组织主席。"中国世纪从 2015 年开始"的宣言者。2001 年获得诺贝尔经济学奖、2007 年获诺贝尔和平奖。

约瑟夫·斯蒂格利茨，（1943—）1943 年出生在美国印第安纳州一个叫作加里的小城。这个小城以生产钢铁闻名，除此之外，这个小城还诞生了两位当代伟大的经济学家，一位是萨缪尔森，另一位就是斯蒂格利茨。

斯蒂格利茨有一个勤奋的家庭，父亲 95 岁才从保险代理人的岗位上退休；母亲在 67 岁时按规定从小学教师的岗位上退休后，又开始教人纠正阅读，一直工作到 84 岁。斯蒂格利茨博士在读大学时，学习成绩非常优秀，对社会活动也很感兴趣。1963 年，也就是大学三年级的时候，他成了学生会主席。那期间，美国民权运动如火如荼，斯蒂格利茨博士在华盛顿参加了马丁·路德·金博士领导的大游行，那次游行的高潮就是金博士名垂青史的演讲《我有一个梦》。这些社会活动对于塑造他为人和善、天性乐观的性格和他成名后的力倡公平、公正的市场思想应该说都具有很大影响。

24 岁时，本科毕业仅三年的斯蒂格利茨就获得了麻省理工学院博士学位，此后在剑桥大学从事研究工作。1969 年，年仅

26岁的斯蒂格利茨被耶鲁大学聘为经济学正教授，三年后他被选为计量经济学会的会员，这是一个经济学家所能获得的最高荣誉之一。1979年，36岁的他获得了美国经济学会两年一度的约翰·贝茨·克拉克奖，该奖项用于表彰对经济学做出杰出贡献的40岁以下的经济学家。1988年斯蒂格利茨成为美国国家科学院院士，同年起在斯坦福大学任经济学教授。1993年，斯蒂格利茨步入政界，成为克林顿政府的总统经济顾问委员会成员，并从1995年6月起任该委员会主席。1997年，他又担任了世界银行高级副行长兼首席经济学家。2000年至今，斯蒂格利茨执教于哥伦比亚大学。2001年，因为经济学的一个重要分支——信息经济学的创立做出的重大贡献，斯蒂格利茨获得了诺贝尔经济学奖。

瑞典皇家科学院在颁奖典礼上特别说明，在当年的三位获奖者中，斯蒂格利茨博士对不对称信息经济学理论的贡献最大。斯蒂格利茨曾多次强调假如不考虑信息的不对称性的话，那么经济学模型很可能是误导性的。他的这一警示具有重大的理论意义，因为就不对称信息来说，不同的市场会有不同的特征。这一结论同样适用于公共管理的研究领域。可见斯蒂格利茨的一系列论著不仅是进一步探索信息经济学理论的主要文献，而且也是有关领域深入研究的重要基础。传统的经济学认为，在自由的不受管制的市场中，个人追求各自的利益会使整个社会的福利最大化。斯蒂格利茨认为现实世界并不是那么回事，相反，他认为，因为市场参与者不能得到充分的信息，市场的功能是不完善的，常常对人们的利益造成损害。所以政府和其他机构必须巧

妙地对市场进行干预，以使市场正常运作。

斯蒂格利茨博士在信息经济学文献中堪称是被人们引用得最多的经济学家，在更广泛的微观经济学与宏观经济学领域也是如此。他所倡导的一些前沿理论，如逆向选择和道德风险，已成为经济学家和政策制定者的标准工具。他所著的《经济学》在1993年首次出版后，一再再版，被全球公认为是最经典的经济学教材之一，成为继萨缪尔森的《经济学》、曼昆的《经济学原理》之后西方又一本具有里程碑意义的经济学入门教科书。

斯蒂格利茨博士注重发展中国家的状况，常立足于发展中国家的角度阐述问题。他曾尖锐地指责引导经济全球化进程的有关国际机构漠视贫困人群的利益，在消除贫困、促进社会公正方面无所作为。对于国际货币基金组织和世界银行的"消灭贫穷计划"——自由贸易，斯蒂格利茨的观点是，"与19世纪一样，欧洲人和美国人在亚洲、非洲和拉丁美洲到处冲破壁垒打开市场，却阻碍第三世界的农产品进入他们的市场。鸦片战争中，西方用战争来推行他们的不平等贸易；今天，世界银行和国际货币组织使用的金融和财政手段几乎一样有效。"

斯蒂格利茨博士提倡突出政府在宏观调控中的作用，认为获得持续增长和长期效率的最佳方法是找到政府与市场之间的适当平衡，使得世界经济回到一个更加公平、更加稳定的增长进程中，使人人都受益。

斯蒂格利茨为人和善，天性乐观，乐于在演讲台上阐述自己的观点，在经济学领域中是一名无可争议的巨人。他的名声来自于一种有趣的理论，这种理论用简单的语言来表述，听起来就和非经济学家的常识一样。

斯蒂格利茨利用经济学界最为推崇的工具——模拟经济行为的数学和计算机模型来修正传统的理论。这为他赢得了一大批追随者，尤其是年轻的经济学家。"我采用的逻辑和使人们相信市场有效的那种逻辑一样",他说,"我只改变了信息完全的假设,找出一种把不完全信息模型化的方式。当你运用这个新模型的时候,你会发现市场总是无效的"。

保险是20世纪70年代使斯蒂格利茨成名的课题。保险公司不能完全区分高风险和低风险的客户——例如那些房屋毁于火灾的可能性极大的和房屋不太可能起火的客户。对所有人索要同样高的保险费,只会吸引风险最大的顾客,而那些风险小的客户很可能就不买保险了。过多的高风险客户很快就使保险公司债台高筑,所以保险公司要"干预"。它们要限制保险额度,对每个人都不给足他想要的偿付额,使他们有安装防火装置和采取其他预防措施的动机。此外,全额保险的保费非常的高;低风险的客户通过提高可扣除费用,只需支付少得多的保费。

出于同样的逻辑,斯蒂格利茨认为:政府的干预是有正当理由的。他的入门教材《经济学》,虽然在本国销量一般,但在中国和日本非常畅销。这本书开头就引述1980年联邦政府为克莱斯勒公司做担保的故事作为政府成功干预经济的例子。自由市场的倡导者认为克莱斯勒的破产会把工厂、工人和原材料解放出来投入更有效率的使用。他提到,虽然这个转换的过程很痛苦,但是克莱斯勒在得到政府从未为其支付的担保后东山再起。他说,不仅工人的工作得到了保护,政府还节省了数亿美元。因为如果克莱斯勒倒闭,政府必须支付这笔钱。

与其他同类教科书相比,斯蒂格利茨的《经济学》有其突出的特点。本书将经济学基本原理的阐述同现代经济学的最新进展的评价有机地结合在一起,读者既可以从中掌握经济学的基本原理,对该学科的最新发展又能够有充分的了解。

斯蒂格利茨在该书中给予了信息经济学足够的篇幅。信息经济学是过去几十年来发展最为迅速的经济学分支,并对微观经济学和宏观经济学等领域都有广泛的影响。诸如"逆向选择"和

"道德风险"之类的概念已从前沿的理论研究进入了一般的政策讨论。斯蒂格利茨将这些问题纳入了经济学原理教科书中,用两章的篇幅进行了详细讨论。本书十分强调宏观经济学的微观经济学基础和经济增长。读者通过三个模型——从微观基础上建立具有灵活价格的增长模型、存在失业的固定价格模型和价格与工资缓慢调整的失业与通货膨胀的模型,对宏观经济学能够有更清晰的了解和更准确的把握。同时,这种处理方法使读者在一开始就能了解到增长问题的重要性。作者还在微观经济学部分用了一章的篇幅讨论与经济增长密切相关的技术进步。

这部教科书充分反映了作者在政策制定中的参与。特别是其几乎每章都有的"政策透视"专题,涉及大量政策问题实例。比如"再造政府"、微软反托拉斯案、和平红利、空中交通控制系统的公司化等。另外,几乎每章都有的"经济学应用"专题,用一些实例来说明基本的经济学思想,即使单独阅读这些专题,也饶有趣味。

· 第二部分 ·
中国经济学家的故事

陈翰笙

| 提示语： 农村经济学家、 历史学家。

陈翰笙（1897—2004 年），原名陈枢，江苏无锡人。中国早期马克思主义农村经济学家、社会学家、历史学家、社会活动家。历任外交部顾问、外交学会副会长、《中国建设》杂志副主编、中国社会科学院顾问和世界历史研究所名誉所长，兼任北京大学、外交学院教授。主要著作有《中国农村经济研究之发轫》《东北的难民与土地问题》《广东农村生产关系与生产力》《中国农民》（英文版）、《西双版纳的土地制度》（英文版）等。

清光绪二十三年正月初四（1897 年 2 月 5 日），陈翰笙出身于无锡一个书香门第，父亲陈浚是前清生员。兄弟姐妹 8 人，他排行老大。幼年时就读于无锡东林小学，后随父母到长沙，就读于爱国人士创办的明德中学，受到同盟会思想的影响。1915 年母亲看他才智过人，就变卖首饰送他去美国深造。

到了美国，陈翰笙先考入东北部马萨诸塞州赫门工读学校，一边学习，一边参加种菜、养鸡等劳动。1916 年夏考入洛杉矶波莫纳大学，原想选读植物学科，因视力差看不清显微镜下的观察物，改学地质学，同样也因为看不清地形地质图，一年后接受导师卫斯特加德的劝告，改学欧美历史，并协助导师阅卷，假期出校打工挣点外快，补贴生活。

1920年大学毕业后，陈翰笙转入芝加哥大学研究生院任助教。那时候俄国十月革命震撼世界，陈翰笙很想找机会去看一看，便抓紧机会学习俄文。这为他后来去第三国际工作准备了条件。他在芝加哥大学研究生院工作期间，以《五口通商茶叶贸易对中国经济的影响》为题，写成硕士论文，论述"五口通商"后中国的茶叶主要由广州出口，而产地则分布在浙江、福建，从产地运到广州，主要靠人搬运，一般要由几批挑夫分段运输，在漫长的路途上，茶商、挑夫常年络绎不绝，带动了沿途饮食业、旅店、商店和各种手工业的迅速发展。论文获得一致好评，并授予他硕士学位。在此期间，他还担任中国留美同学会秘书长，编印了《中国留美学生》季刊等。

1921年冬与在美国学教育的无锡老乡顾淑型相识，因为志同道合，遂结为夫妇。也就是在这个时候，他正式改名为陈翰笙。

1922年春,陈翰笙得到奖学金到波士顿哈佛大学学习东欧史。这一年秋,因德国马克贬值,夫妻俩手中只有少量美元,很难维持较长时间的学习生活,于是改赴德国。陈翰笙进柏林大学史地研究所,随奥托赫契教授研究东欧史,顾淑型攻读德文。1924年夏,陈翰笙以《1911年瓜分阿尔巴尼亚的伦敦六国使节会议》为题的研究论文,获得柏林大学博士学位。同年秋,蔡元培去欧洲考察,邀请他回国担任北京大学教授。

陈翰笙回国后,先在北京大学历史系讲授欧美通史和史学史,后又在法学系讲授美国宪法史,当时他才27岁,是北大最年轻的教授。蔡元培主持北大,实行兼容并蓄的办学方针,不同学派和政治观点都可以上讲台,陈翰笙是最受学生欢迎的教授之一。在北京大学教课时,上课铃一响完,他就开始讲课。他不紧不慢,娓娓道来,那速度使学生刚刚能记下笔记。下课铃一响,他刚好讲完,从不拖堂。学生复习他讲的笔记,字字珠玑,一句多余的话也没有,堪称一绝。

在北大任教期间,陈翰笙参加胡适、王世杰等创办的《现代评论》。1925年上海发生"五卅惨案",他积极参加北京学生声援运动,上街游行。并向李大钊提出参加中国共产党的要求,李大钊告诉他:"现在是国共合作时期,还是先参加国民党好。"在李大钊的介绍下,陈翰笙加入了国民党,后经李大钊介绍又加入中国共产党。

1927年"四·一二"事变后,白色恐怖笼罩全国,10月,李大钊在北京被杀害。这时的陈翰笙处境危险,遂偕同刚由莫斯科学习回国的夫人秘密离开北京经由日本去苏联。

抵达莫斯科后,陈翰笙在共产国际(即第三国际)刚成立的国际农民运动研究所任研究员。20世纪20年代末,共产国际内部对中国社会性质问题发生争论,当时主持国际农民运动研究所东方部工作的匈牙利人马季亚尔写了一本名叫《中国农村经济》

的书，把争论引向高潮。马季亚尔认为：中国自原始社会解体后，既无奴隶社会，又无封建社会，而只是一种由亚细亚生产方式决定的"水利社会"。20世纪初，西方资本主义传入中国后，中国也就成了资本主义。因此，认定中国农村也就是资本主义的农村。陈翰笙不同意这种观点，认为马季亚尔讲的只是农产品商品化的问题，实际上农产品商品化，早在宋代就开始了，如烟草、丝、麻等，但这只是商业资本，而不是工业资本。中国农村基本上是个自给自足的自然经济，是封建社会性质，不能说是资本主义社会。这次大争论使陈翰笙深深感到，由于对中国农村经济缺乏广泛深入的调查研究，在讨论问题时没有确切有力的材料足以说服对方，因而萌生对中国农村经济进行实地调查研究的责任感。

1928年5月，陈翰笙夫妇回国到商务印书馆编译所工作，负责审定《万有文库》有关书稿。1931年商务印书馆出版英汉对照的《百科名汇》，其中经济学、社会学、历史和宗教部分就是由他审定的。他还挤出时间，就中国农民捐税负担问题，广泛收集材料，加以统计分析，写成《中国农民担负的赋税》的长篇论述，以充分事实阐明了中国的财政负担差不多都放在农民身上。这是他早期关于中国农村经济问题的重要文章之一。他还根据西欧、东欧、俄国、日本的社会发展过程，分析研究了封建社会的农村生产关系，分成赋役制、强役制、工商制，并具体分列出它们的异同，为研究封建社会的中国农村经济提供了有价值的基础知识。

1929年春，农村经济调查团在无锡成立。1930年又与北平社会调查所合作，对河北保定清苑进行农村经济调查。调查中，陈翰笙发现，农村中计算土地面积的"亩"差异极大。陈翰笙指出："根据无锡22村1204户调查，知道无锡的所谓亩，大小不同，至少有173种，最小的合2.683公亩，最大的合8.957公亩。工业资本主义还不发达的中国,不可能有统一的度量衡,这样复杂的差异,使浮征税捐的种种弊端更加厉害,同时使地主更可以浮收地租。"

1933年11月至1934年5月底,陈翰笙又组织了对广东农村的经济调查,这次调查得到宋庆龄及中山县县长唐绍仪等的支持,进行得很顺利。调查人员由中央研究院社会科学研究所、中山文化教育馆和岭南大学共同组成。首先对梅县、潮安、惠阳、中山、台山、广宁、英德、曲江、茂名等16个县进行详细调查,历时三个半月;而后用一个半月时间对番禺10个代表村的1209户进行挨户调查,同时还进行50个县335个村的通信调查。陈翰笙根据调查结果写成《广东的农村生产关系与生产力》一文。该文指出:"劳动力在广东这样不值钱,而全省可耕而未耕地竟占陆地面积的15%,兵灾匪祸更使已耕的田地很多被荒弃。有可用的人力而不用,香港、广州、汕头等处的银行、银号中堆积着大量货币资本而不能用到农业生产上去。这便是农村生产关系与生产力的矛盾。耕地所有与耕地使用的背驰,乃是这个矛盾的根本原因。"并指出"农村劳动力没有出路,更体现着这个矛盾的深刻。解除这个矛盾,然后可以使可耕的土地尽量地开发,可用的人力合理地利用,可投放的资本大批地流转于农村,这样,农村的生产关系便能改善,而农村生产力也会必然提高。这样,中国今日的农村便不难从危机中挽救过来。"这本小册子后来被译成日文在日本出版。

陈翰笙被迫离开中央研究院社会科学研究所后,不能在国内公开活动。1933年冬偕顾淑型东渡日本,继续研究中国农村经济,用一年时间写出《中国的地主与农民》《工业资本与中国农民》两部著作。1935年4月回到上海,再度秘密去莫斯科,任东方劳动大学研究员,并协助苏联出版社校订俄文版的中国地图。

1936年4月太平洋国际学会在纽约出版《太平洋事务》季刊，陈翰笙应总编辑欧文·拉铁摩尔之邀，与夫人取道欧洲去美任编辑工作。1937年抗日战争爆发后，他连续在报纸上发表文章，并去加拿大走访了十几个城市，宣传中国人民抗日战争的决心和力量，通过各地华侨与华人组织，号召华侨与华人捐献支持国内抗日战争。

1939年陈翰笙移居香港，在宋庆龄领导的"保卫中国大同盟"工作。帮助组织建立了"中国工业合作国际委员会"，宋庆龄是名誉主席，陈翰笙是执行秘书，那时所有从海外来的捐款都通过"工合"分发到抗战后方和解放区。

1941年12月，日寇占领香港，陈翰笙经澳门转到桂林，除继续进行"中国工业合作国际委员会"工作外，发表了《三十年来的中国农村》《物价与中农》等论文，并与张锡昌、千家驹等8人共同写成《战时的中国经济》一书。

1950年，有人带信给寓居美国的陈翰笙，说周恩来总理希望他回国工作。于是陈翰笙排除一切阻力，于次年1月底绕道欧洲返回了阔别多年的祖国，周总理在中南海设宴为陈先生夫妇洗尘。席间总理说，自己兼任外交部部长，工作很忙，希望陈翰笙先生能助一臂之力，担任外交部副部长。陈翰笙自谦地对总理说："总理啊，您今天请客是用中餐还是西餐？吃中餐要用筷子，吃西餐要用刀叉，我是个筷子料，请不要把我当刀叉使，还是让我去做点研究工作吧。"当时在座的中宣部部长陆定一，一听陈翰笙想做研究工作，便想到学术气氛和环境最好的北京大学。大概陆定一考虑，像陈翰笙这样游学、活动于许多国家，为革命事业做过重要贡献的著名学者和社会活动家，再怎么也得担任个领导职务，于是就说："要么你到北大做副校长，帮马寅初的忙。"但陈翰笙也当场推辞掉了。之后，陈翰笙去上海专门拜访了马寅初，说明自己并非不愿帮他的忙，只因自己是个"不善于办事"

的人，后来周总理便聘他为外交部顾问兼中国人民外交学会副会长。

"文化大革命"中，陈翰笙毫无例外地受到冲击，1968年11月夫人顾淑型病逝，他被下放到湖南外交部"五七"干校劳动，1971年才得到照顾回京。党的十一届三中全会以后，陈翰笙虽已年过八旬，心情舒畅，干劲不减当年，衷心拥护改革开放的政策，欣然接受中国社会科学院顾问和该院世界历史研究所名誉所长以及农业经济、南亚、社会科学情报等研究所的学术委员，并担任北京大学、外交学院教授，硕士和博士研究生导师，《中国大百科全书》外国历史的编委会主任，还为商务印书馆主编外国历史小丛书，与卢文迪、彭家礼为中华书局合编《华工出国史资料汇编》，与薛暮桥、冯和法合作将20世纪30年代有关中国农村经济问题的重要文件著作收集整理编成《解放前的中国农村》。

陈翰笙性格朴实开朗，耿直坦诚，富有正义感和同情心。他说："我不会吹牛，也不会拍马，有人不喜欢我，我也不喜欢吹牛拍马的人。"可是如果他的朋友、学生有什么困难，求助于他，却是有求必应，尽其所能地热情帮助。

陈翰笙把工作视为生命，从不浪费时间。他有一个习惯，就是每周有一张时间计划表，每一格代表一个小时，表上总是填得密密麻麻的。80多岁时，陈翰笙患上了严重的青光眼病，视力极差，但他工作热情却很高，精力过人。他说："我像一部汽车，发动机是好的，虽然两个车灯不亮了，只要是熟门熟路，我这部汽车还是能走的。"在东华门院子里，他常从有着三层石阶的走廊上跳下去，以证明他的"发动机"还很好。

后来，他的记忆力减退，双眼几近失明，他已不能那样紧张工作了，为此他感到苦恼。他说："我拿了工资不干工作，活着干吗？"所以他总是向人们要求工作，并常对人说："我还可以教英文，可以讲世界历史，谁来跟我学都行，可以随时来找我，白天来，晚上来，星期天来都行，我尽义务教，不收学费，不要报酬。"

这就是陈翰笙。

王学文

| 提示语： 马克思主义经济学家、教育家。

王学文（1895—1985年），原名王守椿，笔名有王昂、念先、思锦、思云，江苏徐州人。著名的马克思主义经济学家、教育家。中国科学院社会科学学部委员，中共七大正式代表，陕甘宁边区银行顾问。新中国成立后任第一、第四届全国人民代表大会代表；第一、二、三届全国政协委员，第四、第五届全国政协委员、常委。主要著作有《社会问题概论》《经济学》《近代欧洲经济思想史》《政治经济学教程绪论》《〈资本论〉研究文集》等。

王学文，1895年5月出身于江苏徐州一个商人家庭，父亲以经营中药铺为生。在家乡上了几年私塾后，他于1910年随一位同乡赴日本求学，先后进入东京的同文书院和第一高等学校预科读书。1915年进入金泽第四高等学校时，王学文年满20岁。按照当时中国的习俗，父母和亲戚便开始为他物色合适的姑娘。大约过了两年，家里去信叫他回国相亲。他相中的这个姑娘就是他的终身伴侣和同志刘静淑。他们在家乡办完婚事后又一起去了日本。

1921年至1927年，王学文先在京都帝国大学读本科，然后又在该校研究院专攻政治经济学。在众多社会主义流派中，王学文认定马克思主义才是科学。马克思在《（政治经济学批判）导言》中阐述的历史唯物主义的基本原理，对王学文启发很大。他以此为引子，开始着手研究《资本论》。日本著名马克思主义经济学家河上肇，是王学文在京都帝国大学的老师。王学文最终接受马克思主义，也与这位老师的教导分不开。在京都帝国大学学习时，王学文参加了由进步学生组织的社会科学研究会。王学文在日本是一个穷"官费生"，除了官费外，再无其他经济来源。官费先是由江苏省拨付，每月75日元，但常常不能及时领到，后来改为庚子赔款，每月70日元，虽然少了一点，但能按时领到。他的经济状况不佳，因为他要用自己一份官费维持一家五口的生计（当时他已有3个孩子）。一位日本老和尚在京都真如堂前的极乐寺里找到一间房子，免费提供给王学文一家居住。贤惠的妻子刘静淑每月还为他挤出10日元购买书籍。

1927年，蒋介石发动"四一二"反革命政变，疯狂屠杀共产党员和进步人士，中国革命转入低潮。在中国共产党处于极度艰难的时刻，王学文却逆"潮流"而动，放弃博士论文答辩，动身回国参加革命活动。但此时的王学文连回国的路费都凑不齐。又是河上肇伸出援助之手，赠给他20日元作为路费。同年5月底，王学文经上海辗转到武汉，在国共合作时的国民党海外部（彭泽民任部长、共产党员许苏魂任秘书长）工作，负责主编《海外周刊》。此时第一届太平洋工会代表会议正在武汉召开。日共代表山本悬藏会见苏共代表罗佐夫斯基、中共代表苏兆征，王学文任翻译。七一五宁汉合流、国共分裂后，王学文本想随军到南昌参加起义，因没追上部队未能如愿，旋即再转去日本，在京都帝国大学，他从事党的工作，组织同学们学习马克思主义理论。也就是在这个时候，他着手翻译恩格斯的《家族、私有制及国家的起源》一书。

王学文曾向同属国民党海外部的中共党员、台湾中坜人杨春松许诺将转赴台湾做些考察。于是，王学文在1927年晚秋回国时第一站去的是台湾。不巧，他由日本抵达台湾时，遇上台湾农民反日抗租运动——"第一次中坜事件"，杨春松被日本殖民当局抓捕。多亏赵港等当地农民组织和文化协会干部热情接待，王学文在台湾待了将近一年，走了大半个台湾。每到一处，他就与当地活动家和积极分子促膝谈心，介绍大陆革命形势，宣传马克思主义，鼓励他们坚持斗争。由于聚会是在殖民当局眼皮底下秘密举行的，因此每次的人数都不多。王学文理论功底深厚，讲解深入浅出；为人正派，待人诚恳，台湾农民称他为"中央代表"，以示尊重，王学文是最早去台湾宣传和传播马克思主义的启蒙学者、革命家。在他的鼓励下，许多台湾青年学生投身民族解放的斗争，走上革命的道路。台籍中共老党员谢雪红曾说，祖国实现统一后，"定要请王学文出任台湾大学总长（校长）"。

大约在1928年秋天，王学文与出狱的杨春松相见后从台湾回到上海，参加了文化战线的斗争。他参加了郭沫若的创造社，先后在上海艺大、中华艺大、华南大学、群治大学、法政学院讲授政治经济学和经济思想史。在公开出版的《思想月刊》《新思潮》《读者》《社会科学讲座》等刊物上发表文章，宣传马克思主义。1930年，王学文与宋庆龄、鲁迅、潘汉年、朱镜我等发起组织中国自由运动大同盟，并担任执行委员。左翼作家联盟成立时，他是发起人之一。随后他还参与了中国社会科学家联盟、中国社会科学研究会的创立，并担任研究会的第一任党团书记。1932年冬，王学文任中央文委书记。在这期间，他发表了大量文章，分析中国大陆经济，研究台湾和香港经济，剖析了1929年至1933年资本主义世界经济危机。

这个时期，在中共党内和共产国际内，围绕大革命后中国社会的性质进行着一场论战。大革命失败后，中国革命陷入低潮，国民党的御用文人大肆宣扬和美化国民党的反动统治，叫嚣共产主义不符合中国国情。中共党内也出现了"取消派"，说蒋介石的统治表明中国资产阶级对封建主义和帝国主义的胜利，资产阶级民主革命已经完成，中国社会已成为资本主义占优势的社会，因此无产阶级应该转入以"国民会议"为中心的合法斗争，等待将来时机成熟时再进行社会主义革命。1930年5月，王学文发表《中国资本主义在中国经济中的地位及其发展前途》一文，通过对社会生产力与生产关系的综合分析，科学论证了中国社会的半殖民地半封建性质，有力地回击了上述谬论。王学文对中国实际问题的论述，得到国内外经济学界的高度重视，薛暮桥、钱俊瑞、骆耕漠等纷纷著文表示支持。他的文章还被译成日文在日本刊物上转载。

1937年，王学文奔赴延安，历任中共中央党校教务主任、管理委员会主任。抗日战争初期，担任中共中央马列学院副院长兼教务处处长。1940年调任中共中央军委总政治部敌工部部长，兼任敌军工作干部学校校长。他参与领导对日军的秘密争取和对日俘的教育改造，为培养日本进步青年走上光明的道路、成为日中友好人士做出了贡献。

近年来，随着一些资料的解密，人们还是从一些老革命特别是从国际友人如鲁特·维尔纳、中西功、西里龙夫、尾崎秀树（尾崎秀实胞弟）的回忆录或著作中了解到当年的一些真实情况。实际上，王学文是著名红色国际特工左尔格为数不多的中国合作人之一，与中国共产党著名日籍党员中西功等关系密切。这个中西功就是中国大陆热播的电视连续剧《智者无敌》中的中村功的原型。真实的中西功是日本三重县人，1910年出身于三重县多气郡一家贫苦人家，幼年的中西功学习勤奋，1929年以优异的成绩获得官费留学资格，前往中国上海，进入东亚同文书院读书。

东亚同文书院是近卫家族在中国开办的文化交流机构，同时也是日本针对中国的老牌间谍培训基地。中西功就读之时，校长就是后来的日本首相近卫文麿。东亚同文书院在日本特工组织中，酷似黄埔军校在民国时代军界的地位。其毕业生凭借严格的训练和已经在日本各特工机构中占有优势地位的同窗学长协助提拔，往往可以找到飞黄腾达的道路。中西功和西里龙夫都是东亚同文书院的高才生，这给了他们在日本特工机关如鱼得水般发展的有利条件。

但是，这里也是他们最初接触反法西斯阵营的地方。在这里，中西功接触到了以记者身份为掩护的共产国际远东情报局成员尾崎秀实，并通过在学院教书的中共秘密党员、著名经济家王学文，与西里龙夫一起加入了中国共产主义青年团。中西功还担任了同文书院团支部的组织委员。正是由于王学文的关系，中西功和西里龙夫虽然是日本人，却是货真价实的中国共产党党员。

值得一提的是，王学文不仅发展了中西功和西里龙夫两个对日情报战的王牌间谍，还发展了另一个潜伏在国民党政权心脏内的重要红色特工，这就是曾打入蒋介石身边担任速记员的沈安娜。

新中国成立后，王学文长期在宣传、经济学领域工作。

何廉

| 提示语： 著名经济学家。

何廉（1895—1975年），湖南邵阳人，又名何淬廉，著名经济学家，1948年出任南开大学代理校长。

何廉的名字对于今天的人们来说也许是陌生的，但在民国时期，作为"隐居南开园中传道授业解惑"的何教授，却因"率先提出并实践了经济学教学'中国化'"、"在国内最早引入市场指数调查"和"最早重视农业经济研究"而享誉学术界，从而与马寅初、刘大钧、方显廷一起被人们并称为"20世纪上半叶中国经济学界四大经济学家"。

1895年，何廉出生在湖南邵阳一个叫硖石口的小村庄。他的父亲是个乡绅，家里大约有二百亩土地，并在广西桂林与人合伙经营一家五金商店，家境相对殷实，少年时代的何廉过着优裕的生活。

辛亥革命后，科举制度彻底被废除，新学盛行。1913年12月，深受民主共和思想影响的何廉投考了由美国耶鲁大学民间团体雅礼协会创办的长沙雅礼大学堂，名列录取生第一。但随后，袁世凯称帝，张勋复辟，帝国主义国家竞相扶持自己的"代理人"，各地军阀连连混战，民不聊生。残酷的社会现实教育了何廉，他抛弃了将拯救国家的希望寄望于少数人的幻想，转而信奉教育救国。何廉勤奋学习，白天用心聆听来自耶鲁大学的葛罗纳尔·格奇、迪克逊·利文斯等教授讲解的英语、数学以及其他自然科学课程，到了晚上则沉浸在主教中文和中国历史的王耕稼先生主讲的"二十四史"中，希望学成之后好广授"民众的大多数"。在日复一日的苦读中，何廉进步神速，深受雅礼大学堂的教授喜爱。

24岁那年，何廉以优异的成绩毕业，并被雅礼大学堂选送派往赫赫有名的美国波姆那学院留学。波姆那学院毕业后，何廉获得耶鲁大学奖学金，进入该校研究生院攻读经济学专业。在那里，何廉第一次受到了现代经济学的浸润，他一边系统地学习英国经济史、经济学说史、经济学方法和高级经济理论等课程，一边跟着著名经济学家、数学指数理论创始人欧文·费暄教授从事商品批发价格指数和股票市场价格指数的调查和编制工作。此外，他还在时任美国联邦政府国内税务局技术顾问的亚当斯教授的帮助和指导下，进入美国国家税务局实习，了解税收的流程。三年下来，从理论到实践，何廉掌握了开展经济调查研究的要领和技巧，积累了丰富的实践经验，从而奠定了一生从事经济学教学与研究的基础。

1925年9月，何廉撰写出《关于国家行政机构所得税征收过程比较研究》的毕业论文，数月后顺利通过答辩并获得博士学位。1926年6月，何廉学成回国，接受张伯苓校长延聘进入天津南开大学商学院任教。

何廉对工作充满热情，在1926—1927学年中，他独自一人教授《经济学原理》《财政学》《统计学》和《公司理财学》四门课程，每周至少要上十二节课，最多时竟达三十节课，其备课工作之繁重可想而知。然而，身累体乏可通过休息进行调节，但内心的焦虑与纠结却始终难以疏解。

1926年秋，一切安定下来之后，为了让自己尽快全面熟悉中国的经济学教学工作，何廉挤出时间奔赴北京、南京、上海等地，先后访问了北大、燕大、清华、金陵、东南、复旦、交大、暨南、沪江、圣约翰、光华、大夏等十多所大学，结果发现中国的经济学教育异常落后：用的教材是英文版，内容几乎全是关于西方国家特别是美国的，与中国的现状毫不相干；虽然经济学已经列入中国大学教育大纲十多年，可是竟然没有一门专论中国经济发展和组织状况的课程；教学方法僵化古板，老师照本宣科而学生则忙于背定义以应付考试测验；课程设置过分专门化、琐细化，而内容则空洞无物、华而不实；课堂制度脱离实际，完全像是在温室之中，缺少与外界的联系，以至于学习商科的学生毕业后竟然看不懂中文报刊金融版面的文章，更无法胜任工作，正如张伯苓所指出的"鲜谙社会真正情状，一旦出校执业，常觉与社会隔膜，诸事束手"。在这种情况下，何廉决定在自己的教学中推行改革，即将中国的材料和学科内容融合起来讲解经济问题，最终实现经济学教学"中国化"。

何廉把自己的想法向张伯苓校长表明后，开明大义的张伯苓深表赞许并极力支持。他告诉何廉："你就放开手脚去干吧，出了问题我来承担责任……"这让何廉深受鼓舞，他满怀信心地开始了自己经济学教学"中国化"的第一步——编写讲义。

说着容易做起来难，何廉很快就遇到了一个麻烦，当时中国高等院校的图书馆中收藏的主要都是些欧美出版的教科书和通俗杂志、普通书籍，而反映中国经济运行实际状况的基础性文件，像贸易报告册、政府政策和统计报表之类的则数量稀少。何廉迎难而上，他通过各种公共和私人渠道尽可能地收集资料：有一次，为了拿到反映中国公共支出的材料，何廉手持南开大学开具的"介绍信"来到国民政府财政部部长古应芬的府上。古应芬正在为蒋介石筹划稽征某项国税的事宜，何廉就买了一兜子烧饼当干粮揣在怀中,每天早去晚归一动不动地蹲在古府大门口候着。等了整整半个月,才见古应芬面容憔悴地回来了,他赶紧跑上去堵住车门,央求古应芬同意他去查资料,见不行就放狠话说如果不答应就不让走,直"逼得"古应芬赶紧"吼"过来一个秘书:"你,带这位何先生去一趟档案室……"就这样,何廉收集到了中央政府各时期有关支出的详细报表。又有一次,何廉获悉自己的好友颜惠庆履新北京某行政院下属组织任主任,主抓公债研究工作,遂不请自来:"老伙计,你调来的太是时候了,给我帮帮忙吧!"结果,何廉轻而易举地就拿到了 20 世纪 20 年代中期中国政府发行外债和内债的全套"保密资料"。还有一次,何廉听说上海商务印书馆的库房里留存有一套政府财政报告书——是民国初期出版的,里面有财政报表,包括每个省的消费和税收,立刻赶了过去。不想,看守库房的老头就是不放他进去,何廉磨蹭了半天都不行,最后,略施醉酒的小计,才得以进入库房获得了这宝贵的资料。

有了充裕且翔实的资料,何廉编写教材格外顺手,不久即推出了一批以中国经济为讲解对象的经济学讲义,包括《经济学原理》《财政学》《统计学》以及《统计学之原理与方法》等。在这些"中国化"的讲义中,何廉运用中国历史和现状的实例来阐述经济学问题,比如在解释"基本土地税"时,先讲述基本土地税包括的土地税、人头税和折合粮食税,接着逐一讨论不同年份、不同地区及在制定年份但不同地区之间的纳税兑换率,再通过"为什么收税规定交银子,但很多时候却必须用现洋来缴税"这么一个活生生的问题,指出"兑换率正是增加税收的手段",更是"贪污中饱的来源"。何廉的讲义,大大调动了学生们学习经济学的兴趣,但也招致了不少教师的批评,有人甚至说这种大白话教科书有悖于"学术严肃性"。

1931 年,在经过几年的课堂实践之后,何廉将这些业已定型的讲义交由上海商务印书馆出版，立刻就成为全国各个大学财经学科使用最为广泛的教科书。

教学之余，何廉还承担起了经济学研究工作。因为他深切地感到，"教学必须和研究真正有机地联系在一起"，"教师若不参加研究，教学只有死路一条"。

何廉的研究课题是从物价统计开始的，原因主要有两点：一是他对指数的构成和物价感兴趣。在耶鲁大学读博士时，他曾协助导师欧文·费暄从事过几年物价指数的研究，何廉收集了当时在中国出版的所有指数，包括正流行的和已废除的，已对这方面的研究"情有独钟"。二是受到可以利用材料的限制。当时，由于连年战乱，中国形势混乱不堪，还没有专业的机构和个人对经济问题进行研究，唯一可利用的现成研究材料，就是上海贸易局有关上海物价资料的完整合订本和广州农本局有关广州物价的完整合订本，以及这两家都出版过的指数，只好"不得已而为之"。何廉把自己在教工生活区的四间屋子腾出来作为工作场所，然后四处借钱买了一套统计仪器，包括加法机、计算机以及一些制表和制图的仪器，一头扎进了研究中。何廉取得了不俗的成果：在认真清点了中国截至1926年研究物价方面的统计资料并分析了上海贸易局和广州农本局编纂的物价指数后，他采用另外一个更为科学的公式，重新计算了上海和广州从1912年以来的物价指数，从而大大修正了上海和广州的物价指数，并完成了对所有中断处的详细分析说明，使其更为客观、实用和具有代表性。在看到何廉研究的指数后，上海贸易局决定自1927年起全面修正物价指数。

1927年7月，在何廉的提议和筹措下，南开大学社会经济委员会（南开大学经济研究所的前身）正式成立。这个不属于任何学科的独立研究机构，在当时的中国可谓"独开先河"——虽仅有寥寥数位工作人员——何廉自任主任，两个刚刚毕业的学生做研究助手，另外还有几位兼职的实地调查员。南开大学社会经济委员会却承担起了前所未有的研究课题：一方面，收集与中国经济有关的以各种文字写成的材料，然后整理编成《南开中国经济文集》；另一方面，做经济统计资料方面的编制与分析工作。第二年，随着北伐的成功，中国进入国家重建阶段，国民政府开始将注意力集中到工农业发展方面，学术界亦围绕着一个农业为主的国家开始工业化展开讨论。何廉审时度势，随即决定让社会经济委员会通过对中国工业化的程度与影响进行探讨来开展研究工作。

调整好研究方向后，何廉组织人员在天津地区展开考察，准备先行编纂以天津市场为代表的华北商品批发物价的指数以及天津生活费用的指数。在他的计划中，需要对城市工业进行调查，包括棉纺、缫丝、地毯、针织、面粉和制鞋工业。何廉在收集商品的批发价和零售价时遇到了一连串的大难题：一是不懂生意场上广泛应用的"行话"，常常把商户"吓得撒腿就跑"；二是天津市场的度量衡既不统一又不规范，市场与市场之间、昨天与今天、批发商与零售商之间，五花八门，各不一样，难以绘制物价变化图表，何廉只好"三顾茅庐"，花高价钱请来一位"资深土著向导"。在"向导"的协助下，何廉很快熟悉了批发市场大多数商品的市场行情，并在来来往往中同以前从未曾直接打过交道的纺织品、棉布以及食品市场等建立起了适当的联系，更掌握了大大小小各种度量衡的名称和换算方法。

在这期间，何廉常有"意外收获"：有一次，他和"向导"去一个大型市场收集零售价信息。路过一家批发店时，他瞥见商贩正准备点燃一叠发黄的本子，定睛一看，竟是账簿，便一个箭步冲过去，死死地按住说："哎，别烧，别烧……"见有人管闲事，商贩呵斥道："都是陈年老账了，还留着作甚？"何廉赶紧作揖道："我买下了，这总可以吧？"听罢，商贩立时转怒为喜：

"那好啊，里面还有哩，你都拿去好喽！"就这样，他仅仅花了几个小钱就买来了一堆陈年账簿，回去细细一翻，发现前后延续了20多年。还有一次，他在走访一位颇有名气的手工业者时，竟在一间废弃的作坊里搜罗到一箱早期的经济和金融资料，包括外汇兑换率、利润率和现洋率，年代可追溯到1913年甚至1900年以前，他如获至宝。

历时三年有余，何廉带领社会经济委员会摸清了天津地区各行各业的市场行情，然后执笔开始编制物价指数，终于在1934年编成一本汇集了各种各样指数的年刊——《南开指数》，出版后受到国内外的普遍关注。从这以后，《南开指数》年年发行，一直坚持到1952年，从而成为后来研究中国当时经济状况的重要文献。

1931年，南开大学社会经济委员会改名为南开大学经济研究所，何廉在坚持研究天津地区工业化程度及影响并编纂和分析华北地区的经济统计数字两项课题之余，又给经济研究所扩充了一个新的研究课题，即研究中国乡村和农业经济情况。说起来，这一全新课题还是在编制《南开指数》的时候意外发掘的：当时，为收集和分析华北地区的经济统计数字，何廉对山东、河北向东北地区移民的问题做了一番深入的探讨。也就在探讨迁出地（河南、山东）和迁入地（东北地区）的联系中，何廉慢慢地体会到了农业农村农民问题对于中国经济学研究的重要意义："中国的经济基础大部分建筑在农业上面。中国经济建设或经济复兴的问题，我以为首先是赶快设法增进生产，复兴农村。"从此，何廉就将研究的重点转向了农村，先后研究了华北、西南等地区的人口组成、土地所有权、农业信贷与市场以及合作事业、乡村工业以及地方行政与财政等多个问题。

在对中国农村和农业经济进行研究的过程中，何廉及经济研究所在研究方法上也有全新的进展，特别是在实地考察上逐步抛弃了不适合中国国情的做法。起初,何廉采用的是美国极为普通的做法,深入农村向调查对象分发征询意见表。但意见表收上来后发现,由于没有接受过高等教育,这些毫无数字概念的乡民们填写的答案压根就不能参考并采用:问全村有多少人?回答"没多少"。问村子有多大?回答"没多大"。问一年能赚多少钱?回答"很少"。问每天干多久的农活?回答"很长时间"……这个时候,何廉才明白:面对特殊的对象,必须采取特殊的调查手段。为了能和农民毫无障碍地交流,何廉甚至要求研究人员深入田间地头同农民一起干活。

在深入调查研究的基础上,何廉先后出版了多部(篇)研究中国农村和农业经济问题的专著(论文),如《东三省之内地移民研究》《中国农村之经济建设》《今日中国的几个重要问题》《中国目前的经济危机》等,引起学术界的高度关注。

从研究物价统计到研究农村和农业问题,何廉带领大家"一路狂奔",先后摘得"在国内最早引入市场指数之调查者"和"我国最早重视农业的经济学家"桂冠,也让南开大学经济研究所因科研成果丰硕而"被公认为研究中国经济的权威机构",《南开指数》《统计周刊》《经济统计季刊》和《南开社会经济周刊》等出版物,更是驰名全球。

在旧中国,一个学者名声大了,很容易被政客拉拢,不管是不是真的投缘,也要来借用你的名声"往自己脸上贴金"。利益集团之间的争斗,也容易牵扯进来一些本来不在利益集团中的局外人,以壮声势。何廉这个享誉全国的经济学家,最终也被蒋介石"拉下水"了。

1936年,何廉开始着手考察并拟订"国民政府关于调整战时经济行政机关"方案,这是他应蒋介石邀请出任行政院政务处处长后的"第一把火"。初时,何廉踌躇满志,以为终于可以为多灾多难的祖国"尽一份力"了。但他很快就发现,黑暗腐败的官场和微妙深邃的关系总是羁绊自己的工作。有一次,他想把一个不适应工作的人调离岗位,不想文件还没签发,就招惹来一连串的半夜砸窗和一大堆的电话说情,最后只得无可奈何任他去。不过,虽然屡遭羁绊,但何廉还是顶住压力拟订出了可行方案,其统筹优化之绝妙令蒋介石拍案叫好。遗憾的是,这一重大举措拖了整整两年才勉强落实到位,让何廉摇头叹息不已。此后十年间,何廉先后就任经济部常务次长、农本局总经理、经济部政务次长、中央设计局副秘书长等职,但由于国民党政府自身的种种原因,他不是不由自主地卷入派系纷争,就是因不愿迎合他人而受到排挤,因而多次就战时的经济政策进谏都没有被采纳,以至于常常被一些国民党权势官员当作笑柄来开涮:"何先生,这儿不适合您,还是回南开大学教书去吧!"直到1944年,他才得以"见到蒋介石一面",被委以"就战后经济重建编制可行方案"的重任。这一次,何廉依旧尽心竭力,但当《(战后)第一个复兴期间经济事业总原则草案》出炉之后,最终还是因宋子文搁置以及后来形势变化而不了了之。

何廉的政治生涯,可以说几乎没有一点儿成就,大部分时间都是在无可奈何中度过的。但通过从政,何廉也结交了不少正直官员,更认识了许多行业精英。正如何廉自己所说,官场失意但忘情于南开,这笔宝贵的人脉财富使这位经济学大师可以更好地"继续本职工作"。何廉在此期间一直关心南开大学经济研究所的教学和研究,多次为经济研究所筹措赞助资金和引荐交流学者,并为经济研究所创造了许多宝贵的实践与研究机会,从而让南开大学经济研究所得以在抗战期间继续屹立潮头。可以说,何廉就是当时南开大学经济研究所的"救命恩人"。

1946年6月,何廉辞去蒋介石委任的经济事务特别助理,退出政界。不久,他应友人之邀加入上海金城银行任常务董事,主要负责计划与发展工作。在国内当时的情况下,他认识到商业银行的发展前景是很有限的,建议董事会不应将活动局限于银行业务,而应在贸易和工业方面发展事业,并为此提出了一系列具体的改制措施。与此同时,何廉还创办了《世纪评论》和《经济评论》杂志,先后发表了《中国应该有一个正直有力的反对派》《为国家,为人民,还是为自己》《苛政猛于虎》《这样的宋子文必须走开》等多篇言辞犀利的评论文章,抨击时政。对这种做法,有人评论说何廉已走至蒋介石的对立面,何廉也不加辩解。

后来,何廉又被蒋介石委任为中国驻联合国社会经济和人口两委员会代表。何廉考虑到可以借机考察美国的经济状况,就接受了任命。但到底是"道不相同",仅仅一年,何廉即被蒋介石召了回来,改任南开大学代理校长。此时,因蒋介石发动内战,国内经济一片凋敝。目睹国民党政府货币改革失败和通货膨胀,何廉对蒋介石独裁愈发不满,立时心生离意。最终,1949年1月,何廉搭船前往美国。

临走的时候,何廉长叹道:"我再也回不到南开园了!"本是伤感之言,不想竟一语成谶。身为外乡人的何廉,先是在哥伦比亚大学执教,但不久即患上了严重的高血压,不得不于1961年提前退休。1975年7月5日,何廉逝世于纽约。这位满腹学识的"卧龙先生",终究没能再回南开看一眼。

马寅初

| 提示语： 中国当代经济学家、教育学家、人口学家。

马寅初（1882—1982年），字元善，浙江嵊州人，中国当代经济学家、教育学家、人口学家。1949年8月，马寅初出任浙江大学校长，并先后兼任中华人民共和国中央人民政府委员、中华人民共和国政务院财政经济委员会副主任、华东军政委员会副主任等职；1951年任北京大学校长。他一生专著颇丰，特别对中国的经济、教育、人口等方面有很大的贡献。主要论著有《通货新论》《中国国际汇兑》《中华银行论》《中国经济改造》《经济学概论》《新人口论》等。1957年因发表"新人口论"方面的学说而被打成右派，党的十一届三中全会后得以平反。

马寅初生于1882年6月24日，生辰有"五马"之说，即出生在马年、马月、马日、马时，加上姓马，总共"五马"奔腾。纵观马老的一生，总是"马"事不绝：少年时为了求学违抗父命，常常受到责打；北洋大学矿冶专业毕业后赴美留学，一度公费中断；任职民国政府期间，屡遭权贵嫉恨，曾囚于集中营，被特务殴打；20世纪50年代，因《新人口论》挨批，以后身处逆境二十余载……

我们推开历史这扇沉重的大门——

马寅初在获哥伦比亚大学经济学博士学位后,于1915年回国;1916年,任国立北京大学经济系教授兼系主任;1919年,任北大第一任教务长。在1927年3月,北京政府的张作霖封锁北京大学,蔡元培投奔国民政府,来到杭州,任浙江临时政治会议委员兼代理主席。蔡元培招聘北京大学教授马寅初、蒋梦麟等人参加浙江省建设。马寅初出任禁烟委员会委员,从事取缔鸦片工作,并且准备创设农民银行。但不久,张静江出任浙江省政府委员,蔡元培、马寅初等北京大学教授被逐出浙江省政府。马寅初乃任教于杭州财务学校,并兼任上海浙江兴业银行总稽核。

1928年10月,马寅初成为立法院立法委员。第二年,当选立法院经济委员会委员长、财政委员会委员长。他还兼任南京国立中央大学、金陵大学、上海国立交通大学经济学教授。1931年"九一八"事变爆发后,马寅初发表《长期抵抗之准备》一文,批判蒋介石的"不抵抗政策"、攘外安内政策。抗战前后,他屡屡公开质问、抨击政府内外政策,1934年,针对引发物价大混乱及对外金融政策失当问题,马寅初在立法院会议上激烈责难财政部部长孔祥熙,让孔祥熙当众出丑。1940年,马寅初在陪都重庆,因反对国民党政府所推行的财经政策,公开发表演讲,严正抨击蒋介石政权的战时经济政策,痛斥孔、宋贪污,要求开征"临时财产税",重征发国难财者的财产来充实抗日经费,字字句句铿锵有力的演说,矛头直指"四大家族"。马寅初刚正不阿的性格和大无畏的举动,惹恼了蒋介石,他被关进贵州息烽集中营。

蒋介石逮捕马寅初的缘由有两个:"共党包围,造谣惑众"。这是他的严重误判,反而把马寅初彻底推向了中国共产党。马寅初在被捕前与中国共产党、周恩来的接触次数非常少,关系更不密切。1939年,他与周恩来、王若飞会面,听取他们对抗战形势和中国前途的介绍，对中国共产党的印象还停留在直观和表象上，认为共产党较有办法，"领袖能刻苦为可佩"。

1940年12月9日，经中共地下党的策划和组织，重庆商学院学生撰写《陈情书》，准备送给国民政府；酝酿草拟《罢课宣言》，准备以罢课的方式声援马寅初。蒋介石侍从室唐纵在12月19日的日记中写道："现在马寅初的案子，成了沙坪坝的学潮，由商学院扩大到了全校，由重大扩大到了中大。共产党从中鼓动，因为最近国共关系的恶化，已由学潮变成了政治上的斗争。"（《在蒋介石身边八年——侍从室高级幕僚唐纵日记》）

中国共产党展开的"救马"行动，主要还是施加舆论压力。12月29日，延安中国共产党机关报《新中华报》在头版发表社论《要求政府保障人权释放马寅初氏》。1941年2月13日，摘要发表马寅初1940年11月24日在重庆经济研究社的演讲稿。周恩来领导的中共中央南方局想方设法，扩大马寅初被捕在国统区的统战和影响，但由于受到国民党的新闻检查，重庆《新华日报》不能直接揭露真相，必须另辟蹊径。

中国共产党营救马寅初很努力，但成效有限，压力还不足以让蒋介石改变决策。推动马寅初出狱的关键人物是时任国民党中央组织部部长、"中统"局局长朱家骅。朱家骅1916年德国留学回来，1917年任北大教授，1927年任浙江省政府委员、民政厅长，在北大、浙江省政府与马寅初共事多年，相互熟悉。

1942年3月4日，马寅初夫人王仲贞请求朱家骅，设法将马寅初"调回重庆，最好能在中央图书馆看书"。（王仲贞《致朱家骅函》，台北："中研院"近代史研究所档案馆藏，朱家骅档案）朱家骅鼎力相助，几经斡旋，蒋介石终于让步。1942年8月20日，一年前由贵州息烽集中营转移至江西铅山鹅湖书院的马寅初获释，回到重庆歌乐山木鱼堡5号的家中，但还处于半软禁、半自由的状态，受三条禁令的约束：不准写文章、不准演讲、不准授课。他除定期参加立法院会议外，在家潜心著述，遵守约定，未再抨击时政。

12月31日，朱家骅在复蒋介石的信中，转述马寅初的原话："此次返渝以来，深自韬晦，绝无片言涉及政治财政，此后亦决不再有已往之事情发生。今外间设有传说，则必以讹传讹。委座之尊敬，尤竭挚情。"1943年2月，蒋介石致信朱家骅，允准马寅初仍留在歌乐山家中做研究，主动按月拨付1000元，请朱家骅转交并问候马寅初，以此展现对马寅初的安抚、尊重之意。马寅初对朱家骅的营救，心怀感激。1943年8月11日，马寅初致信朱国璋，请他代为问候生病的朱家骅，担心自己前往探视会带来不便。

为了斗争的需要，吸引公众持续关注，中共中央南方局决定，1941年3月30日在重庆大学为马寅初提前庆祝60大寿。

3月24日，《新华日报》刊载马寅初的祝寿启事。寿联由周恩来、董必武和邓颖超三人联名，董必武手书："桃李增华，坐帐无鹤；琴书做伴，支床有龟。"上联称赞寿星桃李满天下，暗示失去自由；下联关怀寿星铁窗中清苦，既祝愿他健康长寿，又祝愿他早日恢复自由。其中的"龟"同"归"，一语双关。

"不屈不淫征气性，敢言敢怒见精神。"这是《新华日报》社送的贺联，也是马寅初一生追求真理、正气傲骨、为民请命、不媚权贵的真实写照。

沈钧儒、邹韬奋以及重庆各界进步人士数百人，出席祝寿大会。会上筹委会主席赵国恩提议集资修建"寅初亭"，与会者一致支持。祝寿大会后不久，"寅初亭"便在重庆大学的松林坡前梅岭山上建成。3月30日，富于斗争策略的《新华日报》刊登"重要声明"："本报纪念马寅初先生六十寿辰之稿二篇，奉命免登。"发不出正文，但发出了选题；发不出新闻，但发出了牵挂。

更绝妙的是，虽然马寅初三番五次严批孔祥熙，但他60大寿时，孔也送来贺联。据马思泽回忆，"在重庆时期，爷爷在各种场合撰文演讲，猛烈抨击四大家族发国难财的财税政策，但同时又仍能与他们交往，所以在重庆大学的师生为深陷囹圄、失去自由的爷爷举办60寿辰庆贺会的时候，孔祥熙也送来了贺联。"

1946年9月，马寅初离开重庆到上海私立中华工商专科学校任教。1948年底，他借道香港，转赴北京，参加新中国的筹建。

马寅初是中国共产党的诤友。新中国成立之时，马寅初为新中国的诞生欢欣鼓舞，并积极投身于中华人民共和国的筹划和建设之中。1949年3月25日，在欢迎毛泽东、朱德等中共中央领导人从西柏坡迁至北平的仪式上，马寅初竟不顾会场秩序，跑向周恩来乘坐的吉普车，大声对周恩来说："遵照你的指示，我已平安来到北平。"喜悦心情溢于言表。马寅初是中国共产党的老朋友，正如他自己说过的，自1939年开始"无时无刻不与共产党在一起"。新中国成立后，他以一个学者的专长，以主人翁的态度进言献策。

1953年，中国大陆进行了历史上第一次人口普查，结果表明，截至1953年6月30日中国人口总计601,938,035人，估计每年要增加1,200万人到1,300万人，增殖率为20‰。

这次人口普查引起著名经济学家、北京大学校长马寅初的注意，他对人口普查的结果表示怀疑。因为这次人口普查是采取抽样调查的方法，即将出生率减去死亡率得出实际增长率。马寅初认为这种调查方法不能概括全貌。据他了解，仅上海一地的人口净增长率就是39‰，能否用一个简单的算术公式就能说明中国的人口增长率为20‰呢？

马寅初经过三年的调查研究发现，中国人口的增长率是每年增长22‰以上，有些地方甚至达到30‰，这实在是太高了。如此发展下去，50年后，中国将有26亿人口。由于人多地少，恐怕连吃饭都成问题。于是，他将自己的研究成果写成"控制人口与科学研究"一文。1955年7月，一届全国人大二次会议召开，马寅初将写好的文章作为发言稿，交人大代表浙江小组讨论征求意见。马寅初曾描述过当时的情况："小组会上除少数人外，其余的代表们好多不表示意见，好多不同意我的看法，且竟有人认为我所说的是马尔萨斯的一套，也有的认为说话虽与马尔萨斯不同，但思想体系是马尔萨斯的。虽然他们的意见我不能接受，但我认为都是出于善意，故我自动地把这篇发言稿收回，静待时机成熟再在大会上提出来。"

1955年9月，周恩来在中共第八次全国代表大会的报告中指出，"为了保护妇女和儿童，很好地教育后代，以利民族的健康和繁荣，我们赞成在生育方面加以适当的节制。"马寅初看过报告后非常兴奋，他认为节育问题被中共中央提上了议事日程，看来可以公开谈论控制人口的问题了。

1957年2月，在最高国务会议第十一次（扩大）会议上，马寅初再一次就"控制人口"问题发表了自己的主张："我们的社会主义是计划经济，如果不把人口列入计划之内，不能控制人口，不能实行计划生育，那就不成其为计划经济。"马寅初的发言当即受到毛泽东的赞赏。他说："人口是不是可以搞成有计划地生产，这是一种设想。这一条马老讲得很好，我跟他是同志，从前他的意见，百花齐放没有放出来，准备放，就是人家反对，就是不要他讲，今天算是畅所欲言了。此事人民有要求，城乡人民均有此要求，说没有要求是不对的。"毛泽东还特别注意到，积极倡导计划生育的邵力子就坐在马寅初身旁，似乎是在表示对马寅初的支持。毛泽东一语双关地笑着说："邵先生，你们两人坐在一起。"邵力子和马寅初听毛泽东这么一说，互相看了看，也开心地笑起来。

1957年3月，在全国政协第二届第三次会议上，邵力子就计划生育问题做了长篇发言。他强调指出，现代人在生活、学习、工作等方面都可以有计划，在生育方面也必须有计划。他针对卫生部严格限制人工流产规定，提出"不造成以法令或权力限制人工流产"，建议修改婚姻法第四条"男20岁，女18岁，始及结婚"的规定，主张提高结婚年龄，宣传迟婚。他还主张大力向农村推行节育工作，不要对持久性避孕手术进行限制，等等。邵力子的发言，立即得到医学专家钟惠澜的支持，同时，也得到马寅初的大力赞同。但是，马寅初在计划生育采取什么方法的问题上却与邵力子有一点分歧。他们都主张避孕和推迟婚龄，但马寅初坚持反对人工流产。他认为有比人工流产更好的办法。这就是"最好是一对夫妇只生两个孩子，对只有两个孩子的父母加以奖励，而对超过两个孩子的父母要抽税"。

1957年4月27日，马寅初在北京大学大饭厅发表人口问题的演讲，这是他1949年后第一次公开的学术演讲。在讲演中，马寅初讲述了几年来调查研究的结果。他怀着忧虑的心情说："解放后，各方面的条件都好起来，人口的增长比过去也加快了。近几年人口增长率已达到30%，可能还要高，照这样发展下去，50年后中国就是26亿人口，相当于现在世界总人口的总和。由于人多地少的矛盾，恐怕中国要侵略人家了。要和平共处，做到我不侵略人家，也不要人家侵略我，就非控制人口不可。"这句话，很快就传到了毛泽东的耳朵里，毛泽东见到马寅初时，严肃地对马寅初说："不要再说这句话了。"马寅初也意识到自己说错了话，马上写了一张大字报，贴在北大校园里，公开做了自我批评。后来，他在撰写《新人口论》时，就确实没有再提出上述观点。6月，马寅初将《新人口论》作为一项提案，提交一届人大四次会议（全文发表于7月5日的《人民日报》），这篇文章从10个方面论述了为什么要控制人口和控制人口的重要性与迫切性，以及如何控制人口等问题。

然而，这时的反右斗争，已经开始席卷全社会。马寅初当然也被波及，有人说他是借人口问题，搞政治阴谋，也有人说《新人口论》是配合右派向党进攻……，在这场扑面而来的急风暴雨中，马寅初有些迷茫。

马寅初面对对他不公正的批判却变得愈加冷静。他认定自己的理论是正确的，并于1957年5月9日和7月24日—31日在《光明日报》上发表了《再谈我的平衡理论中的'团团转'理论》和《再谈平衡论和团团转》两文，但马寅初也并没有认为自己的理论已经十全十美，所以，从8月开始，他多次走出校门，到外地搞调查，以求证实和完善自己的理论。

马寅初仔细地对《新人口论》进行了梳理，看看是否真有什么错误。但梳理的结果，证明并没有错。他仔细阅读了报刊上发表的批判他的文章，对这些文章的主要观点一一进行反驳，又写成5万余字的《我的哲学思想和经济理论》一文，文章的后面还有两篇附带声明，其一是"接受《光明日报》的挑战书"，其二是"对爱护我者说几句话并表示衷心的感谢"。马寅初将手稿送到《新建设》杂志编辑部，要求尽快发表。

马寅初的倔强是出了名的。马寅初常对人说："言人之所言，那很容易，言人之所欲言，就不太容易，言人之所不敢言，就更难。我就言人之所欲言，言人之所不敢言。"

1960年，《新建设》1960年1月号发表了马寅初《重申我的请求》，文中称，"过去二百多位先生所发表的意见多是大同小异，新鲜的东西太少，不够我学习"。1960年1月，马寅初请辞北京大学校长职务。3月28日，国务院决定免去马寅初北京大学校长职务。

历史翻到了1979年。这年的2月4日，上海冶金研究所有位名叫相德钦的人给党中央写了一封信，信中提出："马寅初是最早主张我国要节制生育的有识之士，这是反当时之潮流的。我以为，不论其他罪名是否成立，这一点总是值得我们这一代中国人怀念的。现在中央已着手解决党内历史上遗留下来的问题，对党内外人士的冤案也应切实、恰当地处理。"

这封群众来信很快便呈送到党中央。宋任穷当时是中央组织部的负责人。他办事是很认真负责的，经过多方面的考查核实和商讨研究，最后认定马寅初的问题是个学术性问题，应当予以解决。宋任穷在1979年4月17日给马寅初原来所在的单位——北京大学党委写了封信："经了解，马寅初先生一九五九年受批判是当时北京大学党委组织的，批判的内容属于学术方面的问题。因此，将中央负责同志对相德钦来信的批示复制件转去，请你们研究解决马寅初先生的问题。"

此时，一年一度的两会于6月15日和6月18日相继召开了。这是中共十一届三中全会党把工作重心确定为经济建设之后第一次召开的两会，人们热情高涨，意气风发，广开思路，共献良谋。人们看到《政府工作报告》中也提出，今后要把计划生育、节制人口作为一项基本国策。这时，便不由得都忆及最先提出要节制人口的马寅初。

一位代表说，这不能不叫人想起古时候一段"曲突徙薪"的故事来。人们问，什么是"曲突徙薪"。他说，在《汉书》上讲，从前有一家人，烟突笔直，而且下边还堆放着柴火。有客人来，建议主人把烟突弄得弯曲一些，把柴火搬远一点，否则，烟突里喷出来的火星落到柴火上，容易引起火灾。主人听了不以为然，照行其事，结果终于酿成了火灾。事后，主人设宴犒劳因前来救火而被烧得焦头烂额的人们，而却忘记了当初建议曲突徙薪的人。席上有人不平地说："曲突徙薪无恩泽，焦头烂额为上客，这是很不公平的！"主人这才醒悟，赶紧过去请来了那位曾经建议曲突徙薪的人。

这年的9月14日，马寅初平得以平反，并被任命为北京大

第二部分 中国经济学家的故事

学名誉校长。

1948年马寅初当选第一任中央研究院院士

任北大校长时期马寅初

马寅初

经济学家的故事
JINGJIXUEJIA DE GUSHI

马寅初 　　　　　　　　马寅初

马寅初在家中翻阅书籍

卓炯

| 提示语： 中国当代经济思想史上最有影响的经济学家之一。

卓炯（1908—1987年），湖南人，广东省社会科学院副院长，经济学家。主要论著有《论社会主义商品经济》《政治经济学新探》《〈资本论〉体系与社会主义经济——扩大商品经济论》等。

卓炯，1908年生于湖南省慈利县国太桥镇，原名卓钢，笔名于凤村、孟光。家庭是小土地出租者，父亲是个矿工，母亲除种点杂粮外，还帮人洗衣，挣点小钱度日。卓炯自幼聪慧，勤奋读书。青少年时代在湖南省立第二师范学校求学时，受到革命思潮的熏陶，1926年冬师范毕业后，参加了国民革命军总司令部学兵团。1929年，卓炯考入省立三中高中师范科；1931年考入中山大学教育系，后转入社会系，攻读政治经济学，受业于王亚南、何思敬、邓初民、周谷城、杨东莼等进步教授；1935年获社会学学士。同年秋入广东学海书院，攻读研究生，研究明史。1936年至1938年，参加共产党的外围组织——广东民族抗日先锋队。1939年加入中国共产党，在第四战区主编《新建设》《阵中文艺》杂志，进行马克思主义宣传活动。1941年回到中山大学任教，先后任讲师、副教授，与王亚南共同钻研《资本论》。1946年，被国民党列入黑名单，在党

组织的安排下，他转移到香港，后侨居泰国曼谷，任南洋中学校长兼中国共产党支部书记。1948年9月回国，在云南参加地下党组织的人民武装斗争。1949年3月，任云南省人民反蒋自卫军第二纵队政治部主任。1958年调入中共广东省委中级党校（广东省委党校前身）。这一段人生经历孕育并催生了他独到的学术成就。1987年6月，卓炯在广州逝世。

卓炯的社会主义经济学理论研究生涯要追溯到1958年。

这一年的6月，卓炯从广州市委宣传部调入中共广东省委中级党校（中共广东省委党校前身），担任政治经济学教研室主任。

卓炯在党校常说的一句话就是："探索真理从没有捷径可走。"

在党校的这段艰难岁月，让卓炯成为孤独而固执的探索者。卓炯到党校工作时，已年过50岁，到了古人所谓知天命的时候，但他仍然像年轻人一样勤奋地工作着。卓炯对学员所做的学术报告，每一讲都认真准备，写成讲稿，打印出来发给学员研究。

在党校讲了几年课，印发了不少讲稿。卓炯根据年轻教师的不同特点，亲自出科研题目，指导写作论文。青年教师发表的不少论文均是在卓炯指导下完成的，有的几乎是逐句逐字修改而成的，论文发表时年轻教师往往希望能署上卓炯的名字，然而卓炯从来不愿意署名。卓炯发表的论文都是他一个人写作，从初稿到抄正，不要年轻人代劳。

卓炯对工作很负责任，谦虚、谨慎，热心扶植青年教师，成为青年教师的榜样，青年教师都把卓炯当作他们尊敬的导师。政治经济学教研室开始兴旺起来，教师增加到23位，科研成果越来越多。

1958年5月5日至23日，中共中央召开八大二次会议，正式通过了毛泽东提出的"鼓足干劲、力争上游、多快好省地建设社会主义"的总路线。为落实中共八届六中全会决议，1959年2

月28日和3月4日，在中国科学院广州哲学社会科学研究所、广东经济学会和《理论与实践》编辑部联合召开了两次座谈会。卓炯在座谈会做了题为《充分发挥商品生产和价值规律的社会主义制度下积极作用》的发言，开始探讨商品经济和价值规律问题。

1959年4月下旬，上海召开了新中国成立后规模最大的一次社会主义制度下商品生产和价值规律讨论会，出席的经济工作者和理论工作者有245人，提交大会的论文有54篇，调查报告23篇，大会主要讨论了社会主义制度下的商品生产和价值规律，以及计件工资问题。1959年、1960年的《经济研究》等重要刊物，发表了于光远、孙冶方、骆耕漠、薛暮桥、王学文、胡绳等著名学者关于商品生产和商品交换的学术论文。

这一切都充分证明，从全国的学术形势和政治形势来看，都是研究商品经济理论的大好形势。卓炯在这种形势鼓舞下，选择了商品经济价值规律理论问题进行研究。

秋天，卓炯到揭阳县新炕公社棋盘大队考察，已经发现大跃进和人民公社化产生不少负面问题。

当时一位陪同卓炯到揭阳考察的同志回忆说，揭阳县委书记是卓炯的学生，他很想拿一些东西来招待老师，可是实在拿不出东西来。卓炯看到了大跃进人民公社后农村经济的严重衰退，受到了强烈的震撼。他直言不讳地说，原来那里小商品、小手工业品是很多的，现在没有了。"要搞商品经济，要长期搞下去。"卓炯把商品经济理解为社会分工体系，所以，不搞商品经济，就是不搞社会分工，不搞社会分工，当然就没有东西了。这些调查活动对他的商品经济理论观点的最后确立产生了重要的影响。

工业生产大跃进，农业生产也要大跃进，在虚报浮夸风的氛围下，各地提出了大跃进的粮食产量指标，各地报道放高产卫星的消息。卓炯深入实际发现了大跃进高潮中放卫星的真相。一些所谓高产田，原来是把其他地块的稻谷堆放在一块地里。作为一个经济学家，一个奋斗了数十年的革命者，心中的困惑无法解决。他从这些现实生活中看到了问题的严重性，深感忧虑。

卓炯考察中得到的实际材料，经过理论加工，融进了他的讲稿，这使他讲的课异常贴近实际。

卓炯在讲到总路线时做了独特的解说。他说，总路线中的多快好省完全符合价值规律的要求，生产的产品当然越多越好；生产就是劳动时间的耗费，生产时间越少表示劳动耗费越少，当然越少越好；好，就是产品的质量高；省，就是节省原材料，节省原材料表示降低成本，越省越好。

1961年，卓炯充分论证的社会主义经济是有计划的商品经济理论观点的一组论文，终于公开发表了，沉闷的中国经济学园地响起了来自凤村的惊雷。这一年是中国经济学理论研究取得突破性转变的一年，在中国社会主义政治经济学史上记下重重的一笔。

卓炯商品经济理论观点是以于凤村的笔名公开发表的。于凤村这个名字引起了学术界的关注，广东经济学术界纷纷做出各自的猜测。对此，卓炯解释道，"我在德庆县凤村公社搞整风整社运动期间写了一些论文，署名'于凤村'，表明论文是在凤村写作的。"这至少表明凤村公社的情景在卓炯的脑海里留下了难以忘却的印象，成为他坚持商品经济理论的现实基础。

卓炯在凤村住的时间比较长。他几次说过，"我参加了整风整社运动，深深感到许多东西农民不生产了，市场供应非常紧张，有钱买不到东西。但农贸市场一开放，市场马上活起来。"署名于凤村的论文在卓炯的商品经济理论形成过程中处于十分重要的地位。

凤村属于德庆县，德庆县位于西江中游北岸，是丘陵和河谷交错，以山地居多的山区县。

凤村在1959年建立了人民公社。凤村人均拥有的自然资源是不少的。然而，凤村当年很多人仍吃不饱。卓炯在凤村公社，果断地采取了两大措施。第一，推行产量责任制；第二，积极发展农贸市场。这两大措施对于凤村公社走出困难时期发挥了积极作用。人民公社的一个根本问题是，劳动管理极为混乱，因而严重挫伤了社员的劳动积极性。这是人民公社搞不好的根本原因。产量责任制是克服人民公社劳动管理混乱的根本措施。由于存在着社会分工，人民公社只能搞商品生产，除了满足社员自身需要的农产品、种子和上缴国家的农业税外，剩下的农副产品应当进入市场。这样就极大地调动了农民的生产积极性，迅速走出困难时期。但是，在"文化大革命"期间和英德"五·七干校"里，一直把这两个正确的措施当作修正主义进行批判，卓炯不得不多次做违心的检讨。

在当初那种"左"的思潮影响下，卓炯的正确想法也是无法推行开来的。卓炯也深知这一点，但他并没有放弃对真理的探索，当进行产生农村贫穷原因的理论探讨时，卓炯对年轻教师说："我们既要帮助干部们工作，做好一切事情，同时，我们还要进行理论研究，要说清楚饥荒是怎么产生的。大家畅所欲言，有什么说什么。""饥荒的原因是人多，粮食少，人多不够吃就产生了饥荒。"有人相信当时流行的说法。

"人不是今天一下子多起来的，为什么以前不发生饥荒，而今年发生饥荒。显然人多不是根本原因。"卓炯反驳这种流行观点。"根本问题是经济结构发生了问题，不是按照农、轻、重的次序安排生产，而是按照重、轻、农的次序安排生产。"卓炯阐明了自己的观点。

卓炯的观点是正确的。

卓炯并不回避在整风整社中看到的社会现实问题，追求真理，敢说真话，不浮躁，不放学术"卫星"，这是他作为一个有良知的知识分子最优秀的学术品格。

"商品经济万古长青"这个提早了23年横空出世的声音,注定了它从一开始,就是一个艰难的穿越。1984年,党的十二届三中全会通过了《中共中央关于经济体制改革的决定》,当人们以"社会主义商品经济理论的奠基者"来赞扬这位卓越的理论家时,他却微笑地说了句——"我的研究终于跟上党的步伐了"。

1982年开始,《中国社会科学》《光明日报》等10多家报纸杂志,评价他的商品经济理论和治学精神,称他是社会主义商品经济理论的开拓者。1985年6月下旬,卓炯商品经济理论研讨会在广州召开,全国经济理论界充分肯定他提出的商品经济理论。

1999年,为促进中国的社会主义经济建设,中国社会科学院经济研究所和广东经济出版社,共同发起了推选"影响新中国经济建设的十本经济学著作"活动,后经无记名投票而选出十本优秀经济学著作,卓炯著的《论社会主义商品经济》一书名在其中,成为新中国经济理论发展的十面旗帜之一。

卓炯能够取得这样巨大的学术成就,得益于他长期坚持独立思考、实事求是、无私无畏、勇于探索真理的良好学风。

方显廷

| 提示语：著名经济学家。

方显廷（1903—1985年），浙江宁波人，著名经济学家。

方显廷，1903年9月6日生于浙江宁波。当时正值清廷没落，国家危难之时，列强凌辱，国事腐败，民生凋敝。方显廷的父亲在他7岁时就辞世了。幼年失父，家境贫寒，孤独无援的母亲无力再供他继续求学读书，他不得不在小学毕业，上了一年技校之后辍学。14岁那年，他经人介绍进入民族工业家穆湘（藕初）先生在上海创办的厚生纱厂学徒。刚进厂时学习种植美国长纤维棉花技术，半年后被调入厂长办公室做勤杂工。方显廷自幼好学、求知若渴，或许因为家贫辍学的缘故，他非常珍惜每一寸光阴。在纱厂上班期间，一方面，他接受穆藕初先生亲自对学徒工进行的技术教育；另一方面，阅读由叶楚伧先生创办的《民国日报》。在五四运动新思潮影响之下，他认识到作为一个中国青年当力求上进，学得专业知识，以报效乡亲父老，为改变国家贫穷落后的面貌略尽绵薄之力。他刻苦努力，晚上到青年会夜校补习英语，并在工余时间借厂长办公室打字机学习打字技术，又请求穆先生将所藏书中有关棉纺织技术的书籍借给自己阅读。

穆先生是一位具有远见卓识的民族工业家，他爱才求贤，认定国家积贫积弱，需要发展民族工业自救，首先应培养有用人才。他曾先后无偿出资选送22位有志、有才青年出国深造，学习西方先进之科学技术。在这22人中，竟无一人是穆家子弟。穆先生欣赏方显廷的好学向上，慷慨解囊，资助仅具有小学文化水平的方显廷。方显廷通过3个月时间的自学补习初中数、理、化三门功课，在1920年夏季以60名考生中名列第二的成绩考取上海南洋模范中学（时称南洋公学附属中学）。一年之后，方显廷因其成绩优异，穆先生又主动联系美国威斯康星大学，允诺每月提供80美元生活费用，为方显廷开辟了赴美国留学之途径。方显廷于1921年9月成行。两年后，穆先生因纱厂倒闭以及在上海棉纺品交易所投资失利，经济拮据，不能继续提供支援，方显廷通过5年的勤工俭学，终于在1928年获得耶鲁大学经济学博士学位，并于这年年底学成归国。

如果说穆藕初先生是在困境中提携、资助，引他进入知识殿堂从而为他奠定一生事业基础的良师，那么从他于1924年进入耶鲁大学攻读经济学博士学位起，直至后来对他一生事业之开创给予深刻影响的益友，便是何廉了。何廉比方显廷大8岁，当方显廷进入耶鲁时，何廉正在耶鲁大学T. S. 亚当斯教授的指导下撰写关于公共财政的论文。何廉将方显廷看作一位小兄弟。何廉从与方显廷相识之时起，就沉浸在以伦敦经济学院为模式，在中国创建一所经济研究所的梦想之中。当听到方显廷此前在纽约大学攻读经济学，不仅帮助他选择研究生时期的专门研究领域，并且已经将方显廷纳入自己设想的对于中国经济进行系统研究的具体人选，准备在方显廷学成之后，将他介绍到张伯苓校长创办的私立南开大学任教，兼做研究工作。

作为老大哥，何廉不仅指导方显廷选修应修的课程，同时也介绍他加入当时中国学生社团"成志会"。那是一个造就人生志向的社团，一群有热血、有理想的中国年轻学子从"成志会"脱颖而出，学成归国之后，纷纷怀着巨大热情投入到他们一生的事业当中，为祖国的富强贡献自己的力量。1924年暑期时，经何廉介绍，在纽约附近的格林威治村（Greenwich Village）方显廷加入了中国在美留学生爱国社团"成志会"。在"成志会"的活动中，方显廷表达了对于我国人口急剧增长的忧虑，发表了实行控制生育的主张。方显廷是从一个普通中国式的大家庭出来的孩子，他自己是家里最小的男孩。他的父亲娶了两房妻室，他上面有众多的兄姐，年龄几乎可以做他的父辈，而他们又有各自的大群子女。中国的传统思想是：无论贫富，坚信"人丁兴旺、家世绵长"。中国家族人丁衍生，犹如树之枝叶繁茂，像这样的家庭，城镇乡村比比皆是。但多年来中国备受列强欺凌，积贫积弱，农村生产落后，工业化进程尚未起步，芸芸劳苦大众如何生存？正是在这个时候，美国节制生育运动的创始人玛格丽特·桑格夫人（1883—1955年）提出节制人口的主张。在她的思想影响之下，方显廷认识到："鉴于中国人口的急剧增长，应在我国实行控制人口生育"的重要性，因而在"成志会"的活动中提出如上的主张。

1928年，方显廷学成归国。在抵达上海之初，经穆藕初先生的关照，他接到不少聘书。然而何廉于1926年先期归国，到南开大学执教，早已将方显廷的情况介绍给张伯苓校长。于是何廉受张伯苓校长之托，在1928年年底亲赴上海接方显廷。方显廷毅然辞去了由孔祥熙任命的经济访问局局长之职，随何廉北上天津，投身于教育年轻一代的事业之中。在向孔祥熙请辞之际，他诚恳地向孔请求："在我离开祖国远渡重洋到国外学习7年归来之后，请给我一个机会，通过教学和研究工作来了解我的国家，以便最后我能证明自己对于祖国和人民的价值。"在此后的20年里（1929—1948年），方显廷与何廉共同合作，做了以下几件事情：首先，亲自动手编写经济学教材，摒弃当时照搬西方经济学讲义的陋习，使西方经济学理论与中国的实际相结合，他们称之为"经济学中国化"，并将这一做法变成南开经济学院制度化的信条；其次，于1931年创办南开经济研究所，为中国培养出第一批经济学研究生，促进了经济知识的传播；最后，在此期间用西方经济学的量化方法，着手对天津地区主要工业进行调查。

在南开经济研究所流传着一句佳话："方不离何，何不离方。"在方显廷前20年的事业中，往往是何廉运筹指挥，而方显廷则埋头于研究、调查、教学与写作，二人搭档，十分默契。何廉在他的回忆录中写道："1928年北伐成功之后，中国进入到国家重建的新阶段，并且开始将注意力集中到工农业发展方面。我在耶鲁的同学和密友方显廷，在克莱夫·德埃教授（Prof. Clive Day）的指导下，刚刚完成了经济史的博士论文——他对于19世纪40年代的英国工业结构很有研究，而中国的工业在20世纪20年代末期的情况颇有与其相似之处。方显廷在南开从1929年一直待到1948年，1948年他转到联合国远东经济委员会任研究主任。在这20年间他是我最亲密的益友良师，南开经济研究所的发展很多应归功于他的博学的贡献。"方显廷在那些年里视何廉为自己的兄长，工作上的变动，一切听何廉的决断，自己则投身于对中国经济的执着研究之中。他甚至在自己的《回忆录》中关于1948年是否接受联合国远东经济委员会的聘任时写道："何廉兄当时远在美国，我无法向他咨询是否接受这份工作，那是自1929年到1947年这些年来，自我们联手力求在改进中国的经济调查研究与培训工作以来，第一次我不得不做出自己的抉择来接受这份工作。"

方显廷教授1968年退休后应新加坡南洋大学之请，重返教学第一线直至1971年退休，为该校首席名誉教授。1985年3月20日，方显廷于日内瓦寓所病逝，享年82岁。

方显廷关于中国农业问题研究的代表性文献主要有《中国农村经济之复兴》(1938)、《中国经济之症结》(1938)等，所研究的内容涉及 20 世纪 30 年代中国农业经济现状分析、制约中国农业经济复兴的因素分析和农业经济复兴的政策建议等，其农业经济思想既具有时代特点又具有一定的前瞻性。

钱俊瑞

| 提示语： 中国农村经济和世界经济学家，中科院院士。

钱俊瑞（1908—1985 年），别名陶直夫、钱泽夫、泽甫、周彬，江苏无锡人，中国农村经济和世界经济学家，中科院院士。历任教育部党组书记、副部长，文化部党组书记、副部长，中国社会科学院世界经济与政治研究所所长，国家计划委员会顾问，国务院经济中心顾问，中科院哲学社会科学部学部委员，中国世界经济学会会长等职。钱俊瑞同志先后当选为中国共产党第八届中央委员会候补委员、第一、二届全国人大代表，全国政协第一、第二届委员和第三至六届常委；他还担任《中国大百科全书》总编辑委员会委员和《世界经济百科全书》编辑委员会主任；长期从事文化事业的领导工作。特别是对农业经济和世界经济进行开拓性的研究，并取得重大成果。

钱俊瑞主要著作有《中国国防经济建设》《世界经济与世界经济学》《世界经济与中国经济》《当代世界经济发展规律探索》《怎样研究中国经济》《中国国防经济建设》《中国地租的本质》《钱俊瑞集》等。主编了我国世界经济方面的大型工具书——《世界经济百科全书》和《世界经济年鉴》。主编的《世界经济概论》一书获得1987年"吴玉章奖金"世界经济学特别奖。

钱俊瑞，1908年9月28日出身于无锡鸿声里三房巷一户贫苦农民家庭，他天智聪颖，勤奋好学，1922年鸿声初小毕业，因为成绩优异直升江苏省立第三师范学校。在三师读书期间，他利用勤工俭学在学校图书馆当干事的机会，广泛阅读名家名作，也就是在那个时期，他对哲学、经济学产生了浓厚的兴趣。17岁时那年，钱俊瑞对法国著名哲学家伯格森的《形而上学导言》一书发表评论，文章被刊载在三师的校刊上，轰动全校。1927年师范毕业后，他到县初中附小当了一年教师，后考入设在无锡的江苏省民众教育学院，在无锡黄巷进行工人教育。

1929年，中央研究院社会科学研究所所长陈翰笙正在组团进行农村经济调查，首先进入无锡。钱俊瑞经王寅生介绍，认识了陈翰笙，参加了调查团，随陈翰笙先后在江苏无锡、河北保定、山东潍县、陕北榆林以及安徽、广东等地农村进行经济调查。随后，他的经济问题处女作——《一九三一年大水灾中中国农村经济的破产》问世，刊登在《新创造》上。后来又写了《中国农村经济现阶段性质之研究》《中国地租的本质》《评卜凯教授所著〈中国农场经济〉》等文章，得到学界一致好评。

1933年，钱俊瑞任"中国农村经济研究会"理事，参加会刊《中国农村》的编辑出版，组建"中国经济情报社"，以陶直夫、周彬笔名发表了《中国农村经济性质问题的讨论》《现阶段中国农村经济的任务》等文章，阐明中国农村经济研究对象、方法和任务，得出半殖民地半封建性质的社会必须从土地方面的民主革命开始。由于陈翰笙的社会科学研究所进行的活动具有明显的革命倾向，引起了当局的不满，钱俊瑞等人被除名，陈翰笙也被迫离开了研究所。

此后，钱俊瑞到塔斯社上海分社工作，与邹韬奋、胡愈之、金仲华等人一起，以"苏联之友"社为基础，创办了《世界知识》杂志，对世界经济和国际问题进行研究，发表了《火药气下的世界景气》《英国在非洲的殖民地》等文章，论述了帝国主义统治下殖民地附属国的经济特征，从而揭示了帝国主义战争必然爆发的经济基础。

随着日本侵略者对中国入侵的不断加剧，大片国土沦陷，他再也无法继续潜心研究经济，毅然投身救亡图存的斗争。

"九一八"事变后，钱俊瑞投身抗日救亡运动，加入"左翼文化总同盟"，担任宣传委员，1935年，他加入中国共产党，担任中共中央文委委员。同年年底，与沈钧儒、邹韬奋、陶行知等人发起成立"上海文化界救国会"。1935年8月，钱俊瑞通过王昆仑的关系，联系南京、上海和无锡三城读书会，在无锡鼋头渚举行"万方楼会议"，传达中共中央"八一宣言"精神，促成各地救国会的筹备成立，并联合组成"全国各界救国联合会"，他被任命为党团书记。从此，他的主要精力转向抗日救亡的宣传组织工作。在举办鲁迅葬礼大游行和因抗议"七君子"被捕而发起的"自请入监"等运动中，发挥了重要作用，表现出宽阔的胸怀和卓越的组织才能。

1936年8月底，钱俊瑞（代表文化界救国联合会）与陶行知（代表全国救国联合会）、陆璀（代表学生救国会）作为中国人民代表团成员出席在布鲁塞尔召开的第一届世界和平大会；接着，又受宋庆龄的委托，代表宋庆龄参加在巴黎召开的国际反法西斯委员会扩大会议；还参加了全欧华侨救国大会和援助西班牙共和国反对佛朗哥独裁统治的运动。

在这一系列的海外活动中，钱俊瑞抓住各种机会，积极宣传中国国内抗日救亡群众运动和中共发起组成抗日民族统一战线的主张，但同时也没有忘记经济研究，他写了《怎样研究中国经济》一文，指出研究中国经济应遵循唯物主义认识论，在调查研究的基础上得出结论。

1937年年底上海沦陷后，他接受中共中央长江局领导，在李宗仁、陈铭枢、黄琪翔等国民党将领的捐助下，到汉口创办了"战时书报供应所"，编印各种抗战书报，其中包括他的《中国国防经济建设》以及他和孙冶方、姜君辰共同编辑的《救亡手册》，还附设了一个读书写作函授班。武汉失守后，由党中央长江局派遣到襄樊，任第五战区司令长官部文化工作委员会主任，创办《鄂北日报》，广泛组织战地文化站，成立文化队，在部队和民众中开展救亡宣传教育工作，帮助建立桐柏山抗日根据地。后来，周恩来调他到重庆南方局从事文化界统战工作。遵照周恩来指示，他撰写了《汪精卫卖国的理论与实践》一书，及时揭露汪精卫的卖国行径。续办"战时书报供应所"，出版《战地知识》杂志等。

1940年6月，新四军政治部主任袁国平从皖南到重庆接军长叶挺回军部。叶挺热诚地邀请他和作曲家任光一起到新四军，承诺他们完全可以按照自己的意愿来部队开展文化宣传工作。到新四军后，钱俊瑞任皖南新四军军部战地文化服务处处长等职。

1941年皖南事变后，他写成数万字的《皖南惨变记》，为后人留下翔实的史料，来"唤醒人们的理智，作公义之审判"。薛暮桥等在回忆钱俊瑞这一时期的奋斗经历时这样评价说："钱俊瑞像一只迎着暴风雨奋飞的海燕，在他自己的生命历史上写下了光辉火红的一页。"

抗日战争胜利后，钱俊瑞服从党的需要，先被派往北平，在叶剑英领导下工作，参加军事调查处执行部的工作；1946年5月，奉调延安，担任中共中央秘书；9月调《解放日报》和新华社，随后任新华社北平分社代社长兼总编辑，并创办《解放》三日刊。1947年3月，随刘少奇、朱德经山西赴河北参加华北地区的土地改革运动，兼任中共建屏县委书记，参与了《中国土地法》的起草工作。

中华人民共和国成立后，在中央政府担任要职，为建设新中国，忙碌不息，兢兢业业。在"文化大革命"中，遭到残酷迫害，以"在上海组织了三十年代经济界黑线"的"罪名"受到批斗。

钱俊瑞恢复工作后表示要为党和国家"抢时间，多做点工作"。

1978年，钱俊瑞被任命为中国社会科学院世界经济与政治研究所所长。他非常高兴，到任后立即主持召开了两次世界经济科学规划会议，制定了《1978年至1985年全国世界经济学科发展规划草案》，筹建了世界经济资料中心，发起建立"中国世界经济学会"，参加了《世界经济导报》创建等工作，并担任领导职务。1980年后，钱俊瑞不顾年迈体弱，深入特区调查，参加沿海开放城市和其他一些省市的发展战略讨论，探索我国加大经济发展的策略。亲自率团前往西欧、美国、日本、印度等国考察各国经济，开展学术交流，并到瑞士、美国、日本、西班牙参加国际会议。他经常深入基层，参观考察，没日没夜地探讨研究。在此期间，他对经济体制改革和对外开放策略发表了一系列的演说和论述，积极著书立说，他的晚年再度焕发出绚丽夺目的光彩。

这样紧张的工作，令陪同他的医生也十分吃惊，医生对来探望他的家属说："钱老七十六岁了，带着这么重的伤，坚持这样紧张的工作，连青年人也吃不消呀，你们一定要他注意休息，不然身体要垮的。"当家属把这话告诉他时，他只是笑笑说："我能工作的时间不多了，让我现在多做一些吧，等将来跑不动时再休息吧。"

1985年5月25日，钱俊瑞在北京逝世，享年77岁。

孙冶方

| 提示语：著名经济学家。

孙冶方（1908—1983年），原名薛萼果，化名宋亮、孙宝山、叶非木、勉之等，无锡玉祁镇人，著名经济学家，老一辈无产阶级革命家。孙冶方经济科学奖于1985年开始设立和评选，每两年评选、颁发一次，是迄今为止中国经济学界的最高奖。主要著作有《关于国民经济建设和国家资本主义》《关于"资产阶级法权"》《关于改革我国经济管理体制的几点意见》《社会主义经济论》《社会主义经济的若干理论问题》《社会主义的若干理论问题》《孙冶方选集》《中国社会性质的若干理论问题》。

孙冶方，江苏无锡人。他1921年入高小读书，1923年在无锡竢实学堂加入中国社会主义青年团，1924年年底转为中共党员，任无锡党支部第一任书记，同时也加入中国国民党。1925年从事学生运动和工人运动，同年11月受党组织派遣，去苏联莫斯科中山大学学习。1927年夏毕业后，在该校和莫斯科东方劳动者共产主义大学任政治经济学讲课翻译。1928年回莫斯科中山大学继续任翻译。1930年9月回国后，任上海人力车夫罢工委员会主席，未几又改任人力车夫总工会筹备委员会主席。同年年底，调任沪东区工人联合会筹备委员会主席。在上海从事工人运动和左翼文化运动，积极参加组织中国农村经济研究会，并编辑《中国农村》杂志，以孙冶方笔名发表了许多具有马克思主义观点的中国农村经济论文，在理论战线上对托派及王明的"左"倾错误进行了斗争。"九一八"事变后，在史沫特莱主编的《中国论坛报》担任撰稿人。

孙冶方的性格似竹，有清秀俊逸的风骨，宁折不弯的品德，不择瘠壤的生长毅力，虚怀若谷的心胸襟怀，横而不流的高风亮节。郑板桥的那首诗，好像专为他写的："咬定青山不放松，立根原在破岩中。千磨万击还坚劲，任尔东西南北风。"

在中国政治经济学史上，孙冶方是带有"牛虻"特征学者典型中的典型。

早在半个世纪前，孙冶方就认识到中国国民经济管理体制的弊端，有理有据地提出了改革中国经济体制的主张。但是在那个"左"的思潮涌动的时代，孙冶方的"先知先觉"非但不被认可，反而被康生、陈伯达等人扣上了"中国经济学界最大的反革命修正主义分子"的政治帽子。

事情还得从新中国成立初期说起。1949年5月，孙冶方先后担任上海军事管制委员会重工业处处长、华东军政委员会工业部副部长、上海财经学院院长、国家统计局副局长。几年下来，在实际工作中，孙冶方慢慢发现有些不对劲儿：有好多经济学家和主抓经济工作的官员，竟然一致认为在社会主义时期社会价值规律将随着资本主义商品经济的消灭而失去作用。

"这怎么可能呢？"孙冶方苦笑，"价值规律不但在社会主义时期仍然发挥着作用，即便是到了共产主义，只要存在社会化大生产，只要生产还按生产资料和消费资料两个部类进行，商品流通就会发生，价值规律就仍要起作用。"于是，他口出直言，社会主义经济应从产品两重性分析起；价值是生产费用对效用的关系；价值这个概念应贯穿于社会主义政治经济学的各个篇章；用最少的劳动消耗取得最大的经济效益是社会主义政治经济学的红线；社会主义政治经济学要依次分析生产过程、流通过程和社会生产总过程……眼见一些人依旧置若罔闻，孙冶方心里不禁隐隐作痛。

恰在这个时候，中共中央宣传部部长陆定一找了过来，说："有一项任务，由你、薛暮桥和于光远，来写一本政治经济学教科书，如何？"沉吟了片刻，孙冶方喜上眉梢：中国人向来喜欢列宁说的那句话："没有革命的理论，就没有革命的实践。"倘若写出来一本适合中国国情的政治经济学读物，不就解决了大伙儿的思想认识问题了吗？他满口答应下来。

于是，在工作之余，孙冶方见缝插针地做起准备工作来：搭班子，研讨，探索。1957年，孙冶方调任中国科学院经济研究所所长，从此有了充分的酝酿与构思的时间和空间。转眼，两年过去了。

1959年12月，或许是久久不见动静吧，国家主席刘少奇把薛暮桥、于光远、孙冶方等经济学家召集一起开座谈会，刘少奇开门见山地问道："怎么回事儿，你们不会是光顾着学习苏联老大哥的政治经济学教科书而忘记了陆定一同志的盼咐吧？"三人互相对视了一眼，孙冶方首先做了汇报："主席，我们经济研究所正准备编写一本《社会主义经济论》……"听后，刘少奇很是赞赏，鼓励道："既然有谱儿了，那就要抓紧时间写出来哟，也好让同志们学习一下！要知道，不懂政治经济学是要垮台的。"不独孙冶方，薛暮桥和于光远也重重点着头。

回来之后，孙冶方立刻抽调了二十九位得力人员，专事写作《社会主义经济论》。埋头苦干了半年多，孙冶方带领大家写出了110万字的初稿，接着又马不停蹄地分组和集中讨论起来，最终形成了《社会主义经济论初稿的讨论意见和二稿初步设想》。

为了聆听更多的意见，孙冶方捧着厚厚的初稿意见和二稿设想，先南下上海、南京，后北上呼和浩特、哈尔滨，组织召开经济学家座谈会；除此之外，还给中国人民大学、复旦大学、北京大学等高校的政治经济学系研究生班学生讲授《社会主义经济学论》，以倾听年青一代学子的看法和提议。这样，几个回合下来，孙冶方就有了新的轮廓：按照马克思和恩格斯《资本论》的逻辑，《社会主义经济论》可以分为三大板块——先分析生产过程，再讲解流通过程，最后叙述整个生产过程。只是，在欣喜之余，孙冶方也有为难之处：时下，受自然经济论的影响，大家普遍认为"社会主义没有流通"。因而，"流通篇"成了个十足的难点！犹豫，徘徊，孙冶方来回地斟酌着。

1963年1月，孙冶方终于下定了决心，明确指出：中国科学院经济研究所要以政治经济学为中心任务，因此不排斥资本主义政治经济学、经济史、经济思想史等。在这一思想的指导下，一方面，他要求公开翻译出版波兰经济学家明兹的《社会主义政治经济学》，同时继续在中国人民大学等多所高校讲授《社会主义经济论》的流通概论；另一方面，他奋笔疾书撰写了一系列分析经济体制弊端和倡导经济体制改革的研究报告，比如：针对国家与企业的关系，写出《关于全民所有制经济内部的财经体制问题》，明确指出：社会主义国家经济体制的核心问题是处理好国家与企业的关系，而不是多年来人们奉行的中央与地方的关系。无奈，在当时的形势下，孙冶方的这些思想和主张很显然又是"不合时宜"的。

1964年10月，孙冶方被打成了"反党分子"，撤销一切职务，下放到农村进行劳动改造。

在外人看来，孙冶方这下子应该"老实"了。但谁也没有想到，还没过多久呢，他就再度"口无遮拦"起来：有一次，在参加《红旗》杂志编辑部的座谈会时，他先发表了一通关于"价格不能背离价值"的演说，然后当着大伙儿的面说道："我不需要三不主义（不抓辫子、不打棍子、不戴帽子），只要有答辩权，允许我反批判就行。帽子总是要戴的，不是戴这顶，就是戴那顶，可是答辩权最要紧。"又有一次，在哲学社会科学部一次扩大会议上，他即兴发表了关于利润问题的演说。当有人好心劝说"风声很紧，还是不要再讲利润问题"时，他一甩袖子回答道："你要知道，我是经济学家，不是气象学家。风声？对不起，没研究过那玩意儿。"还有一次，在被指定去参加讨论一篇由几个年轻人写的有关生产价格的论文的会议时，他当众阐述了价值规律的作用和资金利用效益的重要性，然后不留情面地严正声明："要解决几十年的疑难，是要冒点风险的。尽管人家在那里给我敲警钟、提警告，说这是修正主义观点，但我今天还是要在这里坚持自己的意见，而且以后也不准备检讨。"

眼见孙冶方越来越"不守规矩"，对他的打击也就一步步升级。

1968年4月4日夜，伸手不见五指。一伙造反派冲进孙冶方的住所，以"中国经济学界最大的反革命修正主义分子"的罪名，把他五花大绑抓走，投进了北京秦城监狱。

即便是坐了牢房，孙冶方还是"闲不住"，一天到晚都在琢磨着："死不足惜，声誉毁了也不要紧，但我长期从事经济研究所形成的观点决不能丢掉，我要为真理而活下去，要在死前把它留下来，让人民去做客观公正的判决。"于是，入狱才几天，他就按着过程法的顺序，开始在大脑里回忆和思考起了先前写过的《社会主义经济论》来。

琢磨久了，头脑就格外清晰起来。孙冶方乐了："好，从现在起，开工干活了！"只是，牢房里没有笔和纸。

趁着吃饭和放风的时候，孙冶方跟牢房管理员套起近乎来："哎，伙计，给俺找些笔和纸来，好吧？"谁知，牢房管理员连眼皮都不抬一下,好大一会儿才淡淡地扔过来一句:"要笔和纸做什么?""嘿嘿,不做什么,就是想写点东西罢了。"这下子,牢房管理员警觉起来,喝道:"该不是又写你的'反党文字'吧?想要笔和纸,门儿都没有!"就这样,磨破了嘴皮子,孙冶方还是没要来笔和纸。无奈,孙冶方只好另想他法。

忽一日,一道灵光划过脑海,孙冶方兴奋得跳了起来:"对嘛,没有笔,没有纸,我就打腹稿呗。"于是,每天盘腿端坐在冰凉潮湿的土坯床上,孙冶方微闭着双眼,默默地"写"呀"写","写"完一节后再进行下一节,"写"完一章后再进行下一章。就这样,几个月后,《社会主义经济论》终于"写"完了。

不能不说,这是一部"奇书":就像马克思与恩格斯在写作《资本论》的时候把剩余价值作为贯穿全书的红线一样,孙冶方也为自己的《社会主义经济论》找到了一条红线:以最少的社会劳动消耗,有计划地生产最多的、满足社会需要的产品(简称"最小—最大"理论)。而且,尤为有意思的是,在《社会主义经济论》的开篇处,孙冶方还绞尽脑汁地设计出了一个极富激情的导言:"我们的时代",想开宗明义地宣告,在我们这个时代,社会主义政治经济学肩负着什么样的历史使命。

兴奋过后,孙冶方很快又发愁了:"还是不行啊,时间久了会忘掉的……"没辙,为了保住这来之不易的果实,他只得再度微闭着双眼端坐在冰凉潮湿的土坯床上默默地"写"开了。

就这样,在身陷绝境的七年间,孙冶方"默写"了一遍又一遍《社会主义经济论》,共八十五遍。

1975年4月10日,孙冶方出狱了。

为了尽快把损失的时间夺回来,孙冶方不顾年老体弱,一头扎进了工作之中:一方面,积极参加理论战线上拨乱反正的斗争;另一方面,广泛而深入地研究社会主义现代化建设中的重大理论问题与实际问题。1979年4月,在江苏无锡,孙冶方代表社会科学院经济研究所,与代表计委经济研究所的薛暮桥一起,主持了盛况空前的经济学界的解冻大会——"全国价值规律理论讨论会",并做了《价值规律的内因和外因论》的学术报告。

散会后,孙冶方开始追记《社会主义经济论》。就在这个时候,已然高强度、超负荷地工作了多时的孙冶方,终于累倒了——经过诊断,竟是肝癌,并且已经开始扩散。

孙冶方顿时呆住了,不过,仅仅过了一会儿,他就平静地接受了现实,只是心有不甘:"如此,我的《社会主义经济论》咋办呢?"

获悉了孙冶方的想法之后,正在社会科学院经济研究所主持工作的孙尚清同志主动找上门来:"孙老,要不咱们成立一个工作小组,以协助您编写《社会主义经济论》,如何?"想了想,孙冶方欣喜地点了点头。回来后,孙尚清立刻抽调人手,成立了由吴敬琏等七人组成的编写小组,来配合孙冶方。

1980年1月14日,七人编写小组进驻病房,开始记录然后整理孙冶方的一词一句,最终于当年夏天起草出了长达15万多字的《社会主义经济论》大纲。

一页一页地翻阅着,大家慢慢地发现,在《社会主义经济论》中,孙冶方力图创立一个新的社会主义政治经济学体系。这个理论体系所阐述的,是一个不同于传统社会主义经济模式的新经济模式,它是我国社会主义经济体制改革的理论先导。也就是说,孙冶方的理论体系的历史意义不在于理论本身,而在于打开思想牢笼、为改革理论和实践做出铺垫。

1983年2月22日,北京首都医院。在肝癌的疼痛中,75岁的孙冶方恋恋不舍地闭上了眼睛,离开了他钟情的中国社会主义政治经济学新体系,令有识之士扼腕叹息。

一代大师,在改革开放的和风细雨开始滋润华夏大地的时候,却永远地离开了他为之奔走呼号了多年的经济改革阵地,不能不说是中国经济学界一个莫大的遗憾!

  为了纪念孙冶方对马克思主义经济学的重大贡献,1983年6月19日,由薛暮桥、于光远、许涤新、徐雪寒等五十五位经济学家共同发起,成立了"孙冶方经济科学奖励基金委员会",专事表彰对经济科学做出突出贡献的集体和个人,从而成为中国经济学界的最高奖项。

薛暮桥

> 提示语： 经济学家、中国科学院院士，第一届"中国经济学杰出贡献奖"获得者。

薛暮桥（1904—2005年），原名雨林，江苏无锡人。经济学家、中国科学院院士。1980年起草了被称为我国市场取向改革第一个纲领性草案的《关于经济体制改革的初步意见》；1990年撰写了《中国社会主义经济理论的若干问题》和《致中共中央常委的信》，为最终确立改革的市场化方向做出了重要贡献。主要著作有《中国农村经济常识》《按照客观经济规律管理经济》《当前我国经济若干问题》《论中国经济体制改革》等。

1904年10月25日，薛暮桥出身于江苏无锡县礼社镇的一个破落的地主家庭。15岁那年的一天，薛暮桥正在江苏省立第三师范学校读初二，父亲因为害怕债主逼债，就在50岁生日的前几天，悬梁自尽。父亲的过世，给薛暮桥和他的家庭带来经济与精神的双重打击，半年后，薛暮桥不得不辍学到杭州铁路车站当练习生，学习会计，在20岁时成为最年轻的火车站站长。火车站的工作经历让薛暮桥认识了不少的人和事，面对军阀的暴行，他积极投身工人运动。"四.一二"反革命政变发生后，他在杭州被捕入狱。薛暮桥在同被关押的共产党人的影响下，在3年的监狱生活中，学习了世界语、世界通史，读得最多的却是西方和苏联学者的政治经济学著作,这为他后来走上经济学的道路打下了很好的基础。

出狱后不久,薛暮桥幸运地遇到了经济学的启蒙老师陈翰笙。陈翰笙反对引经据典,反对不做调查研究、空谈理论,注重田野调查。经过田野调查后,薛暮桥发表了第一篇经济学调查报告——《江南农村衰落的一个缩影》。文章以家乡礼社镇的薛姓家族经济状况变迁为主线。揭示农村封建经济破产的必然性。不久,该文被翻译到日本。抗战前夕,薛暮桥担任《中国农村》首任主编,刊登大量调查报告及论文,批评农村改良主义,论证变革土地制度的必要性。

抗日战争全面爆发后,薛暮桥参加了新四军,担任军部教导总队训练处副处长。皖南事变后,他辗转来到山东抗日根据地主持经济工作。摆在薛暮桥面前的一个难题是,如何稳定在国民党政府发行的法币、日伪政府发行的伪币的双重压力下的根据地物价?薛暮桥经过反复研究认为,稳定物价的唯一办法是驱逐法币,使根据地发行的货币(抗币)独占市场。这一举措实施后不久,抗币和法币的比价便由原来的1∶2变成了1∶6,囤积法币的地主纷纷抛出法币,抗币占据了市场,物价大幅回落;为防止物价继续下挫,根据地加大抗币发行量,购进物资,从而稳定了物价。

新中国成立后,薛暮桥担任了经济工作领导。1966年,一场大风暴席卷全中国。时任国家计委副主任的薛暮桥身陷旋涡。薛暮桥先被关押在办公室内,当时通称"牛棚"。与薛暮桥关在一起的还有一位董姓的造反派头头。薛暮桥再次用上杭州监狱里用过的办法,趴在办公桌上,旁若无人地潜心读书。有一天中午,门口的守卫和往常一样,喊薛暮桥和董拿饭票买饭,薛暮桥往卫生间一看,才发现姓董的已经上吊自杀,尸体已经僵硬。后来薛暮桥转到干校,依然一头埋在书中。也就是在这个时候,薛暮桥在酝酿他一生中最大的成就：撰写《中国社会主义经济问题研究》初稿。他的孩子去探视他时常常发现，父亲每天收工后，就坐在小马扎上，趴在床沿上，一笔一画地写他的书，每写完一稿，父亲就笨手笨脚地将稿纸整整齐齐地装订起来，封面用一种漂亮的美术字写上书名。这一年，薛暮桥65岁。

在干校完成数稿后，薛暮桥恢复了工作，《中国社会主义经济问题研究》的撰写工作进一步加快，1979年8月，这部历时11年的经济学著作在经过7次修改后在青岛最后完稿。12月，由人民出版社正式出版。而此时的学术界正是一片荒芜，改革开放总设计师邓小平需要一本对全体干部进行经济体制改革启蒙的教材，《中国社会主义经济问题研究》的出版恰逢其时。

日本《产经新闻》描述了当时一书难求的情景："中国有一本书，跑遍全北京都买不到，这就是薛暮桥所著《中国社会主义经济问题研究》，北京各经济机关、公司和北京各国大使馆都想买，也买不到。""文化大革命"前长期担任中宣部部长的陆定一推荐这本书为干部必读材料和高等院校经济系的教科书，全国各省紧急加印，发行达1000万册，创下了专业理论著作空前的纪录。

改革开放时期，薛暮桥认为，1958年把自负盈亏的公私合营商店和手工业合作社几乎一扫而光之后，一方面，大量的社会迫切需要的工作没有人干；另一方面，又有大量的劳动者找不到适当的工作。运输业、建筑业、饮食业、修理业、服务业等城市非常需要却又非常缺乏的行业，应改变过去的做法，允许发展集体企业甚至个体户。应鼓励回城青年自找就业门路，恢复传统小吃、小摊点等。这一观点后来被决策者概括为："广开门路，三扇门（指国家、集体、个体）就业。"

1980年10月，薛暮桥接受采访时说，资本主义"有一点也可以，现在还不可能叫资本主义绝种"。在一片沉寂的学术界，他的观点显得格外引人注目。当时,改革的方向正在探索之中,在一份内部材料中,薛暮桥因为强调市场调节而被列为"第四类人",同时在小范围受到批评。

1990年,改革进入一个关键时期,保守思想回潮,苏联和东欧的剧变让"左"的思想找到了原罪的理由。他们认为,东欧剧变是由改革开放引起的。这一年的7月5日,政治局常委邀请一些经济学家座谈经济形势和对策,薛暮桥提出了针锋相对的观点:东欧剧变仅仅以资本主义国家推行"和平演变"政策解释是不够的。薛暮桥认为,东欧剧变的主要原因是因为未做彻底改革,而采取零敲碎打、修修补补的改革做法,至多是延迟矛盾的爆发,把国民经济引入慢性危机,而不可能求得经济状况的根本改善和同资本主义竞赛的胜利。7月15日,薛暮桥在烟台给中央政治局常委写了封信,书面陈述意见。

1991年春,薛暮桥针对可能使改革发生逆转的思想倾向,写了《关于社会主义经济的若干理论问题》。从商品、货币、市场计划、劳动工资、财政税收、银行金融、所有制、企业制度等10个方面进行分析,把多年的改革主张进行了一次综合论述,把对"市场经济"的认识提高到一个新的理论高度。

2005年7月22日17时12分,这位为中国市场经济改革做出巨大贡献的老人与世长辞。

王亚南

| 提示语： 教授、经济学家、教育家。

王亚南（1901—1969 年），字渔屯，湖北黄冈县（今黄冈市）人，现代中国著名的经济学家和教育家。主要著作有《经济学说史》《政治经济学史大纲》《现代世界经济概论》《中国社会经济改造问题研究》《中国经济原论》等。其代表作《中国经济原论》在国内外经济学界享有盛誉。

王亚南父母早逝，在兄长的支持下他在黄州读完小学，毕业后考入武昌第一中学，后又考入武昌中华大学教育系（即今天的华中师范大学）。王亚南小时候就胸怀大志，酷爱读书，他在读中学时，为了争取更多的时间读书，特意把自己睡的木板床的一条腿锯短半尺，成为三腿床。每天读到深夜，疲劳时上床去睡一觉后迷糊中一翻身，床向短脚方向倾斜过去，他一下子被惊醒过来，便立刻下床，伏案夜读。天天如此，从未间断。结果他年年都取得优异的成绩，被誉为班内的三杰之一。王亚南绑在柱子上读书的故事，也流传甚广：1933 年他乘船去欧洲，客轮行至红海，突然巨浪滔天，船摇晃得使人无法站稳。这时，戴着眼镜的王亚南，手上拿着一本书，走进餐厅，恳求服务员说："请你把我绑在这根柱子上吧!"服务员以为他是怕自己被浪头甩到海里去,就照他的话,将王亚南牢牢地绑在柱子上。绑好后,王亚南翻开书,聚精会神地读起来。船上的外国人看见了,无不向他投来惊异的目光,连声赞叹说:"啊!中国人,真了不起!"正是他的刻苦攻读,为他后来的学术成就奠定了坚实的基础。

大革命中,他投笔从戎,在长沙参加了北伐军,曾在军中任政治教员。大革命失败后,他从武昌东下上海,后又辗转来到杭州,在杭州,他的人生事业发生了重大转折。

在杭州期间,王亚南因为生活所迫寄居在大佛寺。在这里,他结识了他事业上的重要伙伴郭大力。两个年轻人意气相投,一见如故,畅谈人生理想,很快结为至交。在这段时间里,王亚南开始钻研马克思主义政治经济学,寻找变革社会的救国之道。郭大力见他对经济学产生了浓厚的兴趣,就建议两人一起从事《资本论》的翻译工作,从此,他和郭大力这位朋友开始了近40年的友谊与事业的合作。《资本论》也成了王亚南终身学习和研究的经典。

1928年,王亚南赴日本留学期间阅读了大量马克思著作及欧洲古典经济学,"九一八"事变后,他愤然回国,在上海以翻译和教书为业,从事进步文化活动。在此后的两年中,他相继翻译了亚当·斯密的名著《国富论》、马尔萨斯的《人口论》、约翰·穆勒的《经济学原理》等经济学著作,他自己的著述《经济学史》《世界政治经济概论》等也陆续问世。

1933年,王亚南因为参与"福建事变"被通缉而亡命欧洲。在马克思的故乡德国,在《资本论》的诞生地英国,他广泛收集西方经济学资料,注重西方经济学的发展动向,同时翻译了一些西方经济学著作。1935年他回到上海,和郭大力重新会面,谈起了自己的欧游见闻,于是二人着手正式翻译《资本论》。也就是在这个时候,与中国共产党有密切联系的读书·生活·新知三联出版社的负责人找到王亚南,向他说明翻译《资本论》的迫切性,并希望尽快译出,早日付印,还预支了一些费用给王亚南。1938年,在经济生活极端困难的情况下,在迫切需要马克思主义理论滋润的中国这块干涸的土地上,王亚南和郭大力十余年的艰苦奋斗终于有了结果——马克思主义的基石《资本论》三卷中文译本终于出版了!这不仅是中国经济科学研究中的一个新鲜事物,给当时的中国吹来了一股清新之风,更是马克思主义在中国传播中的一件大事,对中国的共产主义运动产生了重要影响。

抗日战争期间,王亚南曾在周恩来主持的国民政府军委政治部工作过一段时间。至中华人民共和国成立前,他先后被聘为中山大学经济学教授、福建研究院经济研究所所长、厦门大学教授,从事教学与著述。

1950年起,王亚南担任厦门大学校长直到去世,终年69岁,身后留下41部著作(译作)和340多篇学术论文。

他不像一般的翻译家,一本书翻译完了也就完了,王亚南把《资本论》的观点,马克思的立场方法,作为自己研究中国经济社会的武器。如他的经济理论体系代表作之一的《中国经济原论》(新中国成立后再版改名为《中国半封建半殖民地经济形态》),运用《资本论》的体系范畴,从商品经济入手,揭示了旧中国商品形态的经济属性。该书出版后被学术界誉为"一部中国式的《资本论》",该书被译成多国文字。

王亚南把毕生精力都投入了经济学的研究中,在著述中,他创造性地应用马克思主义的基本原理研究中国的历史和现状,倡导建立"中国经济学",在理论上反对按图索骥似的套用现成公式,在实践中反对削足适履似的去应用。为马克思主义经济学在中国的运用和发展做出了重要贡献。20世纪30年代起,他从中国经济史入手,探索旧中国的社会经济问题,取得了丰硕的成果。他大胆创新,独树一帜,完整系统地提出著名的"地主经济论"。他认为中国的封建制度分为领主经济和地主经济两大阶段，而以地主经济形态和半封建生产方式作为一个整体，从经济结构、政治体制和文化思想等几个方面，进行全面系统的、宏观和微观相结合的研究，来解释中国社会经济史长期争论的"停滞发展"问题，被称为是"对30年代以来讨论的小结"。这在1949年前的中国经济史学界是一个突出的科学研究成果，它的理论贡献具有深远意义，并为国际史学界所瞩目。

王亚南不仅是杰出的马克思主义经济学家，同时也是一位具有高瞻远瞩、在教育理论上富有成就的教育家。他的教育论、人才论和教学论内容丰富。

他从近代教育发展趋势和中国实际出发，提出现代教育要以科学教育与民主教育为核心，主张社会科学与自然科学的教育并重。他从科学研究的本性和功能出发，主张大学要充分重视科学研究，要创造自由研究的科学风气。他根据矛盾的普遍性和特殊性原理，提出要认清校情，发挥优势，办有特色的大学的教育指导思想。他十分重视人才的发现、培养，强调要给人以适合发挥才能的环境。他发现和培养陈景润的事迹，被作家徐迟赞誉为"一个懂得人的价值的经济学家"。王亚南对人才大胆使用而不求全责备，胸怀宽广，不论资排辈，积极扶植新进，受到人们的赞扬和怀念，树立了一个高大的师表形象。

王亚南的教育观不仅体现在他的学术著作中，而且也体现在他的教育实践中。他认为教育是与社会密切联系的，因而要从教育与社会诸要素的关系中去认识和把握教育的本质。他认为在科学昌明的时代，科学教育是现代教育的核心，自然科学教育与社会科学教育不可偏废。他抨击当时国民党文化专制主义对科学与学术自由的扼杀，指出如果在一个社会中科学不受尊重，研究科学的自由也横遭限制与剥夺，则表示这个社会的不断衰落式微、向后发展。王亚南大力倡导学术研究自由，并常引用黑格尔的名言"理性与自由是社会进步的原动力",勉励科学研究者。他有一句名言:从反对者获取自由,予反对者以自由。

王亚南长期执教于大学讲坛,积累了丰富的教学经验。他主张无论是教学还是研究,都要非常重视基础理论知识的积累。他认为,治学要奠定基本理论知识的基础,要注意积累知识;基础宽的目的是为了深,同时也只有宽了才能专和深。提倡勤奋治学,反对治学无法。他也认为,学习要有方法,但任何一种方法都不是死的,不同的人可以选择适合自己的方法,没有适用于每一个人的一成不变的方法。也提倡教学相长,反对闭门独学,主张"共学",因为"独自一个人学习,易使人流于孤僻,流于孤陋"。

王亚南与青年学生座谈学习和研究《资本论》

位于厦门大学经济学院的王亚南校长的塑像

张培刚

| 提示语： 经济学家， 发展经济学奠基人之一。

张培刚，（1913—2011年），湖北黄安（今红安）人，中国经济学家，发展经济学奠基人之一。1947年，他的《农业与工业化》一文被哈佛大学授予经济学科最佳论文奖，并获得哈佛大学经济学科最高荣誉奖——"大卫·威尔士奖"（David Wells Prize）。张培刚的主要著作有《清苑的农家经济》《微观、宏观经济学的产生和发展》（合著）、《农业国工业化问题初探》等。

1913年，张培刚出身于湖北省红安县一个普通农民家庭，小时候放牛、砍柴、插秧、割稻谷，跟随家人从事各种农活。1925年春，不满12岁的张培刚小学毕业，到武汉读中学。这期间，武汉革命浪潮日益高涨。受"民主与科学"口号的影响，他刻苦攻读数理和社会科学。1934年，张培刚从武汉大学经济学本科毕业；1941年他进入美国哈佛大学，他1943年获经济学硕士学位，1945年获经济学博士学位；师从熊彼特、张伯伦、布莱克、汉森等大师。1948年张培刚任联合国亚洲及远东经济委员会顾问及研究员。1949年他在武汉大学经济系担任系主任，1951年秋至次年夏在北京中央马列学院学习。1952年他调华中工学院（现华中科技大学）负责建校规划工作，后任经济研究所所长。张培刚历任华中科技大学经济学院名誉院长兼经济发展研究中心主任，以及中华外国经济学会名誉会长、中美经济合作学术委员会中方主席。

1982年，世界银行的经济专家钱纳里来华讲学时说："发展经济学的创始人是你们中国人，是张培刚先生。这是中国人的骄傲。"

1986年，哈佛大学一教授在座谈会上说：张培刚才真正是发展经济学的创始人，刘易斯、舒尔茨的理论比他提出的要晚好些年，因此他更有资格获得诺贝尔奖。

对于经济学界而言，98岁的张培刚代表了一段传奇。然而，如果不是国务院发展研究中心金融所副所长巴曙松在微博上发布他去世的消息，大部分人可能并不清楚在聚光灯之外还有这样一位经济学家。的确，除了华中科技大学经济学院的名誉院长，他再也没有任何更显赫的头衔；他一生只写过10多本书，远谈不上著作等身；直到85岁，他所在的学院才第一次申请到博士点。在那些日子里，众多媒体在纷纷"寻找张培刚"，发文悼念他。但在历史上，这并不是第一次寻找。

1956年，两位智利学者到北京要求见 Pei kang Chang（张培刚）。外交部人员一度听成了"背钢枪"，辗转到武汉时，张培刚正在华中工学院（现华中科技大学）做基建办主任，劝农民搬家迁坟。领导碍于面子，叮嘱张培刚不要说从工地上过来，在一间从制图教研室借来的办公室里，他才得知自己的博士论文出了西班牙语版本，在南美引起巨大轰动。

这个时候的张培刚只是7000多工人的"工头"，主要任务是为工人申请水泥沙石。而在1951年之前，张培刚称得上是中国经济学领域最璀璨的一颗星。

这个从武汉大学毕业的学生是哈佛大学经济学科最高荣誉奖"大卫·威尔士奖"获奖者中第一个亚洲人，与他同时获奖的人是后来的诺贝尔经济学奖获得者萨缪尔森。他的博士论文《农业与工业化》由哈佛大学出版社出版,并被总编辑迈克尔·费希尔盛赞为丛书中最具影响力的巨著之一。他还曾在联合国亚洲及远东经济委员会担任顾问,拿 600 美元的月薪,是委员会中位居第四的高级官员。

1944 年,从武汉大学经济系毕业的年轻学生谭崇台赴哈佛留学,遇到一位风度翩翩的胡博士,得知谭崇台也来自武汉大学,胡博士立马问道:"那你们可知道张培刚?他在这里很有名气。"事后谭崇台得知,胡博士就是曾任驻美大使的胡适,彼时张培刚到哈佛不过 3 年。

1946 年,张培刚博士毕业,这个喜欢到波士顿城市音乐厅听巴赫和贝多芬古典音乐的年轻人,婉拒了在哈佛大学留校任教的邀请,和吴于廑、韩德培等同窗好友相约回到武汉大学任教,也就是后来被人们称为的"哈佛三剑客"。

当时的学生回忆,这位年纪轻轻的先生讲课,会身着笔挺西服,打领带,操一口流利英语。他没有讲义,少有板书,往往是旁征博引,"想到哪里讲到哪里",好比讲边际效益时,便会用"三个烧饼最解饱"做比喻,讲到一半后,连走廊里都挤满了人。

与张先生授课有关的故事,即使 30 余年后也仍为学生所称道。一个 1977 级的华中科技大学校友记得,张老讲课时需要拄着拐杖,却无论如何不肯坐下。另一个 1981 级的华中科技大学校友则想起,张培刚请国际上知名学者来校讲学,为了让经历过"文化大革命"英文底子并不好的学生们都能听懂,他恳请外国学者慢点讲课,或尝试掺杂一些汉语来讲。

然而,张培刚本人也没逃过那一场又一场的"运动",从头号资本主义国家学成归来的张培刚注定会变成一个彻底被湮没的名字。而他的人生,也从此转了弯。

1951 年,"喝洋墨水"的他被调到中央马列学院学习,1957

年又被下放到湖北省红安县劳动。村里的老人至今仍记得,这位戴着眼镜有点知识的农民白天推着四百斤左右的粪车,晚上则在水塘边的大枫树下教农民识字。

1966年"文化大革命"爆发,"Pei kang Chang"被视为特务暗号,他成了反动学术权威、走资本主义道路的当权派,因博士论文中曾提及"战争可以促进经济发展",他又被冠以战争贩子等罪名,而当年在美国当排字工人攒钱买回的大量外文文献被成箱捣毁。

他的夫人谭慧记得,"文化大革命"时,张培刚白天要拿榔头修马路,到家后往往还坐不了多久,门便被敲开,"张培刚!出来去劳动!"

但谈起那段时光,张培刚自己却释然得多,他在讲座上曾笑称那是在"修理地球",还对学生们说自己"放牛都放得比别人好哟"。

张培刚无疑是个洒脱之人。从小在华中科技大学家属楼里长大的小丫(化名)回忆,从她认识张伯伯开始,他就戴着厚厚的眼镜,喜欢抽着烟大声说话。一次小丫(化名)路过足球场,70多岁的张培刚正搬着一个小板凳坐在场边,大吼大叫地给学生们加油。

张培刚还喜酒,常慨叹自己"年轻时可与千家驹对拼一瓶白酒",奈何晚年医嘱戒酒戒烟,张老先生便诉苦道,"喝酒伤胃,抽烟伤肺,但戒酒戒烟伤心啊!"一个年轻的华科大硕士生则记得,毕业聚餐时去给90多岁的张培刚敬酒,老先生正手握一个鸡腿大口咬嚼,对他们说:"等我吃完再和你们喝酒!"

世界银行首席经济学家林毅夫这样评价张培刚,他有责任感,真正关心我们这个时代、关心我们这个国家。

一位学者说,现在做研究的人都喜欢选时髦、挣钱和好就业的选题,而张老的研究选题很大,"他一直在考虑的都是,中国这么一个贫困落后的农业国家该如何实现工业化,如何实现富强民主。"

他一生勤奋好学,谦逊豁达。在一次研讨会上,一位大学老师看到张培刚自始至终坐在会场的一角,安心听讲,有时还像"一个认真听课的小学生,拿张小纸条记点小笔记"。

1984年,周其仁去武汉探望张培刚。只见一张单人病床上,堆了两排摞得高高的书,剩下不足一半的面积,很难容一个人安稳躺下。谭慧说,你要是把书拿开,他睡不着觉!周其仁后来专门撰文感叹,我相信世间确有人把学术与生命完全融为一体。

风度翩翩的青年变成拄拐的老者,规矩没有变,风骨也没有变。

张培刚喜欢吃麦当劳的快餐,也喜欢红烧肉和东坡肉。他爱红苕稀饭,也喜欢牛奶咖啡。他读李商隐的诗,看外国人打网球。他会统计金庸小说各大门派都死了多少人,还会称赞好友谭崇台是个大帅哥。他会为哪一年没有住过医院而感到自豪,还会热情地问来访者喜不喜欢吃薯条。

85岁时博士点才申请下来,他笑笑,说姜太公80岁遇文王,"我比姜太公还强点"。

他还是喜欢穿干净整洁的西装,但里面会塞一个小棉袄,再用绳子捆紧点,"我是一个农民,外面穿得体面是对别人的尊重,里面只要暖和,破旧一点又有什么关系。"

他似乎从来不会忘记自己的初衷。研讨会上,与会者提到人均GDP标准问题。张培刚发言说:"倘若经过10年发展建设,武汉市民每家冬天能用上暖气,夏天能用上空调,到那个时候,如果我不在世了,你们要去我的坟头上告诉我一声。"

在人生的最后几年,这个90多岁的老人总是静静地坐在轮椅上用放大镜看书,膝盖上盖着一条印花毛毯,毛毯一角露出挂在腰间的尿袋。2011年11月23日14时,张培刚病逝于武汉市协和医院。

　　张培刚所有学术成就都建立在对中国实际和实践的深切关怀上。先生一生对人真诚豁达,从不计较个人得失。他一生为人师表,培养了一大批优秀的经济学人才。

许涤新

| 提示语：经济学家。

许涤新（1906—1988年），广东揭西棉湖人，经济学家。新中国成立后历任中共上海市委委员，统战部部长，华东财委和上海市财委副主任、市工商局局长，中共中央统战部副部长，国家行政管理局局长，中国社会科学院经济研究所所长、副院长，汕头大学校长等职。是第一、三届全国人大代表，第五、六届全国人大常委会委员。当年周恩来这样评价："潮汕为中国革命贡献了两个经济人才，一个是理论的许涤新，一个是实践的庄世平。"许涤新的主要著作有《中国经济的道路》《官僚资本论》《生态经济学探索》；主编了《政治经济学辞典》（上、中、下册）。

1906年10月25日，许涤新出身于揭阳县的棉湖镇（今属揭西县）的一个小学教师家庭。1920年，许涤新在故乡兴道小学毕业。在揭阳榕江中学读书期间，他参加新学生社，开始受到革命思想影响。毕业后他在汕头市普宁旅汕小学任教。1925年秋，许涤新加入共产主义青年团。1926年6月，许涤新考入广州中山大学文科预科班，并参与校内社会科学研究会的组织领导工作。1927年，许涤新被中山大学开除，同年7月考上厦门大学，因家庭经济拮据，无钱交学费，他回到家乡自修，阅读了大量的文学作品和历史唯物主义著作，对政治经济学开始产生浓厚兴趣。1928—1932年间，许涤新先后就读于厦门大学和上海劳动大学，研究《资本论》。1931年冬，许涤新在上海加入中国社会科学家联盟，任研究部副部长、宣传部部长。1932年"一·二八"淞沪抗战后，许涤新主编《社会现象》周刊。同年夏，担任中国文化总同盟秘书，后参加"文总"机关刊物《正路》的编辑工作。1932年7月转入国立上海商学院，于1933年毕业。1933年5月，加入中国共产党。1935年2月19日晚，许涤新被国民政府逮捕，关进苏州陆军监狱，直至1937年国共合作才获得释放。1945年日本投降后，他在上海、香港开展经济界统战工作，撰写出版了《官僚资本论》《新民主主义的经济政策》和《广义政治经济学》的第一、二卷。新中国成立后，许涤新做党的统战工作和工商管理工作，1988年2月8日在北京医院病逝。

许涤新认为，人类与自然之间的物质变换，是人类生存的永恒条件。生态平衡规律同经济领域中的许多规律是息息相关的。如果以破坏生态平衡来追求经济效益，势必造成再生产的失衡和中断。在社会主义现代化建设中，应当注意把经济平衡、经济效益同生态平衡、生态效益结合起来。1980年，在一次学术讨论会上，他就提出了研究生态经济问题的重要性。此后，他主持召开了多次学术讨论会，以组织和推动一批著名的自然科学家和经济学家、一批理论工作者和实际工作者共同协作，来开展生态经济学的研究。

在生态经济研究有一定发展的基础上，为逐步建立生态经济学理论体系做准备，许涤新在1985年出版了《生态经济学探索》一书，对这门学科的研究对象、性质、任务、基本原理和实际应用等许多重要问题，都做了论述。稍后，许涤新主持并编撰了一部有较高学术水平的《生态经济学》，于1987年出版。在他的倡导下，一些高等院校也开设了生态经济学的课程。他又受国务院环境保护委员会的委托，担任《中国自然保护纲要》的主编，主持编写了中国保护自然资源和自然环境方面第一部系统的具有宏观指导作用的纲领性文件。他以经济学家的历史责任感和科学敏感，开拓了中国生态经济学的研究，抓住了这个关系到国民经济建设全局的重大问题，给以有力的推动。

许涤新的学术成就主要体现在对中国经济从资本主义到社会主义过渡的全过程做出系统的研究上，这也是许涤新社会主义经济理论研究的一个重要特色。20世纪30年代，由于工作关系，他对帝国主义、封建主义和官僚资本主义压迫下旧中国的国民经济现状有深切的了解，对新民主主义经济理论和政策在解放区的实践有比较深刻的了解。20世纪40年代后半期，他着手研究旧中国的国民经济。

在这期间，他先后撰写出版了《中国经济的道路》《现代中国经济教程》和《官僚资本论》等书。在这些著作中，通过对中国半殖民地半封建经济的分析，系统地论证了新民主主义经济的历史必然性及其实现的前提，论证了通过新民主主义经济走向中国经济现代化的光明道路。这些著作在中国历史发展的重要转变关头，在全国尤其是在国民党统治区，起到了启蒙作用。

中国国民经济的社会主义改造，是以半殖民地半封建经济为背景，在建立了人民政权的条件下，经过和平的社会主义改造道路实现的。这个改造尽管有正面经验和反面教训，但它在国际社会主义运动中是一个创举，提供了一种新的经验。许涤新对旧中国的经济有深入研究，新中国成立后，又长期担任政府经济部门的领导职务，参与了恢复国民经济、对资本主义经济实行社会主义改造的全过程。社会实践推进理论探索。1957年开始，他从马克思主义理论和中国实践的结合上，着手探索中国社会主义经济的形成和成果。于1957年撰写、1962年修订出版了《中国国民经济的分析》，1980年撰写出版了《中国国民经济的变革与经验》。在这些著作中,他以丰富的史料,系统地探讨了中国社会主义经济形成和发展的客观进程。从工业、农业、贸易、国民收入分配和社会再生产等方面,从不同性质经济规律的消长中,考察了经济变革的成果。

1960年春,周恩来向许涤新提出,现在中国资本主义经济的改造已基本完成,应当对它做一个历史总结,并把编写一部《中国资本主义发展史》的任务交给他。他把编写这部著作作为马克思主义在中国具体化的重要实践。许涤新于1962年着手筹划,从收集整理资料入手。由于"文化大革命"该工作中断了10年,于1978年才组织写作队伍重新工作。他拟定了指导思想,编写了提纲,撰写了总序。至1993年,这部200余万字的三卷本经济史巨著终于问世。

在"文化大革命"被关"牛棚"期间,许涤新重读了《资本论》,写下了40多万字的读书笔记。根据这些读书笔记加工整理而成的《论社会主义的生产、流通和分配(读资本论笔记)》一书,在1979年公开出版。在这部著作中,他以马克思《资本论》关于在资本主义生产方式废除以后有关经济范畴和经济规律的思想为线索,考察中国社会主义建设实践,构筑自己的理论体系。1983年,他又将这部著作修订再版。按照他的愿望,这部著作应当是一个不断地再实践、再总结的过程。

在《论社会主义的生产、流通与分配(读资本论笔记)》的初版《后记》中,许涤新写道:

"这是我在接受严峻考验的日子里,在重温《资本论》的过程中,写出来的笔记。"

"这次重温《资本论》,真像久别重逢的亲人一样,感到无限亲切!……我感觉到马克思的这部光辉巨著,不仅一针见血地刺中了资本主义制度的要害;而且对于社会主义生产关系的许多关键问题,提出了科学的预见。这是多么使人感动啊!但是,读完一遍之后，回头一想，脑子竟然'空空如也'了。岁月真不饶人，年近七十的人，记忆力竟然这样衰退下来。怎么办呢？难道因为记忆力衰退就'坐而待毙'吗？办法是有的，办法就是写笔记……"

1976年10月"四人帮"被粉碎，"这就使我有可能把多年来憋在肚子里的话说了出来，把多年藏在心里的对'四人帮'的痛恨吐了出来。"

面对这样的学术精神，有人十分感叹：今天的学界，多少总是有点浮夸，认真读书，尤其是认真读经典的人太少了；就是在高等文科院校中，认真读书的学生和教师，都不是很多。多少年来，我们经常说，要坚持和发展马克思主义，要把马克思主义中国化，但发展和中国化的前提，首先就得弄懂马克思主义最基本的理论，这就至少必须认真阅读几种马克思主义的"本本"。那么，怎么才算认真阅读呢？尤其是像《资本论》这样大部头、而又不能不读的马克思主义最基本的经典著作，恐怕要真的弄懂它，就得下许老那样的功夫。许老曾老老实实地告诉读者：他前两次读《资本论》，其实"并不大懂""不甚了了"。这大概不能简单地当作是许老的谦虚吧。而在今天的社会上，特别是在高校和研究机构中，大凡讲点或读点马克思主义的老师和博士们，几乎都敢自称是马克思主义学家，随时可以对马克思主义指手画脚。但真正能够坐下来认真读马克思原著的人，又有几人？面对先生当年读过的《资本论》，遥想他们那一代读书人，怎能不感慨万千！

许涤新进入耄耋之年仍然夜以继日地工作。他的著作都是严格按照计划写出来的。在他生命的最后10年间，工作虽然非常繁忙，但他仍然写出了上百万字卷帙浩繁的著作。

1988年1月，在他生命的最后日子里，已经无法下床，病痛使他不时低声呻吟，但他仍以顽强的毅力，坚持做完四件事情。一是将为胡子昂先生回忆录所写序言修改定稿。由于手发抖，字写不好，只好请夫人方卓芬重抄送去。二是请中共中央组织部来探望他的人回去转告组织，抗战后期，经中共中央南方局批准，在重庆成立的"中国经济事业协进会"，是党的外围组织，在当年民主运动中做过不少工作，应当承认这些人的革命历史。三是请曾帮助他编撰过《政治经济学辞典》和《中国大百科全书·经济学》的人来医院，嘱咐他们将这些辞书中已落后于实践的条目尽快修改，准备再版。四是为纪念重庆《新华日报》创刊50周年，艰难地口述了一篇回忆录《回忆〈新华日报〉的筹建》。

许涤新真正做到了生命不息，战斗不止！

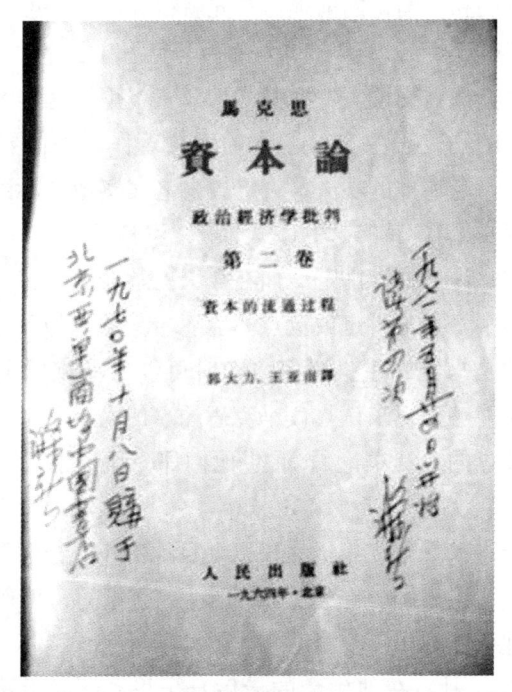

这本书扉页上许涤新的手迹记载了他当时读《资本论》的一些情况

第二部分 中国经济学家的故事

许涤新与夫人方卓芬

许涤新

许涤新

于光远

| 提示语： 中国著名经济学家。

于光远（1915—2013年），原姓郁，名钟正，加入共产党后改名于光远。上海人，中国著名经济学家，1955年被推选为中国科学院哲学社会科学学部的学部委员、常委。2013年9月26日凌晨3点，因病医治无效去世，享年98岁。

于光远1915年出生于上海。他的父亲1909年毕业于上海兵工专业学校，曾被授予少校军衔，在袁世凯政府陆军部任职，因为受西方民主思想的影响而反对清朝，拥护共和制。母亲是江苏常州人，虽然没有进过学堂，但贤惠勤劳，也能读书习字，少年于光远就生活在这样充满爱与平等的家庭氛围中。

于光远天生聪慧，7岁的时候就喜欢在父亲的书房里翻箱倒柜，像搜宝一样，在丰富的藏书中"寻欢作乐"。他阅读了《三国演义》《水浒传》等中国古典小说，囫囵吞枣地吸收代数、几何、物理、化学、枪炮制造原理等基本知识，甚至连赫胥黎的《天演论》《梁启超文集》也都在"吞食"之中。到他11岁时，家中的藏书几乎都被他"扫荡"了一遍。12岁那年，他随父母迁到了北京。天有不测风云，父亲失业了，家境困难，他便从

16岁时开始半工半读，在一家化学工业社当技师。

学生时代的于光远梦想成为一个物理学家。1934年，已在上海大同大学就学的"郁钟正"通过了清华大学吴有训教授的考试，成为清华大学物理系三年级破例进入的插班生。他在物理学方面的出众才能，使吴有训、周培源等前辈学者对他寄予了厚望。清华大学物理系一流的优秀教师和一批富有才华的同窗，成为他学习的动力与资源。虽然他很有物理天赋，物理论文也得到过爱因斯坦的指点，有希望成为一名物理学家，但是，由于从小生长在上海，在日本帝国主义铁蹄逼近华北，局势一天天紧张之际，他毅然放弃物理学家的梦想，参加了1935年年底爆发的"一二·九"学生运动，随后受党组织派遣，到河北保定建立"抗日民族解放先锋队"临时总队部。此时，他还不是共产党员。

革命斗争的需要和锤炼，最终使于光远成为一名社会科学家。但青年时代所受过的严格科学训练和奠定的自然科学基础，对他后来进行社会科学的学习和研究无疑创造了有利条件。

于光远最早阅读马克思主义著作是在清华大学学习期间，接触的是哲学。他对哲学的喜爱，在初中时就开始了。在上海上高中和大学时，他就阅读了一些有关自然哲学的书。到了清华以后，他选修了张申府教授开的"形而上学"课程、恩格斯的《反杜林论》和列宁的《唯物主义和经验批判主义》。于光远在大学图书馆里借到了这两本书的英译本，阅读使他感到从未有过的震撼。接着，他又开始研读英译本《资本论》。1936年夏天他回到上海，参加了艾思奇、章汉夫等组织的自然哲学研究会。从此，开始了他的哲学、社会科学研究生涯。

大学毕业后，他到广州岭南大学任助教，以此为掩护从事革命工作。当他建立的地下组织被破坏之后，被组织上调回北平，参加"抗日民族解放先锋队"全国总队部的工作。1937年，先后在北平、广州、太原、武汉、粤北等"国统区"从事党的青年工作。1939年被调往革命圣地延安，在中央青委工作。1940年至1942年，兼任延安中山图书馆主任，并在毛泽东青年干部学校讲授社会发展史等课程。1942年至1943年，任中共中央西北调查局研究员。在此期间，他开始研究土地问题和陕甘宁边区的减租问题、农业累进税问题、农村互助合作问题等，在农村做了许多调查研究，与人合写的《绥德米脂土地问题初步研究》在延安问世，1979年又由人民出版社正式出版，后被译成多国文字。1943年至1945年，他在延安大学财经系任教，并负责学校教务工作。这段时期，他阅读了大量的马克思主义著作，包括中译本《资本论》，并着手翻译恩格斯的《自然辩证法》。在1940年延安新哲学学会年会上，他关于事物发展中过渡阶段产生原因的发言，引起了毛泽东的重视。

抗日战争胜利后，他被中共中央派往北平创办《解放》（三日刊），任编委（1946）。不久，他回到延安，担任《解放日报》言论部副主编。1947年3月，他参加了中央土改工作团，在晋绥、河北、山东等革命根据地参加土改，同时进行调查研究。1948年，他被调往中共中央宣传部工作，同时开始编写普及性的社会科学知识教材。

1948年到"文化大革命"之前，于光远担任中宣部理论教育处副处长、科学处处长，国家科委副主任，《学习》杂志主编。20世纪50年代初，他写出了相当数量的理论著述，编写了多部教材。如，与王惠德合著了《中国革命读本》（1951年）；与胡绳、王惠德合著了《社会科学基础知识讲座》（1—4册）（1951—1952年）；与王惠德合著了《政治经济学讲座》（1951年）；与胡绳、廖沫沙、季云合著了《政治常识读本》（上、下）（1951年）等。这些读物对于当时普及马克思主义理论发挥了重要作用。

于光远作为一位知名的经济学家，他在经济学上的贡献是巨大的。比如，在"政治经济学社会主义部分""所有制实现论""经济社会发展战略问题""社会主义初级阶段""两半个中国"等的研究，对中国社会主义经济建设实践发挥了积极的推动作用。

1952年，于光远在阅读了斯大林《苏联社会主义经济问题》一书之后，就对政治经济学社会主义部分的研究产生了浓厚的兴趣。原先，他是热衷于研究土地问题的，出于对斯大林及其著作的"崇拜"，以及后来对书中某些观点的质疑，他感到关于政治经济学社会主义部分是一个很宽广的领域，有必要对其进行深入探讨。"政治经济学社会主义部分"这一用语是他最先使用的，并被许多经济学家所接受。在此之前，这个领域的研究通常被称为"社会主义政治经济学"。于光远认为，以资本主义社会经济关系为对象的政治经济学研究（如马克思的政治经济学），其观点和结论都是社会主义的。因此，将其称之为"社会主义政治经济学"，十分妥帖；但若以社会主义社会的经济关系为对象进行研究，其内涵和意义都有所不同，将后者称之为"政治经济学社会主义部分"，才更恰当。

于光远认为，经济学和政治经济学是两个概念，前者是研究社会物质资料生产的科学。我们既可以把整个社会物质资料的生产当作整体来研究，也可以专门研究社会物质资料生产的某个部分或生产过程的某个环节，进而形成经济学所属的各个分支；后者是研究社会物质资料生产统一体中的生产关系的科学。政治经济学研究生产关系不能离开生产力，也不能离开上层建筑，生产力和生产关系都是经济学研究的对象，生产关系和生产力的矛盾，完全是经济学的规律，而生产关系和上层建筑之间的矛盾，则是另外一个样子。可以说，生产关系是社会的物质关系，上层建筑是社会的精神关系。

1958年，于光远将他在政治经济学社会主义部分的研究成果结集出版，定名为《政治经济学社会主义部分探索》。20世纪60年代初，中央委托他主持编写政治经济学教科书。资本主义部分的编写工作以马克思的《资本论》为基础，很快便完成了，成为当时高等院校的通用教材。但社会主义部分的编写则困难得多。于光远组织了一批经济学家从1961年工作到1966年，完成了几十万字的《社会主义经济问题》初稿。然而，就在准备修改之际，"文化大革命"爆发，工作不得不中断。

1975年，他恢复工作以后，作为邓小平直接领导下的国务院政治研究室的负责人之一，积极投入到同"四人帮"的斗争中去，并同时开始继续他的政治经济学社会主义部分研究。从这一时期关于按劳分配理论讨论的文献中可以看出，于光远对于按劳分配的概念、劳动报酬形式、按劳分配与平等的关系等问题，做出了较以往更为深入的阐述，同时他还提出了"所有制实现论"。

所有制理论是于光远政治经济学研究的一个重要领域。从20世纪50年代开始，来自苏联的政治经济学研究的传统架构是：将经济关系分为三个方面，即生产资料所有制、生产过程中人和人的关系、消费资料的分配。他认为，生产资料所有制决定着其他两个方面，因而是最重要的。在这个分析框架中，生产资料所有制被处理为外生的，并不受经济活动过程的直接影响。于光远不满于这样的处理，他根据马克思关于"所有制是生产关系的总和"的思想，提出了"所有制实现论"。根据这一理论，所有制要在生产组织、交换、分配等经济过程的各个环节中实现，才是有经济意义的，否则便只是法律的想象。这样，所有制便不是被理解为国家强制力一次性安排下来的，而是伴随各种经济活动的一种过程。

从1978年起，于光远把研究重点放到社会主义经济体制改革问题上。他是最早主张"我国经济体制改革的核心是所有制改革"的经济学家之一。他提出，在决心改革之后，应该确立科学合理的所有制形式和结构。他批评了不少人以"大"和"公"为标准判别所有制优劣的看法,批评了当时流行所有制优劣的序列表,即国有制无条件地比集体所有制优越;集体所有制无条件地比私有制优越;在集体所有制范围内,公社所有无条件地比大队所有优越,大队所有无条件地比小队所有优越……他认为,这样一张所有制优劣的序列表不破除,改革是很难开展的。他在20世纪70年代末明确主张以生产力为标准判别所有制的优劣,他主张:凡是最能促进生产力发展的所有制,就赞成和支持;对一些虽能促进、但促进作用不大的,就不那么赞成或支持;凡是不能促进生产力发展的,就坚决反对。为表示其态度的坚决,他在一些场合公开表示,他可以承认自己是"唯生产力论者"。

在对改革的研究中,于光远反复考虑的一个问题是商品经济或市场经济问题。他在20世纪70年代末提出,过去我们将社会主义基本制度理解为"生产资料公有制加按劳分配"是存在问题的,他认为商品和交换存在是一个必须补充的基本点。他一再强调,市场经济制度和按劳分配制度一样,是为促进生产力发展所必不可少的制度。关于社会主义市场经济的基本理论问题,于光远在20世纪90年代初就提出,应该把社会主义商品经济和社会主义市场经济看作是同义语,不能回避使用"市场经济"这个词。他回顾了几十年来我国理论界对计划经济和市场经济相互关系认识问题上的三个阶段,批判了"排斥论"(把两者视作完全不相容),指出了"消极结合论"(承认两者可以结合,但这种结合只是暂时的和受到严格限制的)的严重缺陷,高度评价了"积极结合论"(两者可以在广阔的范围内长期结合),并创造性地提出了"社会主义市场经济主体论"。他肯定了我国改革后的社会主义经济就是市场经济,而这个市场经济在社会主义制度下是可以有计划地发展的。他在1992年患病住院期间,撰写了一系列有关市场经济问题的文章,汇成《社会主义市场经济主体论》一书，于当年8月由中国财政经济出版社出版。

在思考我国改革前的重大政策失误时，于光远意识到，正确认识我国社会所处阶段是十分重要的，因此，他开始研究发展阶段问题。他认为，必须认识到我国的社会主义与马克思主义经典著作所说的生产力高度发展、消灭了商品生产的社会主义之间的差异。同时他也不赞成"我国处在向社会主义过渡的阶段"的看法。因为这个"过渡时期"就是"衰亡着的资本主义与生长着的共产主义彼此斗争的时期"（列宁的观点），是强调无产阶级专政的时期。他思考的结果是：我国正处在社会主义初级阶段。但是这一确认并不意味着原来所追求的那种没有市场经济、没有多种经济成分的社会主义是更高级的阶段。他认为，今后将进入怎样的阶段，必须以现实为基础，在进行科学分析后才能知道。

1981年起，他利用参与起草和讨论中央文件的机会，多次主张将"社会主义初级阶段"的概念和其基本特征的论述写入中央有关决议。1987年，于光远在多年研究的基础上，写出了专著《中国社会主义初级阶段的经济》，1988年由中国财政经济出版社出版。

他提出了应该开展经济社会发展战略问题的研究。他认为，研究和制定一国的经济社会发展战略是一个巨大而复杂的科学工程，科学家们（包括经济学家、社会学家和自然科学家）运用自己的学识和才能，就有关战略的各个重要方面收集资料、开展研究、进行讨论、发表意见，为党和政府提供科学成果，是他们应尽的社会责任。

他说，中国所需要的"经济社会发展战略"是与资本主义国家的发展战略有根本区别的，它必须符合社会主义的本性，适合于发展社会主义的要求。他认为，社会主义中国的发展战略必须以改善劳动者的生活，增进他们的幸福为目标；必须有利于社会主义经济、政治制度的巩固，同时又包括对经济体制、政治体制、行政体制进行改革的内容；必须切实发挥社会主义制度的优越性。同时，实施这个战略的主体是社会主义制度下的劳动者和集中代表他们的利益和意志的党和政府。因此党的领导作用的加强，劳动者的政治觉悟和文化教育程度的提高，在管理国家、管理企业中地位的提升，国家和社会生活向高度民主的方向发展，是战略得以实现的根本保证。

在这个研究领域，他强调产值目标的局限性，强调对生活质量、环境质量的重视。他在经济发展战略一般问题研究的基础上，又提出了地区经济发展战略的研究问题。他提出的地区经济发展战略中的两个维度，即全国战略中的地区战略和地区战略中的分区战略，产生了重要的影响。他的地区发展战略研究成果，对改革开放之后我国地区经济的发展起到了推动作用。他在经济社会发展战略研究方面的著作有：《经济社会发展战略》（1982、1984）、《战略学与地区战略》（1984）、《论地区发展战略》（1988）等。

于光远很早就提出了"两半个中国"的概念。他根据1979—1981年有关部门专家制作的"中国综合自然区划概图"，依降水量的多少，划出了一条年400毫米等降水量线，把中国分成两半个中国，这与现在我们所讲的"中国西部"的概念不大一致。他说，"西半个中国的开发，是中国西部大开发的根本"。西部大开发既需要国家的政策支持和投资倾斜，更要靠西部地区的干群自力更生、艰苦奋斗，同时一定要争取东部和沿海的支持，实行东西互补。西部应该主动、积极地寻找机会，不要坐等，不要以为国家有了西部大开发的方针，天上就会掉下馅饼。西部大开发是一个长期的过程，不能急功近利。

于光远在经济学等方面取得的巨大成就与他坚持一生的人生信念分不开。这些信念对后人有巨大的启示与激励作用：

（1）勤。也就是爱劳动。眼勤、耳勤、手勤、脑勤，五官四肢都勤。劳动创造物质和精神财富。一个人只有勤，才能有所作为。

（2）正。也就是直，正道直行。正直是大聪明，也是大道德。

（3）坦。也就是真，说真话，做真事，待人坦诚。

（4）深。研而究之，探求本质，从现象到本质，从第一本质进到第二本质。

（5）创。要有创新的强烈欲望和兴趣。要独立思考，反对陈腐，勇于冲破旧事物的罗网。

（6）韧。孜孜不倦，坚韧不拔。要成功，勇是必要的，但须继之以韧性的战斗。

（7）情。对人对事要有热情，心肠要热，不论看人看问题头脑要冷静，同时要有丰富的人情味。在人与人之间，应有更多的理解、同情和爱，不要感情冷漠。

（8）喜。也就是乐。我欣赏经常乐乎乎的性格。不论遇到什么不顺心的事，或者什么病痛，都要想得开，自找快活，不要自寻烦恼。

于光远

董辅礽

| 提示语： 中国著名经济学家。

董辅礽（1927—2004年），中国著名经济学家，第七届全国人大常委会委员、财经委员会副主任委员，第八届全国人大常委会委员、财经委员会副主任委员，第九届全国政协委员、经济委员会副主任。有"一代经济学大师"之称。董辅礽的主要论著有《苏联国民收入动态分析》《社会主义再生产和国民收入问题》《大转变中的中国经济理论问题》《论孙冶方社会主义经济理论》《经济发展战略研究》《中国农村改革、非农产业发展与农村现代化》（英文）、《世界银行工业化与中国农村现代化》（英文）、《经济体制改革研究》《经济发展研究》等。1984年获得首届孙冶方经济学奖。

1927年7月26日，董辅礽出生在宁波市江北区新马路的外婆家。他于1946年考入武汉大学经济系，1950年毕业。大学生活对董辅礽影响最大的是"求真读书会"。求真读书会给董辅礽提供了学习马克思主义经济学的机会，两位台湾学生胡连城和陈锦华由于接受日文教育，给董辅礽带来大量的日文版书籍，如《资本论》。通读《资本论》，让他从理论上、科学上找到和接受了马克思主义。用他自己的话来说，就是"尽管那时马克思主义经济学读得不多，更不系统，但终归是我在马克思主义经济学的道路上学步中的第一步，所以是重要的第一步，也是值得怀念的第一步。"

1953年秋，董辅礽赴苏联国立莫斯科经济学院读研究生。4年后，他的论文《苏联和中国的国民收入》通过答辩，取得了副博士学位。不久后回国，在武汉大学工作。1959年，董辅礽将留苏学位论文中的前半部分整理成一本名为《苏联国民收入动态分析》的专著，由湖北人民出版社出版。这是他公开出版的第一本经济学著作，为他日后成为国内外著名经济学家奠定了基础。

董辅礽在苏联学习期间，有三位著名经济学家成为他的明师，这就是苏联经济学家布列也夫、图列茨基和中国经济学家孙冶方。其中孙冶方更是对董辅礽赏识和提携，这又为董辅礽成为当代著名经济学家提供了重要契机。

1959年，董辅礽从武汉大学调入中国科学院经济研究所。"文化大革命"后，他当副所长的年头很长，而当所长则只有三年，从1985到1988年。但是，他在经济所和经济学界事实上的影响力，在理论探索和学术组织上的魄力和勇气，成就了经济所在20世纪80年代的辉煌。

20世纪90年代后期，董辅礽研究的重心开始从所有制改革和促进民营经济发展的理论研究，转向对资本市场的研究。他对中国资本市场的理论研究和政策研究是他所有制改革理论研究的逻辑延伸。

"四人帮"曾在上海组织编写《社会主义政治经济学》一书，

书刚印出,"文化大革命"就结束了。于光远带着董辅礽去上海取样书,在返京的火车上就筹划经济学界拨乱反正、批判"四人帮"经济理论的部署。1977年许涤新调任经济所所长之前,董辅礽是经济所的实际负责人。他们解散了下干校时的连、排、班编制,按照学科成立研究室,将《经济研究》《经济学译丛》《经济学动态》杂志陆续复刊,一点点地把一个废研究闹"革命"十几年的研究所引到经济学研究的轨道上。

1977年4月到1979年7月,在于光远领导下,董辅礽主持和组织双周批判座谈会,总结过去几十年历程。那是一个群情激昂的年代,经济所的两个大会议室装不下听会的人。北大、人大、计委,外省市的人都来参加。"文化大革命"开始时,经济所是重镇;清算和收拾"文化大革命"贻害,经济所也责无旁贷地成为全国经济理论界的思想中心。这两年的研讨成果后来体现在董辅礽主编的《"四人帮"对马克思主义政治经济学的篡改》(1978年出版),和《社会主义经济制度及其优越性》(1981年出版),被学界公认为"大破大立"的范本。

1978年9月,全国哲学社会科学会议在北京召开,会议快结束时,轮到董辅礽发言,他说:"长时间以来,我国经济理论一直认为全民所有制必须,而且只能采取国家所有制形式","这种看法需要重新评价,因为多年的实践使我们认识到,全民所有制的国家所有制形式带来了许多问题。"列数问题之后的结论是:"必须改革国家所有制。""使国家行政组织和经济组织分开,经济活动由各种经济组织进行。""使农村的基层政权组织同人民公社集体所有制经济组织分开。乡镇政权……不能对人民公社的经营管理直接进行干预。"这就是著名的两个分离：政企分离、政社分离。董辅礽语惊四座。

董辅礽把讲演变成了文章发表在1979年1月的《经济研究》上，题目是《关于我国社会主义所有制形式问题》。有人逼他检讨，他拒绝，说自己没错。"没有错误，片面性总有吧"，"片面性也没有"。多年后，曾逼他检讨的人，有一次指着董辅礽对外国学者说，"改革所有制问题是他最早提出来的，但是他提得太早了"。

董辅礽冲破禁锢、有锋芒的讲演曾影响和震撼了很多青年。1977级的本科生记得1978年9月，董辅礽在武汉大学的那场讲演。学校用电化教室、主报告厅和其他教室联结，主席台、过道、教室到处挤满了人，"全校师生为之振奋，感受到这是一个极具爆炸性的课题。""对我，产生了如磁石般的吸引力，一次校准了我终生分析经济体制问题的坐标。"有听众事后追忆道。

所有制改革，在20世纪80年代，是董辅礽思想的一条主线，沿着这条路他一直前进。1985年，当有人听不懂他说的"社会主义经济应该是以公有制为主导的多种所有制的混合经济"时，他用八宝饭打比方：主要成分是糯米，还有红枣，莲子之类，把它们组合在一起，才是八宝饭。

如今人们以为天经地义享受的成果，在改革早期无异于离经叛道。1985年5月12日，《解放日报》第一次提出"温州模式"。历来被视作"资本主义复辟典型"的温州，此时家庭工业蓬勃兴旺，1985年温州市有家庭工厂10.7万个，联户工厂2.5万个，40多万人从业；在417个商品市场中，年成交额在亿元左右的有10个；民间信贷十分活跃。然而，也有企业家被判"投机倒把"罪，地方官员几度更换，人心惶惶。社会上姓"社"姓"资"的争论声浪很高。

董辅礽欣喜地看到中国农村正在经历联产承包责任制后的另一场变革，一亿多农村人口转向非农产业。1986年2月，董辅礽带领中国社会科学院经济研究所温州农村调查组去温州调研。亲眼看到市场力量，令董辅礽十分激动，他说"脑子里像开了锅一样"，这是一场巨大的思想激荡。在中国，即使董辅礽这个岁数的人，对于市场经济见到过的都少，甚至有人根本没见过。温州这个经济体，在中国是异类，也是教材。温州市领导忧心忡忡，反复对调查组的人讲"目前的温州经济仍旧以集体所有制占主体"。谁都明白，它是个体。董辅礽给他们打气，希望把温州模式坚持下去，为市场经济理论在实践上找到一个好的依据。他在大礼堂做报告："温州人大可不必神经紧张，完全可以抬起头来，大步流星地走自己的路，发展以个体私有经济为主的农村非农产业。"

1986年5月，马家驹、华生、袁钢明执笔完成了调查报告《温州农村商品经济考察与中国农村现代化道路探索》，这样总结："'温州模式'同'苏南模式'相比，优点主要是适应面宽，它从土地承包中自然生长出来，不推自广，致富的动力大，速度快。民办企业利益关系直接，兴办方式灵活多样，进入非农产业的面广，而且吸收转移的农村人口更多，产业结构较为合理。"也指出一些值得注意的问题：不同地区间经济发展不平衡；工业和技术基础薄弱；不正当竞争造成某些外部不经济；个人收入差距拉大。这篇调查报告成为来自北京的研究机构论证"温州模式"，为之系统辩护的先声。加起来，董辅礽为温州写了十多万字的文章；温州也成了他每次讲学的重要话题。在那里，他还看到许多七、八岁孩子不上学，摆摊卖烟，每天赚几块钱；与北方农村十八、九岁的大小伙子在村头闲逛，形成反差。由此，他开始思考商品经济发展以后的教育改革问题。

中国改革有自上而下和自下而上两条路，让非国有经济发育起来，就是自下而上的。它根本性地颠覆了传统社会主义的基石。董辅礽确实看明白了，总结出来，宣传出去。也就是说，在摸着石头过河中，温州这块石头，被董辅礽触摸到了，他抓住不放，把温州的意义阐发出来。因为，这是他期待已久的。从改革国家所有制，到宣传温州模式，是董辅礽在所有制改革理论上新的高度。事实就是这样，没有温州模式的合法化，就没有改革的进展。

1986年，董辅礽提出"关系国民经济命脉或不应以赢利为目标而只能以社会公共利益为目标的企业可以保留国家所有制"，"其他企业的国家所有制必须改革寻求适当的所有制形式"。此后，他的表述愈发明确。这种有进有退，有所为有所不为的思想，直到15年后，才进入中共中央《决定》。无疑，董辅礽是高瞻远瞩之人。1987年，董辅礽开始了关于国家所有制改革的实证研究。他领导的课题组分两批对1200家国有企业进行问卷和数据调查，建立了1172个有效样本企业的数据库，含340万个数值，其中包括769家样本企业连续十年（1980—1989年）的统计数据。这是空前浩大的工程。同时，他们还对近百家企业进行实地调查，并考察了英国国有企业私有化的原因，操作规程和后果。

1985年，董辅礽担任经济所所长。一上任，他就在全所大会上提出，要把经济所逐步办成有世界影响的研究所，研究人员要甘于长期坐冷板凳，做出有独创性、有分量的研究成果，产生传世著作。

董辅礽有一个特点，无论寒冬酷暑，只在加减一件罩衣之间变化；冬天穿单裤，跟年轻人比谁穿得少。董辅礽一直不肯招博士和硕士生，"怕误人子弟，也不愿因我之故，牵连他人。"所有人都知道他勤奋。在飞机上哪怕只有一小时航程，也写东西，从未在晚上12点前睡过觉，而且早起。然而，他还有另外一面：

"从复杂走向简单,从华贵走向朴实,从一脸严肃走向平易近人,活泼流畅深入浅出,读来朗朗上口声情并茂。"一位学生提供了这样的画面:"面对漫山遍野的油菜花,他会让司机停下来,鼓励我们蹲在花丛中照相;面对光秃秃的火山口,他会带领我们爬到山顶,欣赏那被岩浆侵蚀过的大地美景;面对危险的湿地,他会第一个跳上去,去感受那温柔的陷阱带来的刺激。"

这就是董辅礽。

蒋一苇

| 提示语： 中国当代经济学家。

蒋一苇（1920—1993年），湖北武汉市人。中国当代经济学家。曾任重庆《科学生活》《徨》杂志主编，以及中共重庆市委《挺进报》编辑。1950年，任科学技术出版社社长、总编辑。1952—1959年，蒋一苇任第一机械工业部政策研究室副主任、主任。1978年任中国社会科学院工业经济研究所所长和顾问、中国社会科学院研究生院教授，中国人民大学、清华大学经济管理学院兼职教授。主要著述有《技术进步和中国社会主义建设》《为什么工农业要同时并举》《经济体制改革和企业管理若干问题的探讨》《论社会主义的企业模式》《蒋一苇选集》《从企业本位论到经济民主论》《我的经济改革观》《经济体制改革与企业管理若干问题的探讨》《企业本位论》等。1996年，中国社会科学院批准设立"蒋一苇企业改革与发展学术基金奖"（简称蒋一苇奖）。

蒋一苇1920年出生于武汉，父亲是一个小职员，薪金微薄，还经常失业，家中生活常靠亲友接济。1931年"九·一八"事变时，正在上小学的少年蒋一苇就与同学们一起上街游行、演讲，出黑板报，宣传抗日。读初中时，学校有教师向学生们宣传爱国主义思想，向他们介绍进步书籍，蒋一苇深受影响。特别是邹韬奋办的《生活周刊》给他留下的印象最深刻。蒋一苇从小热爱科学，曾梦想成为一个像爱迪生那样的发明家。他很早就认识到，中国之所以受帝国主义的侵略，就是因为太贫穷落后，只有振兴科学，才能救中国。1937年4月，蒋一苇初中毕业后，由于家境困难，他抱着"科学救国"和"航空救国"的思想，考入公费的航空机械学校。不久，抗日战争全面爆发，蒋一苇在航校与同学们一起积极投入抗日救亡活动。

1938年4月，蒋一苇从航空机械学校毕业，被分配到国民党空军当机械士，1941年他冒着被通缉的危险毅然脱离了国民党空军，化名考入广西大学数理系。1944年底，蒋一苇到重庆后，满腔热情地参加了中共南方局领导的民主青年活动。1949年3月，蒋一苇奉命调到北京主编《科学技术通讯》杂志。这个杂志是新中国成立后办的第一个科学技术刊物。1959年3月，蒋一苇被错划为"漏网右派"，受到"开除党籍，降职降级降薪"的处分，并下放到郑州第二砂轮厂工作。1964年，蒋一苇调到第一机械工业部所属的石家庄电机制造学校任财会专业主任。1966年"文化大革命"开始后，蒋一苇作为"老右派，新黑帮"受到批判和迫害。1969年从"牛棚"中出来后被安排在校办工厂劳动，他仍坚持刻苦钻研马列主义著作，写了大量的读书笔记。他还运用马克思主义的经济理论撰写了一部约20万字的《企业管理概论》书稿。

1975年邓小平同志主持中央工作，提出加强企业管理的整顿任务。蒋一苇带领部分教师冲破重重阻力、克服种种困难，为石家庄市机械工业系统培训企业管理干部。他们先后培训企业干部2000多人次，大大提高了石家庄市机械系统企业管理干部的业务素质。蒋一苇在河北科技大学（原石家庄电机制造学校）创办了经济管理学院。因为蒋一苇在学校教学期间的勤奋和个人影响，朱镕基、李必强、刘源张等国内著名专家教授到学校教学任课。

1978年9月，蒋一苇调到中国社会科学院的工业经济研究所先后任副所长、所长、并兼任经济管理出版社的社长和《中国经济年鉴》总编辑，并担任了众多社会职务。

蒋一苇对中国经济改革理论和实践做出了重大贡献。在他的一生中，走过了很长一段坎坷的路。从1978年秋进入中国社科院工业经济研究所（以下简称工经所）才开始专门从事经济研究工作。那时他已年近花甲。到他1993年春去世，中间只有不到15年时间。在这短短十多年里，他在经济改革的理论研究和实践活动中，取得了一个又一个突破性成果。他的很多理论观点和政策建议都被决策部门采纳并付诸实施。

蒋一苇的改革理论是成体系的：总体是《经济民主论》，基础和核心是《企业本位论》，而在企业内部则是《职工主体论》。这"三论"构成了蒋一苇经济体制改革理论的核心。

在上述"三论"中，最重要、最著名的是《企业本位论》。《企业本位论》最早发表在工经所内部刊物《经济管理通讯》上，是蒋一苇1979年8月10日在邓力群、于光远、马洪等主持的"经济问题双周座谈会"上的长篇发言，很快就引起了决策层的关注，此后又在《经济管理》和《中国社会科学》公开发表。

《企业本位论》的中心思想简单来说就是：在社会主义制度下，国民经济要以企业作为基本单位，要由以政府为本位转变为以企业为本位。具体包括以下几个主要观点：（1）企业是现代经济的基本单位；（2）企业必须是一个能动的有机体；（3）企业应当具有独立的经济利益。

现在看来，这三点是不言而喻、理所当然的，似乎没什么新意。其实不然，《企业本位论》是1979年特定的年代提出来的。要深入理解《企业本位论》精神，就必须把它放到当时的背景下去研究。这样才能认识到蒋一苇改革思想的超前性和重要性。

改革前旧体制下中国企业具有以下基本特征：

（1）全部实行指令性计划。企业的产品方向和生产能力，在建厂设计文件中已经定死，企业无权改变，生产什么产品、每年生产多少数量，全部由指令性计划控制。企业只负责按计划组织生产，既没有生产经营决策权，更不存在自己的发展战略。

（2）财政统收统支。企业的利润及固定资产基本折旧基金和变价收入全部上缴国库，企业如果需要增加固定资产和流动资金，必须再编制基本建设投资计划和增拨流动资金计划，由财政拨款，无偿使用。企业如果发生亏损，也全部由财政补贴。

（3）产品统购包销。企业按计划生产的产品，属于生产资料的部分，按政府物资管理部门批准的调拨计划，以统一规定的价格卖给指定的用户；属于消费品的部分，由商业部门按计划收购，通过批发和零售机构卖给消费者。企业无权销售自己的产品，也没有定价权。

（4）人员统一调配。企业职工由政府劳动部门统一分配，企业无权面向社会招工，也无权择优录用或拒绝劳动管理部门分配来的新职工。

一句话，企业的人、财、物和供、产、销全部由政府管死，这就决定了当时的企业根本就不是企业，而是政府机关的附属物。

面对旧体制的弊端，改革已成为多数人的共识。但改革应当从哪里入手，却存在很大分歧。在很长一段时间里，一直在中央集权或地方分权上兜圈子，有的认为集中太多了，所以经济越搞越死；也有人认为集中太少了，所以经济越搞越乱，很少有人在企业上做文章，于是就出现了"一统就死、一死就叫、一叫就放、一放就乱、一乱又统……"的团团转的怪圈。蒋一苇主张改革应当从企业入手，把充分发挥企业的主动性作为基本出发点。

蒋一苇的《企业本位论》是当时对企业所存在问题分析得最透彻的文章，也是最具操作性的文章。他的理论引导人们从团团转的怪圈里走了出来，推动了企业改革的不断深化。

蒋一苇的《职工主体论》分析了社会主义企业与资本主义企业中人与人之间关系的区别，阐明了工人阶级在社会主义时期的历史任务。资本主义企业的主体是人格化了的资本在企业中处于统治和主宰的地位，工人则是被雇佣的劳动者。职工是企业的主体，这是社会主义企业的一个重要特征。在社会主义企业中，应当使职工真正拥有当家做主的权、责、利。

为了实现职工在企业中的主体地位，他提出必须实行广义的企业民主管理。(1) 劳动制度民主化，企业职工可分为正式工、合同工和临时工三种类型，通过"劳动公约"的形式，规定各类职工的权利和义务。(2) 产权制度民主化，即对传统的社会主义公有制形式进行改革，实行全民、集体、合作三者混合的公有制形式。(3) 经营制度民主化，即使职工对企业生产经营中的重大问题拥有决策权。(4) 分配制度民主化，即企业获得的消费基金，在企业内部进行再分配，其分配的形式应由企业及其劳动集体民主决定，国家不应做统一规定。(5) 领导制度民主化，必须改革和完善产权组织形式、经营权的组织形式、民主管理体系以及集中指挥体系。随着社会主义市场经济的发展，特别是企业人事、劳动和工资制度的进一步改革，怎样体现工人阶级的主人翁地位，怎样使职工更加关心企业的命运，积极参加企业的经营管理，在认识上和实际工作中都面临着许多新情况和新问题。蒋一苇提出职工主体论思想及其实现方式，对于社会主义市场经济条件下处理企业与职工的关系，在理论上和实践上都有现实的指导意义。

实行经济民主，也是蒋一苇的一贯主张。发表在1989年《改革》杂志第一期上的《经济民主论》是蒋一苇经济民主论思想的系统概括。经济民主论的基本内容是：（1）社会主义公有制的本义是以经济民主取代经济专制，以公平分配取代剥削。（2）在一定意义上说，经济改革的过程实际上也是经济管理从高度集中转向经济民主的过程。（3）社会主义商品生产单位的主体必须是自由平等的生产者的联合体，这种联合体包括三种所有制形式，即全民所有、集体所有、企业职工所有。在公有制为主体的前提下，不排斥私有经济的存在。（4）企业实行自主经营、自负盈亏，以一个独立的商品生产者的身份参与市场交换和平等竞争。（5）企业的分配，实行"两级按劳分配"的办法，即企业新的价值在做了各种社会扣除之后，在企业内部按劳动贡献的大小进行分配。（6）社会的经济民主包括三个方面的内容：一是行业的经济民主，按自愿的原则组织行业协会，作为政府与企业之间的桥梁；二是城市经济民主，指由当地的各类行业协会组成联合会，协调各行业之间的关系以及共同关心的事务；三是全国经济民主，指由各地区的行业协会组成全国性的行业协会，为本行业的企业开展服务和咨询。（7）处理经济民主与政治民主的关系。一是实现政资分开和政企分开，国家对企业的生产经营活动实行间接调控；二是实行党政分开，企业的党组织主要发挥思想政治工作的领导和核心作用；三是要充分发挥工会组织的作用，工会可以作为企业职工代表大会的日常工作机构。《经济民主论》比较系统地阐述和归纳了蒋一苇关于经济体制改革，特别是企业改革的主张。他从企业制度的重新构造，到中观和宏观管理方式的转变，以及党组织、工会组织在企业中的作用和任务，都提出了具体设想，这些设想根据马克思主义关于社会主义的基本原理并与中国社会主义商品经济的实际情况相结合，在理论上有创新，在实践上可操作。

蒋一苇还对社会主义商品经济条件下的企业管理理论进行了探索性和开拓性的研究，提出了"两制四全"的企业管理理论。

这一系统管理理论成为中国企业管理理论中的一个重要学派。

"两制"的含义是：（1）建立既有民主又有集中的企业领导体制，中心是实行厂长负责制，但企业重大决策要经过企业职工代表大会。（2）实行责权利相结合的企业生产经营责任制，以克服企业和职工"吃大锅饭"的弊端。

"四全"的含义是：（1）全面计划管理；（2）全面质量管理；（3）全面经济核算；（4）全面劳动人事管理。

"两制四全"理论的贡献主要在两个方面：一方面，提出了中国工业企业管理新的理论框架和体系，为工业企业管理的学科建设做了一件很有意义的基础性工作；另一方面，促进了企业管理制度的改革和管理体系的完善或重新构造。"两制四全"论集中反映在由他主编的《中国社会主义工业企业管理研究》一书中。

当有人怀疑20世纪80年代以来经济体制改革的方向，怀疑商品经济是社会主义经济的本质特征时，蒋一苇旗帜鲜明、坚定不移地坚持改革的正确理论。他发表在1990年第一期《改革》杂志上的《论社会主义商品经济与资本主义商品经济》一文中指出："商品经济不是资本主义所特有的经济运行方式，它可以为资本主义服务，也可以为社会主义服务……那种认为凡是和资本主义沾边的东西，我们都不能要，这只能是一种'恐资幼稚病'的表现。我们不能因患这种幼稚病而作茧自缚。"他还指出，价值规律、供求规律、竞争规律是商品经济的共性，"既然商品经济运行方式存在着共性，那么社会主义商品经济采取资本主义商品经济的某些运行方式和方法，就不奇怪，而且是不可避免的。"蒋一苇的这些论点，同凡事都要问姓"社"还是姓"资"的"左"的观念针锋相对，表现了一位献身于改革大业的经济学家敢于坚持真理的精神。

蒋一苇能够取得这样的学术成就，是和他的学风密不可分的。首先,他不写不疼不痒的文章。他既有马克思主义的理论素养,也有在基层摸爬滚打的实践经验,所以他对问题看得透、看得远,总是能以问题为导向,针对时弊,提出对策。其次,具有坚韧不拔的开拓精神。他所做的改革试点以及创办的教学研究机构和刊物,数量惊人。再次,具有"有水快流"的拼命精神。他体弱多病,很多人劝他战线别拉得太宽,要细水长流,但他说时间不够用,必须"有水快流"。他的这种拼命精神非常值得我们后人学习。

马洪

| 提示语： 中国当代经济学家。

马洪（1920—2007 年），中国经济学家，中共十二届候补中央委员，中共十三大、十四大代表，七届全国人大常委会委员兼财经委员会副主任委员。兼任北京大学、清华大学、上海交通大学、中国人民大学、复旦大学等校教授。长期从事经济管理和研究工作，在经济改革、经济结构、经济发展战略、工业管理和企业管理等研究方面有丰硕的成果。积极倡导对传统的社会主义经济管理体制进行改革，从中国国情出发，发挥市场机制作用，探索有中国特色的发展道路。马洪主持的《2000 年的中国》是制订七五计划和长远规划的主要参考文件。

随着第一代经济学家硕果仅存者薛暮桥于 2005 年逝世之后，作为第二代经济学家中最年长者的马洪已经算是中国经济学界的"第一号元老"。用一位学者的话来说，马洪绝对属于老前辈式的人物，"他比薛暮桥年轻一些，比刘国光又年长一些"。2005 年 3 月，中国规格最高的经济学奖项———首届中国经济学奖颁奖典礼在北京人民大会堂举行。马洪成为获奖者之一。按照当时评选委员会的评语,"马洪是当代中国最有影响的经济学家之一。在老一辈经济学家中,他是为数不多的进行跨学科研究并取得全面成就的学者。他是经济学、管理学理论研究的先行者,也是我国改革开放进程中经济决策咨询工作的一位卓越的开拓者和组织领导者。"

马洪,原名牛仁权,曾用名牛黄、牛中黄,1920年出生于山西省定襄县。在定襄县方圆40里的地域上,在那个年代就产生了阎锡山、徐向前、续范亭、薄一波等名人。而马洪本人,正是由薄一波带进革命队伍的。1936年冬,马洪参加了由薄一波领导的山西省统一战线性质的"牺盟会"。那时,16岁的马洪完全是一个工人运动发动者,和经济学可以说是毫无瓜葛。

1938年3月,马洪赴延安报告工作,时任中央组织部部长的陈云听完马洪汇报后,让他先在延安学习锻炼,为今后做秘密工作做准备,陈云要他把牛黄(参加革命时改名牛黄)这个名字改为马洪。当年的4月和12月,马洪先后被选送到延安中央党校和马列学院学习,在这里,马洪系统学习了马克思的《资本论》等政治经济学著作。

1939年春的一天,毛泽东主席到马列学院作《中国革命战争与战略问题》的报告。毛泽东主席早到一会儿,先到二班支部办公室休息。一坐下来,就向马洪询问学院各方面的情况,还关切地问到了马洪的年龄、经历及兴趣爱好等。马洪在回答问话后,提出请毛主席题词。当听到马洪说自己爱看报时,毛主席微笑着点头,拿起桌上的毛笔,挥毫写下"看报有益",签上了自己的名字。主席又和他谈学习,马洪说自己特别喜欢读书,主席听后很高兴,又挥笔写下了"读书是好的,毛泽东"。接着,问起他对工作的感想和学院工作的情况,马洪一一作答。毛主席第三次提笔,写下"工作着是美好的"。直到把主席送上讲台,马洪的心情仍久久难以平静。这段往事一直沉淀在马洪的心灵深处，成为激励他前进的重要动力。

新中国建立之初，集中力量在东北建立共和国的工业体系。东北1948年解放，这年6月，马洪调往东北局，在东北担任县委书记以及担任东北局副秘书长兼政策研究室主任时期，跑遍了鞍山、本溪、抚顺等老工业城市做调查研究，积累了大量实践经验和第一手资料。马洪早在延安时期就养成了注重调查研究这个作风。在延安时期，马洪随同张闻天开展生产力和生产关系的调研，深入农村调查，一下去就是几个月甚至半年，写出的调查报告成为中央决策的重要依据。当时，东北的工业经济占全国企业比重的90%，马洪又结合当时东北经济的实际情况，研究出一套全国经济改革的可操作性模式。

当马洪把调研成果向时任东北局宣传部部长、财经委副主任的张闻天汇报时，张闻天十分兴奋，又要求马洪撰写了《东北经济的构成和方针》。在这篇报告中，马洪首次把东北经济划分为五种经济成分：国营经济、合作社经济、私人资本主义经济、个体经济和"秋林经济"。

毛泽东在看到这份报告后，几乎完全采纳了马洪的观点。1949年3月在西柏坡召开的中共七届二中全会全部采用马洪所归纳的五种经济成分，只是将不太好理解的"秋林经济"改为用其本意"国家和私人合作的国家资本主义经济"。10月，《中国人民政治协商会议共同纲领》也写入了这五种经济成分。一直到半个世纪后，党的十五大、十六大报告中还涉及这五种经济成分有关的类似概念。

而就在此期间，马洪与后来曾担任国务院总理的朱镕基结下了深厚的情谊。朱镕基1951年秋从清华大学毕业后，即到马洪手下工作。当时马洪任东北局政策研究室主任兼东北人民政府副秘书长，23岁的朱镕基则被任命为东北工业部计划处生产计划室副主任。

此后，马洪于1952年从东北调到北京，到刚组建的国家计委工作，朱镕基也和马洪一起进京。不久，马洪出任国家计委委员兼秘书长，朱镕基则先后在国家计委燃动局和综合局工作。

很多年后，当马洪回忆起这段往事，还对自己手下出良才颇感自豪。

1961年7月，马洪作为主要执笔人之一起草了《国营工业企业工作条例（草案）》（即工业七十条）。"文化大革命"后，邓小平曾对薄一波回忆，毛主席直到临终时，还把一本有些破损的《工业七十条》摆在枕头边。马洪对20世纪80年代关于改革方面的理论做出了奠基性的理论贡献。

"文化大革命"后，在时任中国社会科学院院长胡乔木的力主之下，马洪被调到社科院，创建社科院工业经济研究所。经过深入分析后，马洪力主"改革经济管理体制要从扩大企业自主权入手"。这一观点随后反映到当年召开的十一届三中全会上，全会《公报》充分肯定了扩大企业自主权的改革思路和主张，指出应当让地方和工农业企业有更多的经营管理自主权。

1984年9月，马洪又上书中央，建议把"社会主义经济是有计划的商品经济"这一提法写进党的十二届三中全会《关于经济体制改革的决定》中。

马洪不仅是较早提出和支持"社会主义商品经济"和"社会主义市场经济"论点的学者，更是中国市场取向改革的积极倡导者和推动者。1988年3月，他明确提出要"进一步解放思想，为市场经济正名"，"过去许多同志曾经把商品经济混同于资本主义经济。现在许多同志虽然承认了社会主义经济是一种商品经济，即有计划的商品经济，却并不愿意承认它还是一种市场经济。"

1991年前后，理论界对社会主义经济中计划与市场问题的讨论再次鹊起。在中共十四大召开之前，马洪的文集《建立社会主义市场经济新体制》公开出版，系统地反映了他在中国建立社会主义市场经济体制方面的一些重要思路。1993年10月，应时任中共中央总书记江泽民的指示，马洪主持撰写了《什么是社会主义市场经济》一书。

2001年，81岁的马洪还提出了发展新经济谨防泡沫的观点，他认为，"新经济"的提法本身需要进一步讨论。尽管马洪并不否定新经济所具有的优势使其成为整个社会经济发展的一种力量，但他认为，东南亚金融危机中，泡沫经济首当其冲，这场金融危机使我们更进一步地认识到，旧有的经济结构以及相关的其他结构已经过时，必须对此进行根本性的改造——但这个改造的过程将是漫长而痛苦的，是要付出代价的。

马洪这位从战争年代走来的"老革命"留下了经济著作等身的辉煌，也在中国市场经济的沿革碑上刻下了开拓者的荣光。

改革开放涌现了很多新生事物，马洪就经常到深圳这个改革开放前沿城市、深入到企业当中去，和第一线的工作人员交流，研究如何推进国企改革、如何完善市场经济，所以马洪在建立社会主义市场经济体制方面有很多独到的见解。

经常接触马洪的人都了解，他提出的很多想法都不是拘泥于既有的经济学理论，而是通过大量调查研究，经过深入思考。马洪从担任中国社科院院长、国务院副秘书长，到国务院发展研究中心主任，再到筹划创建综合开发研究院，他都主张独立思考、提出有创新型的见解，反对照抄照搬现成的模式和既定的理论。他说，搞调查研究，提建议就要一切从实际出发，针对什么问题，提出个一、二、三来，可以写出报告。不要从现有的政策文件出发，因为政策文件是在调查研究基础上形成的理论上的指导性文件，所以，调查研究不要先考虑领导怎么想、文件怎么写，要先到实践当中摸一摸，听听群众是怎么想的，听一听在一线工作的干部的一些说法，然后总结。提出的调研报告，也不要怕被否定，不要怕不被采用。只要是从实践中来的，经过认真思考的，提出的建议可能今天不行，明天就行了。他这个想法在平时交流当中，说了很多类似的案例。1993年马洪担任国研中心名誉主任时，考虑如何使国研中心能及时了解全国各地的情况，提出创办《中国经济时报》，安排他的秘书乔仁毅去筹办。马洪说，分布在各地的记者，就是研究中心的信息员，他们可以发现很多重要研究课题的线索。

马洪改革创新思想最重要的贡献，就是积极推进建立社会主义市场经济体制。早在20世纪80年代，马洪在组织开展中日、中韩经济交流活动中，在考察研究美国、欧洲经济体制中，不断思考什么样的经济体制才有利于解放生产力。更早在1984年11月19日马洪就在《经济日报》上发表了《社会主义制度下的商品经济》一文，在中共十二届三中全会召开前夕，马洪给中央写信，建议把"社会主义经济是有计划的商品经济"这一提法写进全会决议中，信中说，"这个问题太重要了，如果不承认这一点，我们经济体制改革的基本方针和现行的一系列重要经济政策都难以从理论上说清楚"。

马洪在中国革命和经济建设时期，一直到改革开放年代的工作经历，绝大部分是从事经济理论研究，提出制定方针政策的建议。令很多人想象不到的是，马洪的正规学历是小学毕业。小学毕业为什么会成为大学教授、培养了那么多博士？除了前面讲的他勤于学习、善于思考，马老还有一个特点就是重于探索，他主张一切经过实践，在实践中探索经验、增长才干。

·第三部分·
外国经济史话

第一章 古代西方的经济发展

第一节 城邦奴隶制经济

希腊是古代西方文明的发源地之一。希腊城邦是希腊人在殖民过程中所建立的城邦，是典型的奴隶制城邦，城邦的基本居民是自由民和奴隶，奴隶主要来源于战争。著名的希腊城邦是雅典和斯巴达，斯巴达是以农业为主的奴隶制城邦，雅典是工商业城邦。

公元前5世纪，雅典已成为奴隶贸易的主要中心。雅典的奴隶市场每月安排一次奴隶拍卖。开奥斯岛曾是爱琴海地区最大的奴隶市场之一，萨莫斯岛和提洛岛等地也是较大的奴隶市场。奴隶的价格根据供求和"商品"的质量不同而不同，一个男奴隶的平均价格大约是167达拉克姆，女奴隶的价格为135~220达拉克姆，会手艺的奴隶价格高一些，性格温顺的奴隶价格也要高一些。

从法律上，奴隶不能被当作人，不能组成家庭，男、女奴隶的结合不算婚姻关系，其子女，包括奴隶和自由民结合所生的子女，都属于他们出生时所在家庭的奴隶主。奴隶完全受主人的支配，主人可以出售奴隶，甚至处死奴隶。但奴隶也可以通过赎买获得自由，或者根据主人的遗嘱而被释放。

公元前5世纪，除了在家庭中使用奴隶劳动以外，许多生产部门也普遍使用奴隶劳动。农业中使用奴隶分为三种情况：1.

斯巴达式的国有奴隶；2. 贵族田产中使用的奴隶；3. 自耕农或小农使用的奴隶。手工业中使用奴隶比农业更普遍。一般小作坊使用奴隶5~10人，大作坊使用奴隶20~30人，有的多达100人。有一类从事手工业和商业的奴隶，不与主人同居，而是住在别处，但要向主人缴纳一定的代役租。这种奴隶比其他奴隶的情况好一些，还可以组成家庭。情况最糟的是矿山和采石场的几十万奴隶，他们在有害健康的条件下劳动，得到的仅是不至于饿死的食物量。

还有一类国家奴隶，他们可以成家立业，比私人奴隶独立性大一些。雅典的警察通常是从斯基泰人出身的国家奴隶中补充的，所以在雅典"斯基泰"也是"警察"的同义语。

第二节　希腊的经济发展

一、农业和手工业

希腊城邦经济发展非常不平衡，除少数发达的工商业城邦外，大部分地区还是以农业为主。不过，希腊的农业与市场和贸易比较紧密。由于希腊土地范围较广，地理条件差异较大，并不是每个地区都适合种相同的植物。所以，希腊的农业存在着比较合理的区域分工，希腊本土主要生产葡萄和橄榄，并做成葡萄酒和橄榄油输出，而谷物由于不能满足自给而要依靠输入。

希腊各城邦的地产形式多种多样，有的是大地产，有的则是中小地产。土地经营方式主要有直接经营和间接经营两种类型。直接经营主要有亲自耕种、奴隶和自由劳动者耕种、由束缚在土地上的奴隶耕种三种形式。实际上许多在乡村有地产的人是住在城里的，他们的地产主要依靠奴隶和雇农来耕种，自己并不从事耕作和畜牧。间接经营方式主要是将土地出租，收取一定数量的收获物或者租金。租赁条件经过详细拟定并特别严格，如果佃户有任何不遵守租约的地方，都要被处以刑罚。国家会通过调整土地关系而对这种矛盾进行干预，阻止大地产制的发展，保护小地产。

希腊很多城邦手工业比较发达。雅典在公元前6世纪成为希腊的手工业生产中心。通过征收贸易税，开发国家矿山，尤其是通过奴役同盟城邦，积累了大量财富，从而有能力进行一系列公共工程建设。大规模建筑业的发展，带动了建筑材料业和其他相关行业的发展，也带动了各种手工业的发展。雅典的手工业规模普遍不大，但分工精细，如有专门只做缰绳的马具店，还有专做男鞋或女鞋的鞋店。

希腊手工业生产的基本组织单位是奴隶占有制的小作坊，有时作坊主也和奴隶一起劳动。手工作坊的工具比较原始，分工也不明确，技术分工常常具有偶然性。奴隶主使用廉价的奴隶劳动，常常不关心作坊设备的改善，奴隶工作条件很差，缺乏积极性，常常怠工或破坏设备。由于不少工作需要较高的技术，而奴隶的劳动积极性低，不关心技术，也不关心设备的改善。因此一些作坊中也使用部分失去了土地的自由民，或者不依靠奴隶而只是家庭成员进行劳动的自由手工业者。

二、商业和对外贸易

希腊地势险峻，交通工具也比较落后，运费很高，有时占到商品价格的一半。国内贸易主要是小商贩进行，交易量不大，通过陆路进行的内陆或城邦间的贸易规模较小，也不占主要地位。城市中的一些手工业者为了出售自己的产品会开设一些小的店铺。但也有某些城市已经出现集中交易的市场，所出售的商品有农产品、手工业品，也包括奴隶和牲畜。市场上特设有公务人员监管市场的贸易，他们征收市场捐税，维持市场秩序，调节交易时发生的纠纷等。他们还负责根除一切破坏商业的行为，如缺斤少两、尺寸不足等。

希波战争结束后，希腊各城邦的商品生产和流通迅速发展起来，形成了一些大的商品流转中心。在公元前5世纪中期，雅典海港比雷埃夫斯是爱琴海最大的商港，成为整个地中海的贸易中心。希腊的贸易基本是自由的，国家没什么限制，但个别商品除外。如对粮食贸易严格管理，谷物只能从比雷埃夫斯输入。国家干预粮食贸易的原因一是当地出产少，二是可以征收粮食周转税，它是国家收入的重要来源。

三、货币与银行

由于希腊缺少金矿，货币主要是银币。货币作为交易的媒介物和交易的对象，在希腊的经济生活中具有重要作用。希腊流通的货币种类比较多，货币的价值也是波动不定的，不同地区的商人进行交易时经常需要兑换货币。当对外贸易扩大以后，希腊的货币制度变得更加复杂，兑换货币的商人的活动也更加复杂了，因为他们必须要熟悉各种货币的行情和比价，还要对每种货币质量进行鉴定。货币缴款的手续非常复杂，这就产生了非现金结算，兑换店也随之变成交易的中介人，也即是某种接受存款并替存款人购买商品付款的"银行家"。集中到"银行"的钱不是固定的死资本，而是被贷出去，投放于商业企业，所以兑换商成了高利贷者。公元前5世纪—公元前4世纪，希腊的高利贷已经很普遍。神庙也利用人民捐款和捐税集中起来的钱进行贷款活动，不仅贷给个人，还贷给希腊城邦，有些城市变成了神庙的债务人，使神庙获得巨大收入。

第三节　希腊化世界的经济

希腊与斯巴达的争霸导致希腊经济的衰落，使得希腊城邦制度陷入危机之中。公元前338年，马其顿征服了希腊。此后，马其顿王亚历山大经过近十年的远征，建立一个包括大片东方版图在内的大帝国。亚历山大死后，帝国分裂成一些独立的国家，这些国家统称为希腊化国家。希腊化文明的形成是古希腊文明与埃及、巴比伦、印度在内的古代东方文明相互碰撞、交叉渗透的结果。亚历山大东征及其帝国的建立，为这种交叉渗透提供了广阔的天地。希腊化时代的经济制度呈现出两种文明传统交错的现象。

希腊文明是以城市为标志的文明，所以希腊化的重要内容就是东方城市的兴起。亚历山大在远征过程中，在被征服的每一个地区都建设了城市来做榜样。希腊化的另一个重要贡献是希腊化世界贸易范围的扩大。在希腊化过程中，希腊半岛逐渐没落，但富足的东方却空前繁荣。城市迅速发展起来，广大的商路被开辟，进出口和转运中心随之出现，各式各样的商品流入，使希腊化世界的经济进一步繁荣。

古代东方各国的君主通过对人民的横征暴敛，集中了大量财富尤其是贵金属，一方面，亚历山大将这些财富分配给军队中的老兵，让他们带回希腊；另一方面，他把这些财富用于建设城市和其他公共工程。东方君主一般把大量金银储藏起来，而希腊人却将这些掠夺来的金银投入市场。大量的贵金属作为货币投入流通，大大增加了经济的活力，极大地促进了工商业的发达。

第四节　罗马共和国经济

一、早期罗马的社会结构

远古时期的罗马是由贵族组成的氏族公社。罗马居民由300个贵族氏族部落组成：每10个氏族结成一个"库利亚"（联盟），10个库利亚组成一个"特里布斯"（部落）。罗马由三个部落组成，他们的最高机构是元老院，也就是300个氏族长老的会议。公元前6世纪时，罗马出现另一个自由民集团，即平民集团，由外来居民、被征服公社的社员、被释放的奴隶等组成。他们有人身自由，可以占有地产，但必须纳税和服兵役，不能担任任何官职，也不能参加库利亚大会。他们基本上是中小私有者，掌握着商业和工业的财富。

这一时期罗马的主要矛盾发生在平民和贵族之间。导致公元前6世纪中叶国王赛尔维乌斯·土利乌斯的改革。这次改革设立了新的人民代表大会，不论贵族还是平民，一律按能否服兵役来决定是否可以参加大会。一切能够服兵役的人，按财产状况分为六个等级，每一等级根据财产状况提供一定数量的军事单位——百人团。人民大会上的表决开始按军事百人团进行，每个百人团有一票表决权。这样一来，库利亚和构成它的各氏族就降为纯粹私人和宗教的团体，不久就完全消失了。代替它的是一个新的、以地区划分和财产为基础的真正的国家制度。

公元前3世纪初期，贵族与平民的斗争激化了。通过斗争，平民在政治权利方面获得了与贵族完全平等的地位，并形成一个人数不多，但由显贵而富裕的土地占有者和奴隶主集团组成的新奴隶主阶级。

二、奴隶制经济的发展

从公元前5世纪开始,罗马不断对外进行侵略,使其在公元前2世纪中叶时成为庞大的奴隶占有制国家的中心。长期的侵略和掠夺战争,使罗马奴隶的数量不断增加,奴隶成为社会经济的基础,罗马经济成为典型的奴隶制经济。在罗马,奴隶被看作财产,男奴和女奴组成的家庭不算婚姻关系,他们的子孙被看作主人的仔畜。奴隶主可以任意买卖、处罚甚至杀死奴隶。

奴隶是农业及其他各部门主要的生产者。罗马的奴隶分为城市奴隶和乡村奴隶两种。城市奴隶主要用来做家庭仆役和手工业生产的工人,有一个在某种程度上有特权的奴隶集团,包括教师、医生、音乐家和各种管家。乡村奴隶是奴隶制大庄园的主要劳动力。在罗马,元老院是最大的奴隶主,由于罗马禁止元老院的元老经商,所以他们的财产主要由土地和奴隶构成。元老们除了靠战争中掠夺的钱财买大量土地以外,还通过各种手段侵占罗马公地,从而形成大地产。这种奴隶制大地产,使用廉价的奴隶进行劳动,生产能满足市场需要的各种经济作物,如葡萄、橄榄等,具有很大的竞争优势。

三、土地问题

罗马经济是建立在农业基础上的,所以土地是最重要的经济资源。早期罗马的阶级矛盾和阶级斗争也是围绕土地而展开。由于战争破坏和奴隶主庄园的竞争,大批小农陷入贫困破产境地,他们或丧失了土地,或陷于债务。在罗马,关于债务的法律非常严厉,一个人如不能如期偿还债务,它就必须在刻薄的条件下为债权人工作以偿清债务。

公元前5世纪末为解决土地与债务的问题,平民与贵族发生了激烈的斗争。公元前376年,平民保民官李锡尼和绥克斯图提出三条法案，规定：1. 平民所负债务一律停止付息，已付债息一律作为已偿还本金计算，剩余部分3年还清。2. 占有公地的限额为最高500犹格。3. 取消军政官，重选执政官，两名执政官中必须有一名是平民。

虽然公元前326年通过的《彼提留法案》规定，禁止人身抵押，废除债务奴役，但土地集中和自由民破产问题仍不能得到有效解决。到了共和国晚期，小农破产成为罗马社会的主要问题，它不仅影响了罗马的经济基础，也影响了国家的兵源，削弱了国家的实力。所以，出现了格拉古兄弟的改革运动。

公元前133年，提比略·格拉古当选为保民官，他提出了一项土地法案，规定罗马公民的土地总数不能超过1000犹格（即250公顷），超过部分一律收归国家所有，按30犹格一块分给无地或少地的农民。但由于这次改革遭到元老贵族的反对而最终失败，提比略·格拉古也因此被元老院的保守势力杀死。公元前123年，提比略·格拉古的弟弟盖约·格拉古当选为保民官，再次进行改革。这次改革不仅恢复了提比略提出的土地法，还通过了粮食法、审判法、筑路法、亚细亚法等。虽然格拉古改革的最终目的是恢复和保存小土地所有制，扩大罗马的兵源，强化罗马的实力。但由于这一时期奴隶制商品经济已经充分发展起来，不可能通过一两个法案阻止大地产的膨胀和小土地所有者的破产。

四、农业生产形式

在古罗马，土地很长时间属国有。公元前451年—公元前450年的《十二铜表法》的规定可以看出，土地已经逐渐私有化。到公元前111年，罗马共和国公布土地法，规定国有土地不再划分，承认土地占有者已经占有的国有土地为私人所有，从而实际占有才具有私人财产的性质。

土地私有制确定后，便产生了大地产。罗马的大地产常常使用大量奴隶进行大规模的种植活动，这也使得大地产发展迅速。此外，大地产迅速发展的另一个原因是能得到国家的免税待遇，从而产生不公平竞争。大地产者经常采取购买甚至巧取豪夺的方式侵占中小地产的土地，使得大批小地产被消灭。

罗马共和国时期，农业由于战争而遭到严重破坏。因为从事农业生产的小农是国家的兵源，在连年战争中损失了大量兵员，即使能回来，也很难再进行农业生产了。此外，战争中，常常因为报复烧毁被征服城市的谷田，使得这些地区的农业生产遭到破坏，进一步加剧了小农经济的破产。

五、工商业与金融

随着罗马城市的扩大，工业品生产也逐渐发达起来。罗马经营大公司的人通常是骑士阶级，因为公元291年前，罗马元老及其子女是被禁止经营一切重要的海上贸易的。在一般的商业中，起重要作用的是被解放的希腊人或东方人。于是，这一部分便靠经商致富成了真正的金融寡头。

由于罗马离海岸很近，地理位置适中，变成了意大利中部的主要市场，成为贸易中心。此外，罗马人口增加，消费扩大，越来越多的商品主要由外地供应才能满足居民的日常生活，这也使得罗马商业比较发达。随着罗马对其他地区的征服尤其是对海上贸易的控制，同时又剿清海盗，进一步促进了罗马贸易的发展。

公元前4世纪左右，罗马开始官铸钱币。铸币的出现使得流通更加方便，促进了罗马商业和经济的发展。罗马的财政管理实行包税制度，即把收入包给出价最高的投标人。罗马从不同国家的各个城市吸引来大批商人，于是产生货币兑换需要。由于兑换货币程序十分复杂，必须由专职人员完成才行，这些人就成为银行家。他们除了兑换货币，还做有价证券生意，也接受活期存款，放款取利。

第五节 罗马帝国的衰落

一、奴隶制经济的危机和农业的衰落

罗马帝国的衰落，实质是罗马奴隶制的衰落。早在罗马共和国晚期，奴隶制的合理性就受到质疑。这是由于，补充生产中缺少的劳动力的方式和使用奴隶劳动的方法已经在改变。大规模战争时代的结束意味着依靠战争获取的奴隶数量越来越少，一方面，奴隶的需求量在大大增加，使得奴隶的价格急剧上涨，也导致生产成本升高，生产效率下降。另一方面，奴隶的劳动积极性较低，还经常破坏工具和虐待牲畜，也影响生产的效率，使得奴隶的盈利能力大大下降。此外，帝国繁荣时代的庞大生产已经收缩为小农业和小手工业，这种小农业和小手工业不能容纳大量奴隶，只有少数富人家庭为显示自己的豪华而保留有部分奴隶，这也是导致罗马奴隶制逐渐衰落的原因。

罗马的经济基础是小农业。但在帝国时期，由于大地主使用大量奴隶，更具有竞争优势，使小农无法与之竞争造成破产。许多农民破产后不得不迁到外省或流落到城市成为无产者，导致农业开始衰落，使整个帝国的经济基础遭到破坏。在一些大庄园里，种植场变成了牧场或把土地分割成小块租给自由小农耕种，意大利整片地区变为荒芜的土地。大田庄取代了大庄园以及奴隶占有制的种植经济，奴隶制庄园因为失去了存在的意义而走向衰落，新的生产方式正在孕育。

二、城市及中产阶级的衰落

公元1世纪和2世纪，富裕公民为公共目的慷慨解囊的事十分常见，有势力的公民竞争市政官位，用自己的资产来维持这种

官位的开支。但是公元 3 世纪时，市政官位已经成为负担的代名词了。一是由于帝国的苛捐杂税非常沉重，使得城市中产阶级衰落；二是城市在进行公共建设方面挥金如土，导致许多城市处于破产状态。许多官员为了维持城市支出，加重对商人和店主的压榨，使城市陷入恶性循环中，进一步导致中产阶级的衰落。

三、领主经济的发展

由于政府对广大工商业者和农民的严重压榨，许多工商业者和农民破产，而少数元老院议员和官员却靠不正当途径大发横财。他们通过购买、承租、无限期承租等方式成为出类拔萃的大地主阶级，使大地产如一个个小王国般遍布于各行省，地方势力越来越大，帝国政府日趋衰弱，封建制度就在这一过程中开始孕育。

在罗马帝国的许多地区，从当地政府得到的保护要比罗马政府更多，因此贸易由于缺乏政府长距离的保护而衰落。由于政府对农民的残酷剥削，大量自由小民为了保护自己的财产，逃避苛捐杂税，常常把土地交给大土地所有者，以得到大地产者的庇护，终身为他们服役。这就使得大量土地和人口落入大土地所有者手中，许多大庄园主有自己的武装和防御工事，甚至还有法庭和监狱，成为独立王国。这成为中世纪领主经济的起源。

第二章 西欧封建经济的发展

第一节 封建制的起源

西欧的兴起是以继承希腊—罗马文化为条件的。日耳曼民族在向罗马帝国渗透的过程中,基本上处于氏族公社向奴隶制转变的阶段,是在学习罗马的经营模式,再结合自己的社会结构发展起封建制度的。征服罗马后,氏族公社制度不适于统治罗马地区的人民,因此氏族机构由于形势所迫迅速转化为国家机关,氏族公社的军事首长的权力也随着由王权所替代。

除了统治机构的变化,经济关系也发生了很大变化。日耳曼人征服罗马后,既不可能用氏族公社制度统治罗马,也不能用已经失去存在意义的奴隶制进行统治。于是日耳曼人就把两种制度相结合,形成了西欧封建制度。

第二节 封建土地关系的演变

一、封土制的起源

封土制起源于封臣制。由于战争技术的变化,一般的农民已经难以作为士兵应征作战,逐渐出现了职业军人。这些职业军人一部分是由家奴提拔起来的,一部分是自由民。这些人在国王的领导下作战,分担他的危险,也分担他的光荣,国王以获得的土地奖赏他们。这些军人逐渐被称为封臣，他们的义务是为主人作战，而主人则承担他们的生活。随着战争的扩大和封臣的增加，国王养他们越来越不容易。于是采取给每位封臣一块土地的办法，让土地上的耕作者为封臣纳租服役，这就是封土制。封土制是维持封建关系的基础，分封的土地封臣只有使用权，封君才有处分权，原则上如果封臣不完成封建义务，封君可以收回土地。实际一旦土地被封出去，就难以再收回。

二、封土制的衰落

最初实行封土制的目的是为了保证封建主的军事力量。但是随着政府的完成，可以分配的土地不再增加，反而越分越少，靠封土制来保证封建主的军事力量也不可能了；此外，由于平时不备战，战争时期很难统一起来，战斗力特别差。所以封土制就逐渐走向衰落。代替封土制的是货币封土制，就是封建主不给封臣土地，而是给予一定数量的货币。这比封土更灵活，封建主可以用货币召集专门的骑士作战，有利于提高战斗力。但在封建主经济实力日益衰落的情况下，要给骑士支付足够的货币常常比较困难。于是14—15世纪，货币封土制被合同制代替，这种制度是国王用兵作战时，与所属封建主订立合同，让他们提供一定数量的兵士，国王付给相应的报酬。

除了受到战争的影响，封土制的衰落也与土地买卖有关。封土制是为了保证封建主战时应招军役设立的，封臣只有使用权而没有所有权。但是封土很快变成封臣的世袭财产，封臣们为保持土地不被封君收回，要求自由处分的权力，还要求自由买卖土地的权力。1290年的《买卖法》规定，封臣可以转移封土的部分或全部，但必须采取代替的方式，原来的封臣退出封建阶级，而由新的受地者与封君产生关系，相应的义务也一切如旧。这一规定使得土地买卖合法化，原有的封建关系受到破坏，使封地私有化大大前进了一步。

第三节 庄园经济的发展

一、庄园的形成

庄园有两种起源，一种是罗马的住宅，另一种是古代的农村公社。中世纪的庄园实际上是罗马制度与日耳曼制度的混合。典型的庄园与村子一致，即一村一庄，但有的村庄不止一个庄园，因为一个村庄的土地可能分别为几个领主所有。庄园是封建主经营地产的一种特定形式，有领主自由地和农奴份地两种土地，领份地的农民也必须无偿耕种领主的自营地。为了强制农民从事这种劳动，封建领主对农民有行政和司法上的权力。封建领主常常会派管家主持生产、监督农民劳动，保证生产效率。封建主的自营地主要是耕地，包括草地、果园、菜圃，也有一些包括森林和荒地，这部分土地主要靠农民无偿耕种；另一部分一般是租给租户耕种，成为"围地"，在领主的自营土地上，共同耕种。农奴的份地只有使用权没有所有权，死后需要还给领主，如果其儿子要继续耕种这块土地，必须重新交继承金，从领主那里再领一次。

二、庄园的经营管理

庄园一般是自给自足的经济单位。大封建主田产很多，一般不自己经营，而是交给管家打理。一般一个大封建主有一个总管，他负责领主的全部庄园。总管一般是贵族出身，向主人领取年俸以及其他现金和实物报酬，他的职责是向各庄园的管家和庄头传达主人的命令，主持庄园法庭，召集各庄园管家汇报经营情况，核对庄园的账目。每个庄园有一个管家负责经营。管家一般是自由人，居住在庄园，负责庄园的一切事物，如主持庄园的耕作和运输工作，监督农民保质保量完成任务，管理各项设施，收取各种实物和货币，每年向总管汇报账目。庄头是与管家共同负责庄园的人，通常是一名农奴，他的任务主要是安排各项农活，分配劳役，保证耕作和收割按时完成，不造成浪费和损失，照料牲畜、维修农具，进行农产品售卖等。庄园上的主要劳动力是农奴、贱农和其他自由劳动力。

庄园的经营还有出租的方式。王室或大的教会封建地产，由于土地广而又比较分散，管理不便，所以封建主常常把庄园出租给承租人经营，收取固定的货币地租或实物地租。出租庄园时不仅出租土地，还包括庄园上的设备、牲畜、家禽等。出租经营的方式对庄园主有利有弊。11世纪时出租经营方式十分流行，12世纪时许多原来自营的庄园主也改为出租，但到13世纪时，由于粮食价格上涨，出售农产品比较有利，于是很多庄园主又收回庄园自营。但总的趋势还是出租。

在封建盛世的时期，国王不依靠税收生活，而是依靠自己的领地生活，税收就落入领主手中。庄园的税多种多样，主要包括租税、捐献和劳役。捐献主要是强制性招待，当领主从一个庄园到另一个庄园而在某地停留时，就要求自己和随从住在村民家，村民必须供给他们食宿和马匹的草料。11—12世纪时，封建领主发现用租赁关系分配地租比征收固定的服役和捐税更有便利时，自由租户就多起来了。这样，农民的经营自主性就逐渐扩大了，依附关系随之减弱了。

第四节　封建农业的发展

在摆脱了罗马帝国晚期的混乱以后，中世纪的社会经济仍在缓慢、稳定的发展。与古罗马相比，中世纪的社会经济完全是建立在农业基础上的。农业生产力比古罗马时代要高很多，这一时期农业中最重要的技术进步是三圃制代替二圃制。二圃制即是指土地耕种一年休耕一年，以保持土壤肥力并积累水分，这种耕作方式适合地中海盆地的贫瘠土地和漫长而干旱的夏季。但是罗马征服日耳曼之后，二圃制便不再适用于这些地区。西北欧地区气候潮湿，不必隔年休耕以积蓄水分，而且人们还发现在土地上轮流种植不同的作物能保持土壤的肥力，所以采取了新的耕作制度。比如在春季种燕麦，在夏季收获，冬季播种小麦在春季收获，然后休耕一年，这样就大大提高了土地的利用率。这就是三圃制。11世纪时期三圃制在西北欧地区推广，它的推广，一方面，使农业生产量得到提高；另一方面，也大大增加了作物品种，部分植物用作饲料，有利于畜牧业的发展。

随着社会的逐渐稳定、经济的恢复和发展，人口也逐渐增加，对土地的需求也增加了。消费与贸易的需要，使希望保持自己受益的封建主阶级和希望通过劳动改善自己命运的农民阶级，都振奋起来去开垦土地，这就是11—14世纪的拓荒运动。

教会、寺院、国王、城市自治团体、富裕的市民都是拓荒运动的主要推动者，农民则提供了必需的劳动力。在低地国家海水曾侵占了尼德兰土地的六分之一或五分之一。在拓殖运动中，人们组成了筑堤与排水协会，五个世纪的时间里，挡住了海水的侵蚀，获得了大片良田。在德意志，拓荒者通过烧掉丛林和灌木，用斧头砍伐森林，用锄头除掉杂草等方法，将大片森林和荒地开垦出来。奥地利、瑞士和亚尔萨斯等地出现了新的农场，并建立了农场、村落和市镇。西欧的大部分地区都是这一时期开拓出来的，人们在新开拓出来的地上种植作物，饲养牲畜，使农业生产力大大提高。拓荒运动为战后欧洲的经济发展做出了较大贡献。

这场拓荒运动不仅促进了社会经济的发展，使生产关系也发生了变化，它是封建制度走向衰落和瓦解的起点。因为拓荒运动打破了封建地产的绝对统治地位，产生了非封建地产。拓荒运动的主要发动者是各封建主,其中也有不少是没有领地继承权的贵族子弟,他们通过拓荒掌握了地产,成为拥有相对独立地产和独立人格的下级领主,而作为劳动主力的农民则在十分自由的条件下取得了租地。所以拓荒运动也产生了最早的"自由人"——自由的领主和自由的农民。随着拓荒运动的展开,边远的土地得到了耕种,这就扩大了地区间的差异性,交换的利益也提高了,促进了商品经济的发展。

商品经济的发展刺激了封建主消费的多样化和对货币财富的追求。领主发现,从垄断面包烤炉中取得收入以及用租金代替劳役更有利可图。在以货币代替劳役的同时,获得人身自由的人口大量增加。这促进了农奴的解放。政治上的原因也有利于农奴解放运动。14世纪末,英国大部分地区的农民得到解放。

拓荒运动导致了圈地运动。早期的圈地运动发生在13—14世纪的英国,它是在拓荒运动的尾声中开始的。尤其是地理大发现后,圈地运动受到羊毛价格上涨和养羊业的刺激,受到城市发展对农产品需求扩大的刺激,不仅公地,农民的份地也被圈占了。18世纪以前,圈地是一种"暴力行为",它只造成了圈地者对土地的实际占有,直到圈地成为"合法圈地"后,圈地者才真正拥有对土地的合法权利。从此,土地私有制度产生了,这一时期土地是财产的主要形式,因而土地私有化基本上代表一切财产的私有化。

第五节 工业、贸易和行会

一、工业的复兴

中世纪初期,工业活动处于萌芽状态。在自然经济与庄园经济条件下,工匠的工作与农民的工作没有多大区别。11世纪起,工业组织发生了一些变化：商业和货币经济的兴起，刺激了手工业的复兴。消费与交换范围的扩大，手工业作坊在城市出现。手工业分工明显。

13世纪起，工业的规模开始扩大，少数特殊行业和国际贸易发达地区，如意大利和法兰西北部出现了较大的工业。富裕的企业家或有势力的行会，出面对工业进行有效指导，将工业发展推向新的水平。这些企业虽然还不是工场，但内部已出现一定的分工，出现了简单的管理和专门的管理者，资本和劳动的分离已经出现。这可以看成是近代企业的萌芽。这一时期，工业还扩展到许多部门，如采矿业、冶金业、皮革业、造船业及手工艺品业等。欧洲的工业水平从14—15世纪开始，逐渐超过东方。

二、商业与贸易

中世纪早期经济生活的特点是自给自足，与外界的交往较少，所以商业交换活动也较少。差不多在整个中世纪，封建割据严重，地方政权普遍，使商人无限制的担负着各种各样的地方捐税，所以中世纪相当长一段时期，商业非常落后。当中世纪生活开始变得稳定和文明的时候，变化越来越频繁，商业组织也开始有所改进。

中世纪早期，封建主就允许在领地内建立市场，包括城市和农村市场。不过限于在领主庄园或庄园集合体的范围之内。这时候的市场一般每星期六或星期日下午举行，最早的市场基本设在教堂院内，附近居民到这里用自己的剩余产品进行交换。早期市场是地方性质，范围比较小，主要在当地小生产者之间进行交换。随着生产的发展，交易越来越频繁，市场也越来越多，就出现了定期的专业市场，规定每月的某一天或几天在某地专门进行各种物品的交易。后来进一步发展到定期的集市，它与一般的定期市场不同，往往持续时间达到一周、一个月或更长时间，一般一季或一年举办一次这样的交易活动。

12—13世纪,随着商业和工业的发展,各地集市数量剧增。随着集市的发展,市镇也发展为城市,而城市的发展又反过来促进集市的发展。中世纪最著名的集市是法国的香槟集市。位于巴黎东部和东南部的许多地方,基本归香槟伯爵统治。每次开市之前,商人有8天时间准备,正式开市后,各种商品轮流开市。集市还发展了一种职员制度来对集市进行管理:1. 集市监督。一般2~3人,负责集市的司法、警务和公布管理法令;2. 集市书记。开始只是监督离职时替代监督行使职权,后来逐渐成为集市真正的管理者。3. 集市监印官。主要负责把伯爵的印章加盖在集市期间所订立的各项重要契约上。4. 集市警卫官。主要是维持集市的秩序,并执行监督的各种命令。

由于交易的发达,这里流通着各种货币,为了方便交易,香槟集市发展了一种"钱兑商制度"。主要业务是按一定比率兑换货币,并收取一定手续费、收受存款、放款取息等。由于国王捐税的增加、英法战争的影响和威尼斯商人新商路的开辟,香槟集市到14世纪就逐渐衰落了。

最早的商业公司出现于13世纪。公司员工以家族成员为主,以家族名字命名,一般由一个能力较强、有经验的人负责,相当于今天的经理。商业公司组织最早出现于海上贸易,由于海上贸易比较危险,便产生了组织公司的需要。后来,在一般的商业领域也出现了公司组织,这些公司组织可以看作是近代经营方式的起源。

三、行会的产生与发展

行会的起源,有几种说法。有人认为起源于罗马的公会和秘密会社;有人认为起源于日耳曼的原始公社;有人认为是庄园中"工头"阶层派生出来的;比较实际的观点认为,行会起源于教区公社和兄弟会。德国最古老的行会是1106年沃母斯的贩鱼者行会和1128年的马格德堡的制鞋者行会,而法国的里昂和波尔多15世纪末才出现行会。

行会具有经济、政治和社会三大功能。作为经济组织,行会能使小手工业者在自然经济条件下保持其地位,进行正常的生产。作为政治组织,行会有时是城市管理机构的一部分,属于城市管理下的一种自治组织。行会的发展主要有平均主义,反对自由竞争这两方面的倾向,使每个小生产者在经营活动中有均等的机会,同时本行业中各师傅之间不能自由竞争,对行业外造成垄断,限制别人的竞争。对内的管理中,行会规定了行业内产品原料和其他辅助原料的质量和数量;规定生产工具、技术设备和生产程序等;规定作坊的规模还有产品的质量和数量,其目的在于保证每个行会成员的共同生存和生产者的信誉。

最初行会是具有民主精神的,从学徒到匠师这一条路,对所有符合资格的人都开放。但到了13—14世纪,行会出现封闭倾向,14世纪时行会已经成为剥削和垄断团体。在市场逐渐发育和发展的情况下,继续保持这种规定就成为阻碍经济发展的因素。到中世纪后期,行会已成为严重阻碍经济发展的保守落后组织,所以,行会制度的解体是近代资本主义发展的前提条件。

四、货币与金融

中世纪的货币是罗马的遗产,法兰克福人在与罗马接触的过程中,熟悉了罗马的货币制度。中世纪早期使用的是拜占庭铸币——索里达,约4.5克重。莫洛温王朝铸造过一些金币和银币,不过由于黄金产量极少,所以还是以银币为主。当时国家并不垄断铸币权力,主教、修道院甚至金匠都可以铸造金属币。到莫洛温王朝末期,金币消失,交易中大量以物易物,货币很少见到。到加洛林王朝时期,随着交易的扩大,对货币的需求日益增加，这一时期主要的货币是银币，称第纳尔。国王仍没有垄断铸币权，各诸侯和主教仍有权铸造货币。所以各地铸造的货币重量、成色都不统一。

随着贸易的扩大和货币流通的增加，西欧出现了货币经营资本。由于各种货币重量和成色等都不相同，而持有货币的商人要进行交易，就必须将货币兑换成对方能接受的货币，这就产生了货币兑换商。货币兑换商最开始只是为商人兑换货币，收取一定手续费。随着资本的扩大，他们逐渐进行类似银行的业务，接受存款并付给客户利息，向商人和封建主放款，收取一定利息，应客户的要求为客户办理汇兑业务，商人便不再冒长途运输货币的风险，通过兑换商在各地的分号进行支付，大大加快了商品流通和货币流通。

随着商业和贸易的发达，产生了融通资金的需要，从而出现银行业。佛罗伦萨从13世纪起就已成为欧洲的第一个银行城。早期的银行具有贴现和储蓄双重职能，贴现便利了商人的活动，为他们融通了资金，商人通常也将资金存入银行，以备日后支付款项之用。早期银行的一个重要业务是经营国债，王室挥霍无度，大量向银行借款，而银行通过借贷给国王获得各种特权。但是，各种特权既是银行发展的机会和条件，也是银行危机的根源，因为一旦国王无力偿还贷款时，银行也就会面临破产。

第三章 资本主义的兴起

第一节 商业革命

一、地理大发现

地理大发现是指15世纪末16世纪初西欧国家在大规模海外探险中对美洲大陆的发现和对通往东方新航线的开辟。地理大发现最终促使商业革命真正发生。促使各国探险家探险的动机主要有三个：第一，葡萄牙试图在撒哈拉及以南地区传播基督教，对抗伊斯兰教；第二，西欧商品货币关系的发展激发了封建贵族对贵金属的渴求，这是地理大发现最根本的动机；第三，欧洲人想从东方获取金银的欲望由于近东贸易危机受到极大的阻碍。欧洲与东方国家贸易的通道主要有北路、南路和中路三条，由于这几条商路都是以地中海沿岸为起点，所以一直以来都是围绕地中海地区进行。但14世纪后，土耳其占领了君士坦丁堡，控制了地中海地区的商业通道，而且在海上大肆劫掠，导致北路交通基本断绝。中路和南路被阿拉伯人控制，欧洲商人的利益得不到保障，为了摆脱东方贸易出现的危机，欧洲国家组织了多次探险，希望寻找一条通往东方的新航路。除此之外，天文学、航海技术和造船业的发展也为探险提供了较好的物质基础，而"地圆学说"则为探险提供了理论基础。

二、西欧国家的海外探险

最积极参加海外探险的是大西洋沿岸的一些国家,其中走在最前面的是葡萄牙和西班牙。葡萄牙早在 15 世纪初就开始提倡航海业,这与有着"航海家"之称的亨利亲王有关。经过几十年的努力,到 1487 年,迪亚士率领的远征队到达非洲南端的好望角,驶入印度洋,然后到达南亚西海岸,从而打通了从欧洲到印度的新航路。

由于葡萄牙控制了非洲西海岸南行的通道,稍晚开始的西班牙人不得不沿另一方向,越过大西洋去进行新的探索。1492 年,哥伦布率领的远征队到达了圣萨尔瓦多、古巴、海地,以后又三次出航登上了南美洲的沿岸地区和一些岛屿。之后,1519 年麦哲伦率领的船队从西班牙出发,越过大西洋经南美海峡进入太平洋,到达菲律宾群岛,再越过印度洋绕非洲西海岸返回西班牙。这次全球航行的完成,开辟了东方交通的新航路。

在葡萄牙和西班牙的海外探险取得重要成就的同时,西欧其他国家也紧随其后,积极开展海外探险活动。16 世纪中期到 17 世纪,欧洲国家陆续开辟了一系列通往各地的新航道,在世界各地发现了大片前所未知的土地。这些地理大发现带来的是世界市场和贸易规模的扩大,为人类的经济活动提供了更加广阔的舞台。

三、商业革命的出现

(一)贸易路线的转移

虽然开辟了新航线,但由于新航线还具有很多不稳定因素且耗时比旧航线长,所以并没有马上使欧洲发生翻天覆地的大变化。1500 年左右,地中海贸易区还十分兴旺。直到 16 世纪末荷兰人开始从海外进口香料后,威尼斯才最终失去其垄断地位。

新航线开辟后,完全依赖优越地理位置进行转运贸易的意大利各城邦受到了挑战。西欧国家不仅可以向南经非洲西海岸到达东方,也可以向西越过南美洲前往亚洲。这样,欧洲与外界的联系也就由地中海转移到大西洋,地中海变成了交通闭塞的内陆海,意大利也就此失去了原有的重要地位,经济逐渐衰落。而大西洋沿岸国家的经济地位大为提高,其中葡萄牙的里斯本、西班牙的塞维利亚、尼德兰的安特卫普和英国的伦敦等重要港口尤为突出。

地中海贸易衰落后,最先就是安特卫普成为各路商人的汇集点,成为横贯欧洲大陆的贸易与海上贸易的结合点。安特卫普成为16世纪中期繁荣的商业中心,被称为"世界商业之都"。后来,由于地中海地区贸易的衰落,加上帕尔马占领了安特卫普,荷兰人又对斯海尔德河进行封锁,海上贸易逐渐占据主导地位,横贯大陆的贸易解体。随后,荷兰成为世界贸易中心。荷兰人开辟了从北海绕过丹麦最北端,穿过松德海峡进入波罗的海的航路。在这条航线上,荷兰人掌握了大宗混合货物的运输,尤其是谷物和鱼类,控制着法国与北欧之间的所有贸易运输以及英国的绝大部分贸易运输。海盐和谷物的运输在当时国际海上运输中居于关键地位,在17世纪基本被荷兰运输商垄断。

总之,17世纪荷兰控制着波罗的海地区、大西洋地区甚至地中海与北欧地区的贸易,阿姆斯特丹成为世界上最繁忙的港口。直到17世纪末,当各国农业的发展和人口下降使谷物需求减少时,荷兰在商业上的地位才遭到打击,英国也是在18世纪后才能真正向荷兰挑战。可见,世界的贸易中心随着新航线的开辟从地中海转移到了大西洋,继意大利各城邦后,16世纪的安特卫普和17世纪的阿姆斯特丹成了欧洲的经济中心。

(二)白银流动和价格革命

新大陆被发现之前,欧洲商品经济的发展曾因流通硬币的缺乏而陷入困境。西班牙人在美洲发现贵金属矿后，驱使当地的印第安人进行开采，以后还从非洲贩入黑奴进行开采。1500—1575年美洲白银总产量的85%运到欧洲，1576—1775年则为70%～80%。大部分美洲白银先流向了欧洲，然后是美洲，而吸收美洲白银排名第三位的是以印度和中国为首的南亚和东亚。

大量廉价金银的涌入，使欧洲在16世纪经历了持续不断、规模空前的通货膨胀。物价的提高和工资低于其他价格的巨大差距，使这次价格上涨被称为"价格革命"。整个西欧价格总水平1600年比1500年高200%～300%。同期，西班牙价格上涨3.4倍，法国为2.2倍，英国为2.6倍。价格革命对欧洲的社会经济结构产生了巨大的影响。在农村，采用租佃制的地主因为地租上涨最快而获利最大；而按照传统方式征收固定货币地租的封建主却因此受到损失。到16世纪末，英国已形成了一个富有的大租佃农场主阶级。工业品价格上涨的幅度虽不及农产品，但由于实际工资的下降，产品销量的扩大，手工工场主和商人成了新兴的经济贵族。价格革命加速了社会分化，新兴农场主和工商业者的壮大，旧式封建贵族的衰落，城乡劳动者的进一步贫困，有力推动了资本主义的发展，加速了封建社会的解体。

（三）商业组织形式的创新

这一时期商业组织形式主要有两种创新方式：一是意大利发明的商业技巧推而广之，如合伙制的推广；二是出现了商业组织的真正创新，如特权公司。

第一，合伙制的推广。合伙制是意大利商人为了保护和增加商业资本，方便和确保长途间的联系以及分摊贸易风险而发明的一种商业组织形式。合伙制有一次性合伙，也有长期合伙。一次性合伙出现在一些暂时的组合中，像一次远洋航行、一趟大陆贸易等商业活动。长期合伙企业的基本资本由合伙人提供，需要增加资本时，可以由原来的合伙人增资，也可以吸收其他人的资金入伙。这种合伙制的好处在于，如果某个合伙人无意经营或死亡，企业业务不至中断。

第二，特权公司。新兴国家为了获取直接的利益，采取出卖特权给私人企业的方式，代理行和特许公司随之发展起来。代理行的特权来源于本国和东道国协商之后所赋予的特殊权力，所以代理行在不同地区享有的特权不同，这种情况在欧洲大陆内部的国家之间和欧洲与非欧洲国家之间是一样的。代理行最初出现于佛兰德斯，之后在非洲、亚洲和巴西也纷纷出现。

第三，特许公司。特许公司是16—17世纪政府用特权交换利益的典型形式，也是荷兰和英国对外扩张最重要的商业组织形式。特许公司分为契约和股份公司两类。契约公司由一些独立经营、自担风险的商人组成，商人仍有各自独立的资本，但受公司组织的庇护和支持，但必须在共同的经营条件所规定的范围内经商，并服从集体的纪律。

第四，股份公司。股份公司最早出现于意大利的热那亚和德意志的一些采矿业中。地理大发现后，国家将一些地区的贸易特权赋予一家公司，需要大型的贸易公司来执行，这种大型的贸易公司不得不采用股份的方法集资，不论是不是商人都可以入股，股份公司应运而生。

合伙制、股份制公司等商业组织形式的创新，为商业的进一步发展提供了保证。

三、重商主义

新兴的民族国家和商业资本为了获取更多货币，迅速结成联盟，这种联盟反映在当时西欧各国所实施的政策和信奉的学说上，这些政策和学说被称为重商主义。15—16世纪中叶为早期重商主义，16世纪下半期到17世纪为晚期重商主义。

早期重商主义者主张采取行政手段，禁止货币输出，在贸易上，主张多卖少买或不买。英国、西班牙、葡萄牙等根据早期重商主义的主张，颁布了各种法令，甚至规定严格的刑罚，禁止货币输出到国外。此外，政府还规定外国商人必须将出售货物得到的所有货币用于购买当地的商品。同时，国家还加强了对外贸易的管理，一般将某地区的贸易垄断权卖给特定的公司，以便于管理。晚期重商主义者认为，国家应允许将货币输出国外，以便扩大对国外商品的购买，但在贸易中必须保证出超。晚期的重商主义者为了保证出超，实行关税保护和鼓励本国工场手工业发展的政策。法国在柯尔培尔担任财政大臣期间执行了一套完整的重商主义政策。1677年他把英国和荷兰呢绒的进口税率提高了一倍，花边和饰带等法国擅长生产的装饰品的进口税率也提高了一倍。

第二节 农业革命

一、近代农业革命的出现

（一）马尔萨斯陷阱

18世纪前，有75%~80%的劳动力从事农业，这说明除了自己消费以外，农业劳动者只有20%~30%的剩余产品。当人口增加超过社会粮食供给时，生活水平下降、疫病、饥荒、海上和陆上抢劫等丑恶事件开始泛滥，极其简单粗暴的调节着人口与粮食之间的平衡，之后又开始新一轮的人口增长和减少，不断循环往复，这就是马尔萨斯论证的人口陷阱。

14—15世纪的鼠疫、饥荒和战争使欧洲经历了大幅度和长时间的人口下降，16世纪欧洲各国人口又持续增长，从1500年的8200万人到1600年达到10500万人，约增长了28%，17世纪初人口增长达到顶峰。要打破这种周而复始的历史僵局，经验数字表明，农业生产力要用 40~60 年时间将食物的平均剩余率从 25%提高到 50%以上。只要农业生产力的发展没有超过这个阶段，马尔萨斯的预言就会实现。

(二) 近代欧洲主要国家的农业革命

近代农业革命体现在农业体制的变革和农业劳动生产率的提高。近代农业的变革最早从荷兰开始。12—13 世纪农奴制在佛兰德斯和布拉特邦的大部分地区已不存在。荷兰的独立革命带来了政治、社会的变化，领主的封建权力普遍被削弱，他们的领土也被分割，很多土地落入富裕的资产阶级手中。到 16 世纪后半期，农民中已有大部分人成为中小地产者，到 18 世纪，大地产几乎不再直接经营，一般是分别租给农民耕种。这样荷兰土地关系和农业经营方式都发生了变化，是 16—18 世纪欧洲大陆最先进的国家。从 16 世纪下半期到 18 世纪上半期，荷兰人围海造田扩大土地面积，采用新的作物轮种制提高土地利用率，农业生产不断分化和专业化，使荷兰成了新式农业方法的先驱者。

近代真正的农业革命发生在英国。14 世纪农奴制瓦解后，经过宗教改革和圈地运动确立了土地私有制和大租佃制的经营方式。英国的农业 1600—1800 年在技术和生产能力方面出现了重大转折。据考证，1700 前英国的谷物出口数量很少，1700 年后，谷物和面粉的出口量在其他农产品出口量并未减少的情况下大幅度增长。

德意志西部和法国北部地区在 16 世纪末，领主自营地大量减少，许多领地已转归农民所有，强制的劳役也已不存在，被缴纳少量的贡赋替代。土地关系的变化促进了这一地区农业生产力的提高。而西班牙、意大利、俄国等地区直到 19 世纪，封建土地关系仍占统治地位，它们的农业革命比英国晚了近一百年。

(三) 耕作制度及技术的创新

近代农业革命后，欧洲耕作制度和耕作技术的创新主要体现在以下几方面：1. 逐渐以轮种制代替休耕制。2. 新作物的推广和选种育种。当时欧洲大部分地区种植的新品种有芜菁、菜籽、蛇麻草、荞麦、玉米、马铃薯等。马铃薯和玉米产量高，对消灭饥饿起到了重要作用。此外，这一时期也开始选择种子和牲畜育种，有利于提高植物产量和动物重量。3. 改进农具。对犁进行了改进，并扩大使用马耕种的范围；长柄镰刀代替短柄镰刀；机器播种替代人工播种。农具的改进显著提高了农业生产效率，节省人力的同时增加了产量。

（四）近代农业革命是工业革命的前提

农业发展水平的高低决定着工业革命和工业化，为工业革命准备了必要的条件，是工业革命的前提，主要体现在以下方面：1. 农业革命为工业发展提供了基本的生活资料和生产资料的物质要素。土地关系的变革、耕作技术的提高、耕作方法的改进、协作规模的扩大等因素使农业的生产效率和产量大大提高，为工业发展提供了消费品和原料。2. 农业革命为工业发展提供了国内市场。以前由于大量小生产者独自经营而造成的分散各地的许多买主，现在集中为一个由工业资本供应的巨大市场。3. 农业革命为工业革命提供了大量可供雇佣的劳动力。

第三节　工场手工业的发展

一、工业品的需求和供给

工场手工业是早期发达国家近代工业的基础，它是传统工业与近代工业的转换环节。15世纪地理大发现的影响在16世纪开始显现出来。随着新大陆的发现和殖民化，欧洲与新大陆的联系不仅表现在贵金属、染料、蔗糖等源源不断地输入，也表现在欧洲对新大陆的商品和劳务输出,这对欧洲的工业发展具有非常重要的作用。

美洲市场的需求刺激了15世纪上半叶西班牙的毛纺织业、金属制造业和造船业的发展。16世纪中叶后,殖民地对欧洲工业品的需求,超出了西班牙的生产能力。这一时期,贸易额和贸易商品的种类都增加了,出口的工业品主要有亚麻布、毛织品、金属制品等,还有火枪、火药、玻璃球和丝绸等。美洲市场急剧扩大的需求量促进了西欧工业的迅速增长。

二、工场手工业的特点

(一) 分料到户制度

16世纪以后市场规模的扩大引起了传统的组织生产方式的变化,独立的家庭手工业和手工作坊从纵向一体化走向专业化,分料到户制加强了专业化的发展。分料到户制逐渐发展为集中的手工工场。

采取分料到户制的形式,与当时市场发育的程度有关。1700年左右,尽管已完成了一系列重大的革新,但这一时期的欧洲仍是以农业为主的社会,大部分人将精力和财力都耗费在基本食物的生产上,他们对市场的了解很少。此外,交通落后,增加了他们利用市场信息的费用。这种情况下,又对市场比较了解而在资金上又有一定积累的包买商代替市场组织生产,对手工业者、农民、包买商来讲都是最经济的选择。分料到户制实际上是用科层组织代替市场交易的第一步。包买商通过在整个生产过程中保持对原材料的所有权,以低于每个工序的市场交易成本来达到组织生产、管理生产的目的,并保证产品的质量和销售。

(二) 集中的工场手工业

在一些行业,筹集固定资本不是一般手艺人能做到的,而且原料的集中性和特殊性，决定了这些行业没能采取分料到户制，例如矿产开采和冶金等行业一开始采取的就是集中作业的方式。在这些行业中，最早出现了比较集中的手工工场。不久，毛纺织行业集中的手工工场也发展起来。16世纪，安特卫普的普兰延印刷厂拥有24台印刷机、100多名雇员，印刷的书籍销往国际市场。17世纪后期，玻璃行业创新了铸造滚轧平板玻璃的新工艺，大的玻璃工场出现了。如英国的罗伯特·曼塞尔1615年从国王那里得到了独占玻璃生产的专利权，在纽斯卡特和其他地区雇用了4000多名工人。到了18世纪，这种集中的大型手工工场在英国、法国、荷兰和德意志等国的各个工业领域比较普遍地发展起来。工场手工业从分散走向集中，除了个别行业的特殊性决定外，基本全是由于团队生产潜在收益的推动和管理者监督企业生产过程的冲动造成的。而且，随着直接监督和管理的发展，监督者的作用就是使生产的每个环节都合理化。这一过程包括了分工的进一步发展和想方设法去考核每一个单位的投入产出，以及如何有效地进行要素组合。其结果是鼓励了技术创新，技术创新又导致组织创新，从而促成了现代工厂制度的最后确立。

（三）工场手工业的经济收益

16—17世纪工场手工业的发展，从技术上看，并没有出现后来工业革命时那种革命性的变化，整个工业的技术水平仍旧与中世纪后期相差无几。这一时期经济上巨大收益的取得不是因为技术革命性的突破，而是由于原有技术的扩大使用和完善。它和早先的技术不同的地方，不在于到处有新发明和新发现，而在于认识与熟练，特别是使用的方法在这个时期达到非常完善的程度，这就是说，技术难度的提高与一种根本上的革新所发挥的作用相同。

三、工场手工业的影响

（一）欧洲工业中心的转移

16—17世纪工场手工业在欧洲的发展并不平衡，欧洲的工业中心从佛兰德斯、意大利北部和德意志南部转移到了英国和荷兰。英国由于工场手工业的发展而成为工业革命的发源地。工场手工业在工业革命后还长期存在，在吸收剩余劳动方面做出了重要的贡献。

首先，英国原有工业部门迅速扩张。许多部门，如毛纺织、采矿、冶炼、造船等传统部门早在中世纪就已有所发展。其次，在传统部门迅速扩张的同时，出现了大量新部门。1495年英国出现了第一个造纸工场。另一个新部门是玻璃制造业，它的产品种类繁多，有窗户、饮器、医药器皿、眼镜等。此外，这个时期发展起来的新兴工业还有明矾、硝石、肥皂等制造业。

法国的工场手工业在这个时期也获得了长足的发展，法国丝绸在当时的欧洲已位居首位。英国、荷兰、法国手工业的兴起，对老工业地区造成了严重的后果，西班牙和意大利成为竞争中彻底失败的国家。16世纪后期，西班牙不仅丧失了国外市场，就连国内市场也丧失了，已成为法国、荷兰和英国商品的重要倾销地。16世纪以后，英国、荷兰的纺织业使里尔、佛罗伦萨、威尼斯这些原先的毛纺织业中心出现了衰落的现象。荷兰的造船业挤垮了意大利的造船业。佛兰德斯著名的铸炮厂也倒闭了。米兰和威尼斯的丝织工业败给了里昂与图尔的丝织工业。这些国家和地区的工业被荷兰和英国远远地抛在后面。

（二）工场手工业的长期存在

工场手工业在工业革命兴起之后，并没有立即从历史舞台上消失，而是与机器大工业并存了很长一段时间。这种现象不仅在第一个工业革命国家英国出现,而且在许多后进国家中也出现了。英国的工业化过程完全是自我创新的发展,在这种独特的工业类型中,工场手工业的消失完全取决于工业革命的扩散速度和时间跨度。在工业化过程中,手工工场仍有存在的必要。某一部门由于机器的采用,提高了生产效率,扩大了生产,同时也扩大了对原材料等的需求。当原材料部门尚未发生机器革命时,就会刺激该部门的工场手工业在原有技术基础上的生产。

第四节　金融制度的建立

一、银行和信用工具的发展

（一）银行发展的原因

16—18世纪世界许多地方仍在进行古老而简单的物物交换,在一些主要的商业贸易中心,交易的媒介已经固定在金、银、铜等贵金属上。但是,贵金属渐渐地不能胜任交易的使命了。金融制度的产生直接源于商品货币关系的发展对资金融通产生的创新需求。16—18世纪,西欧的货币制度是金银复本位制,金铸币和银铸币同时流通。当时这些有形货币的供给量相对于日益扩大的经济规模来讲弹性不足。近代初期,欧洲的货币存量并不大,16世纪有了大幅度增长。但是货币量的增长仍然没有解决硬币缺乏的困难。第一,是磨损和贮藏会损失一部分货币量;第二,与东方贸易的逆差使欧洲流失更多的货币;第三,人口的迅速增加、新兴工业的发展等一系列新出现的或扩大了的经济活动都需要货币。这三方面需求的增长与欧洲货币的增长是不一致的。17世纪20年代之后,欧洲采银业全面萧条,同时来自美洲的白银输入量急剧下降,此时欧洲贵金属的存量也减少了。这种周期性的货币短缺经常使资金周转不灵的商人陷入困境，甚至破产，这就促使人们想方设法改进交易时对黄金和白银的依赖，于是银行便在这时迅速发展起来。

（二）信用工具的发展

随着商业交易量的增加和交易范围的扩大，硬币被别的信用手段代替。在古老的年代，人们就曾用文书、票据、承诺来代替金银。公元前2000年，巴比伦的商人和银行家之间就已经使用票据和支票，中国早在9世纪就使用庄票。近代，当西欧金属货币不敷流通时，这些古老文明的成果又得到了发展和完善。14世纪"汇票"开始广泛使用，它是一种具有法律约束力的书面承诺，它为异地或异国之间的贸易提供更便利的结算方式。来自不同地方的人进行的贸易可以不依赖现金的现实流动，只进行银行与银行之间的转账。后来，汇票发展成为可以转让的信用工具。16世纪70年代起背书汇票在安特卫普非常流行。16世纪后期，意大利（威尼斯除外）已经常采用背书的形式转让汇票。在英国，直到16世纪中期，这种做法才变得普遍。汇票的发展使银行与银行之间的支付体系得以初步建立。

另一种信用工具是支票。16世纪70年代意大利人已经常使用支票，但是在17世纪之前，支票在欧洲其他国家还不常见。意大利是首先采用转让支票的国家，16世纪70年代转让支票已很普遍。17世纪60年代，英国出现了最初的支票。

二、股票和债券市场的形成

16世纪时具有长期稳定合作关系的公司主要是一些家族合伙公司。每一个公司都有由合伙人提供的创业资本。增加这些合伙公司的流动资本通常有两条途径：一是接受外界的有息存款；二是原先的合伙人投入更多的资金。原始创业资本和追加资本是性质完全不同的两种金融资产。拥有创业资本的人根据公司的总盈利或亏损取得报酬，而提供追加资本的人则根据其提供款项的多少取得固定的、有保障的利息，这种利息通常是在公司盈利未分配之前支付的。这种区分是现代公司在筹措资本时采用的"股票"与"债券"的雏形。股票的可转让性是证券市场发展的基础。

15世纪，意大利和德国出现过发行可转让股票的合伙组织。1550年后由于贸易的发展，它在英国和尼德兰广泛传播。1600年后，股份公司开始将其股本作为永久性的投资，公司总部不再兑现该公司的股票，而是指定股票持有人将股票拿到市场上去出售。17世纪中叶，正式的股票交易市场出现了。阿姆斯特丹交易所庭院的周围经常聚集着一些证券经纪人及其代理人，他们分成多空双方进行交战，通过股价的涨跌挣钱。17世纪30年代，伦敦的证券和股票交易逐渐发展起来，伦敦的科恩希尔通往伦巴第街的狭窄小胡同被称为"交易所胡同"，其间众多的咖啡馆成为进行股票交易的场所。

英国和荷兰的公司大都选择发现公司债券作为筹资的手段，理性的投资人也比较喜欢能够获得稳定收入的公司债券。公司发现发行债券比发行股票更合算，于是大量的债券在公司筹集资金时扮演重要的角色。大约1710年后伦敦新的保险公司就购买公司债券作为流动的现金准备，债券成为公司吸收短期闲置资金的理想工具。债券的发行还推动了银行业务的发展。1680年后，伦敦的银行家开始承接为其乡村客户代购及保管股票和债券以及为客户代收公司的股息与利息这些业务。

第四章 工业革命与世界经济的形成

第一节 英国的工业革命

一、英国工业革命的准备

(一) 市场制度的创新

15世纪末到17世纪初,英国在商业革命的冲击下,一切旧的经济关系和经济形式都走向了衰落,制度创新成为了主流。地理大发现使得世界市场的突然扩大和需求激增,使整个英国从商人到手工业者,再到农民都为对外贸易和商品生产而快速运转起来,特别是与外贸有关的工场手工业获得了极大的发展,分料到户制和集中的手工工场成为工场手工业新的组织形式。这一时期为了适应经济的发展,还出现了银行、交易所等,近代金融制度产生了。这一时期的制度创新,是那些本就已过时的陈腐关系和规范失去了效力,旧的制度被彻底打破了。

(二) 竞争有序化

当在混乱中获利的集团完成财富原始积累后,他们希望将掠夺来的财产合法化和固定化,保护他们的利益。同时被剥夺得一无所有的劳动人民也对混乱状态忍无可忍,社会经济出现了极大混乱,这就产生了竞争有序化的需求。竞争有序化主要是限制过度竞争,避免无序竞争造成的混乱,建立竞争规则,保护合法竞争、平等竞争。英国制定了保护财产和合同的法律。建立了保护消费者的商品检验制度和价格控制制度。制定了保护发明者的专利法，保护投资者的《取缔证券投机法》；建立了保护劳动者的评定工资制度、工厂法和济贫法等一系列法律法规来使竞争有序化，从而稳定市场秩序。

（三）劳动力市场的形成

劳动力成为商品的两个基本条件是：农民摆脱人身依附，成为法律上的自由人；农民失去了生存资料，成为一无所有的劳动者。劳动力市场的形成还要求劳动力的自由流动、劳动者完全自愿出卖自己的劳动力、工资开放等。英国通过废除教区安置制度，使得人口能自由流动和迁移；废除学徒条例；在废除对工资的最高限制，保证工人最低工资的基础上建立自由工资制度等措施逐步形成了劳动力市场。

（四）资本原始积累

英国在16—18世纪期间完成了资本的原始积累。对农民的剥削是原始积累全部过程的基础，殖民掠夺和对外贸易是英国原始资本的重要来源。一方面，持续很长时间的圈地运动使大批农民丧失了生产资料和生活资料，成为一无所有的劳动者，为工业革命准备了廉价的劳动力。另一方面，对土地的掠夺，使大量财富聚集在少数人手中，资本主义机器大生产成为可能。英国在资产阶级取得政权后，进入了大规模的殖民掠夺阶段，到18世纪的最后30年，成为世界上第一商业和殖民强国。英国通过对殖民地进行直接掠夺；特许公司利用垄断地位操纵价格，谋取暴利；进行罪恶的奴隶贸易；掠夺爱尔兰人的土地和财产；进行海盗抢劫等方式集聚了巨额资本，为英国工业革命提供了经济基础。

二、技术与工业革命

（一）煤和蒸汽机

英国丰富的煤炭资源对英国工业革命的爆发有重要意义。英国煤矿埋藏浅，开采成本低，又靠近通航的水域，因此，英国煤炭价格在当时是最低的。廉价煤炭的大量使用使英国摆脱了因木材短缺造成的资源约束，也标志人类能源利用的转变。

蒸汽机的发明是整个技术革命的关键点，它代替了人力、自然力和畜力。蒸汽机的使用使工厂进一步摆脱了自然条件的限制，它的能力受人控制，可以移动，厂址的选择就不受地点条件的制约了。蒸汽机的使用还加速了机器的运转，要求工人密切协作，使工厂管理技术得到进一步发展。

（二）纺织工业的技术革命

英国早年的棉纺织品质量低劣，产量也有限，当时国内畅销的棉布几乎都来自印度。为了抵制竞争，毛纺织业者纷纷向国会请愿，要求干涉。1700年国会通过议案，严格禁止由印度、波斯、中国输入棉布。这一政策使得国内棉布价格上涨，刺激了英国棉纺业的技术革新。棉纺织业的机器革命是从纺织工具开始的。1733年约翰·凯伊发明了飞梭，1735年约翰·怀特发明了卷轴纺纱机，这些工具的发明使手工纺纱向机器纺纱技术过渡成为可能。此后，各种纺纱机在此基础上不断改进和发展，使其性能逐渐完善。

1830—1880年的50年间，英国棉纱产量增加了1000倍，实现了纺纱机械化。纺纱机的发明和广泛应用，使织布机速度相形见绌。为了解决纺和织的矛盾，需要新式织布机。1787年发明的织布机用马做动力，两年以后使用蒸汽机，使织布效率提高了10倍。织布机和纺纱机的发明和使用引起了纺织工艺和装备的变革，使纺织业空前繁荣。1760—1762年，英国棉纺织业生产量增加了20倍。1834年英国出口棉布5.56亿磅、棉纱7650万磅，成为世界上最大的棉纺织品出口国。

（三）采矿业和冶金业的发展

18世纪末到19世纪初，在采矿业中发明了许多机器，如钻探机、空压机、硬煤粉碎机、通风机等。采矿业中机器的发明及应用极大地促进了矿石开采量的增长，使采矿业迅速发展成为英国资本主义经济的一个重要部门。19世纪20年代，世界采矿业年总开采量为1730万吨，60年代达到2.253亿吨。

随着机器的不断改进和日益复杂化，钢铁取代木材成为制造机器的主要材料，因此钢和铁的需求量越来越大。冶金业的发展由冶炼技术革新和铸造加工和机器发明两部分组成。1709年，初次将煤烘制成焦炭，用于冶炼生铁，但技术还不成熟，炼出的铁质量不高。到1735年，改进了制造焦炭的方法，利用加大水力鼓风机，提高高炉温度等方式炼出了熟铁，这是冶金工业的一次重大革命，使英国铁年产量大幅度提高。

（四）机器制造业的发展

蒸汽机被发明出来后，木制机器不能承受蒸汽机动力的震动，机器改为铁制。同时，纺织机与蒸汽机的出现和广泛使用，推动了各产业部门的机械化。18世纪末期，工具制造的精密度和准确度不断提高，人们已经能解决金属切割机械化问题。19世纪上半期，英国已经能够制造各种车床、铣床、刨床、蒸汽锤等工作母机。同时还发明了带车刀和导轨的车床。19世纪20年代，英国建立机器制造业，出现了蒸汽机、纺织机和蒸汽机车等机器制造工厂。19世纪中叶，机器已能成批生产，英国机器制造业作为大工业部门基本形成。

三、世界工厂

（一）英国成为世界工业中心

工业革命的巨大成就，使英国主要工业部门的产品产量大幅度增长，棉纺织业在世界上已处于垄断地位，冶金工业也遥遥领先于其他国家。1820年，英国占世界工业生产总值的一半，远远领先于其他国家。以后由于其他资本主义国家工业的发展，英国工业生产总值所占比重有所下降，但直到19世纪70年代，英国在世界工业生产中仍然占据优势地位。英国巨大的工业生产能力使得它成为世界各国工业品的主要供应者。

（二）英国的技术优势

英国不仅生产量遥遥领先世界上其他资本主义国家，在生产技术方面也远远超过其他国家。到19世纪中叶，欧洲大陆的工业技术比英国落后一个时代。19世纪20年代，英国已经用煤炭取代木炭冶炼生铁，而在其他国家仍在使用木炭炼铁。此外，欧洲大陆的棉纺织技术落后于英国一代以上。随着技术进步，英国棉纺业劳动生产率高，产品价格大幅度降低。极大冲击了技术落后的欧洲大陆的棉纺织业。19世纪上半期，法国只有少量动力织布机；德国传统的工业中心集中于莱茵河谷底、萨克森、巴伐利亚等，这些老工业中心到19世纪40年代还没有建立新式的纺纱厂。

在机器制造方面，18世纪欧洲大陆几乎所有的蒸汽机都来自英国。19世纪中期以前，欧洲大陆生产的机器很少用于出口，机器制造业的规模比英国小得多。英国先进的技术引来所有国家的学习和效仿，来自欧洲大陆国家的政府代表和商人纷纷到英国进行考察，而英国意识到保持竞争优势的关键在于保护技术不外流，因此设置了各种障碍防止技术向国外扩散。

(三) 英国垄断世界贸易

在整个资本主义确立时期的国际贸易中,英国一直占据举足轻重的地位。18世纪时,英国就在殖民地贸易和航海方面确立了世界霸权地位。1850年英国在世界总贸易额中的比重达到22%。由于贸易是双方的商品交换关系,一国对外贸易额不可能超过50%,这意味着世界有近一半的商品额是英国同世界各国的双边贸易。随着19世纪中期以后海外新市场的开拓和欧美大陆各国工业革命的积极推进,英国对外贸易增长速度比工业增长更快。1821—1873年,英国人均商品出口额年增长率为4.3%,是同期人均收入增长率1.57%的3倍左右,对外贸易被誉为经济增长中的"发动机"。英国的这一优势地位在世界经济史中是独特的,美国在20世纪中叶才达到这个水平。

18世纪英国在确立了海上霸权的基础上,建立起世界上最大的商船队。英国以其强大的海运业,从世界各国获得廉价原料,控制其他国家的贸易往来,取得了巨额的利润,伦敦成为了最繁忙的国际贸易港口。英国不但是世界工业中心,也是"世界的造船厂""世界商人"以及"世界的搬运夫"。

英国在国际贸易中的垄断地位还表现在它倡导的自由贸易得到普遍认可。19世纪初开始,工业资产阶级从自身利益出发,同土地贵族、金融贵族和大垄断商人进行了近半个世纪的斗争,最终废除了贸易保护主义政策,取得了自由贸易政策的胜利。到1853—1860年间,消除了贸易保护主义的最后残余,使英国成为实行自由贸易的国家。

第二节 美国的工业化

一、市场制度的建立

（一）争取市场主体平等地位

美国的领土上只存在经济类型的不同，不存在封建市场的现象，殖民者也是明显带有重商主义倾向，因此美国建立市场比欧洲国家容易。殖民地人民需要做的是争取交易中平等的地位和建立一系列市场规则。

19世纪初，北美殖民地消费的大部分商品都是从国外进口的，其生产的产品除满足自己需要外，大部分也销往国外，这种情况一直持续到19世纪20年代。当时进出口的主要对象是英国。为了垄断殖民地的贸易，英国于1651—1660年颁布了一系列航海法令，并通过主要商品法规对殖民地进口贸易实行管制。法规中列举的产品，必须先运到英国缴纳关税和佣金，再运到殖民地进行售卖。此外，英国为了避免北美殖民地成为其产品的竞争者，还对殖民地工业加以控制，训练殖民地总督去阻挠一切制造业的发展，尤其是羊毛业和炼铁工业。英国利用其宗主国的地位对殖民地进行的超经济掠夺是美国爆发独立战争的原因之一。

独立战争期间，北美殖民地的生产者和消费者暂时摆脱了一些琐碎的规定和限制。当时殖民地人民拒绝使用英国的麻织品和毛织品，棉织品的生产得到了鼓励。独立战争后，1783年英国又制定了一个航海法令，只允许英国建造和英国海员驾驶的船只进入西印度群岛的港口，对在英国港口的美国船只征收重税。美国农场主的利益因此受到了损失，影响了农产品的出口，使农产品价格下降，从而引发了1812年的战争。

1812年战争后，新政府开始采用互惠原则建立商务关系。1815年3月3日，美国政府通过的法令规定，只要任何一个国家取消对美国的差别关税和抵偿关税，美国也将废除以前规定对外国船只收取吨位税或商品的差别关税的一切法令。互惠原则的确立标志着独立国家为国人参与国际市场竞争提供了坚强的保证。自此以后，美国陆续与英国、法国、普鲁士各国和中美、南美及欧洲的许多国家缔结条约，担保在商务上的相互自由权利。随后，美国商人开始漫游全球，寻找市场和贸易伙伴。18世纪60年代，美国商人就与中国、俄国进行直接贸易，1874年，美国船舶载货驶入中国港口。至此，美国终于以政府的信用和能力为本国的生产者和消费者争到了市场上的平等权利。

（二）国际市场与国内要素市场的供给

美国是世界上外来移民最多的国家，直到19世纪，美国还是移民净流入的国家。欧洲移民及其后裔构成了美国居民的主体，其次是非洲的黑种人、亚洲的黄种人和拉丁美洲的各色人种。17世纪初，为了拓殖北美，欧洲开始有组织地移民。18世纪欧洲发生了人口革命，人口迅速增加，移民数量也随之增加。

移民国和接受国的经济增长之间存在紧密联系。首先，移民增加了美国人口数量，为美国提供了劳动力，也提供了巨大且不断扩张的市场。1910年，外国移民占美国制造业劳动力的三分之一，占建筑和运输行业全部劳动力的四分之一。其次，每次移民浪潮都会带动资本的流入、技术的更新和市场的扩张。欧洲移民帮助美国发展了纺织、钢铁、酿造、钟表等许多新兴工业部门。

美国资本市场的发展与世界资本市场的发展几乎同步。19世纪初，国际资本市场对借款国和贷款国的经济影响还不显著。19世纪50年代英国的工业革命结束后，出现了大量剩余资金，美国、俄国、德国等新兴国家则正处于工业革命的新时期，迫切需要贷款。此时，借款国和贷款国中专业机构也适时建立和成长起来。到1870年，世界投资总额增加了3倍以上，美国引进的外资在1873年达到15亿美元，1904年和1914年美国引进的外资分别达到39亿美元和50亿美元，美国成为当时资本流入最多的国家之一。美国引进的外资主要用于铁路建设，大量的铁路建设开拓了国内统一市场，加速了国内市场与国际市场的经济融合。另一个外资流向是公共工程的投资，重要公共设施的建设，满足了日益增长的人口和经济发展的需要。

1870年前，美国对外投资不超过7500万美元。随着美国工业革命的进展，对外投资获得了迅速发展。美国对外投资主要采取直接投资的形式，主要是对加拿大、墨西哥和南美洲的矿业和制造业的直接投资。美国的对外投资技术有为本国提高工业原料和占领他国市场的目的。技术市场的开放对后进国家有重要意义，当时技术保护和技术专利在国际市场发育还不成熟的情况下，引进和利用国外的先进技术是最经济和快捷的一种选择。在美国引进技术中做出贡献的是移民和外国资本的流入，纺织、采矿、冶炼、铁路及水路交通等部门基本是靠引进技术建立起来的。19世纪末20世纪初，在美国和欧洲工业化国家出现第二次技术革新和发明的高潮，美国利用自己的发明和借鉴外国的经验实现了经济的腾飞，一举成为世界工业头号强国。

（三）国内市场的扩大

美国独立之后，国内市场迅速发展、扩大，主要表现在以下几个方面：

第一，领土面积扩大。1783年，美国的领土包括北至英属加拿大、南至西班牙属佛罗里达、西到密西西比北、东到大西洋的广大地区。摆脱殖民枷锁后，美国立即大规模拓殖领土，这一过程中获取了大量土地，到19世纪中期，美国的国境线已扩张到太平洋沿岸，国土面积从1776年宣布独立时的369000平方英里扩大到了1853年的3026798平方英里，增加了七倍。

第二，交通、通信业的革命。独立战争后，交通落后的状态开始改善，修筑了收费公路、开发了运河运输、铁路运输也飞速发展，19世纪80年代中期，通向太平洋的各条铁路干线都已修建完成。此外，通信事业在这一时期也迅速发展，促进市场空间的开放。交通通信业的革命，使得分布于广阔国土上的村镇城市紧密相连，沟通了相距遥远国家之间的联系，降低了市场开拓的成本。

第三，南北市场统一。1865—1877年，南部进入了政治经济制度的重建期。重建过程中，已经战败的种植园主企图死灰复燃，联邦政府不得不实行强制重建法案，把曾经参加叛乱的州划分为五个军区，实行军事管制。后来通过了民主的新宪法，使各州陆续加入联邦，实现了统一的政治体制。随后，南部经济从英国外围变为北部投资家和当地富豪开发潜在资源和推销产品的新边疆。南方逐渐从大量进口英国制成品转为较多吸收北方的工业品，从而扩大了工业品的市场。

第四，商业组织的创新。19世纪中期，商业组织出现了一些变化：批发商的作用有下降趋势，零售部门出现了百货公司、联号商店、邮购商店及商标和大规模的广告等许多新鲜事物。商业信用也随之发展起来，最先由零售商或厂家给予消费者赊销信用，后来逐步发展到由商业银行和金融公司来提供。同时，制造商和消费者为了各自的合法利益，努力使商标制度得到推广。商业组织的创新更有利于降低流通费用，促进销售，保护生产者和消费者的利益。

总之，美国独立后，国内市场以迅猛的速度发展，逐渐形成了国内开发的互相联系的市场体系。

二、美国奴隶制经济

（一）奴隶数量的增长与分布

1808年国会禁止奴隶输入之前，总计约66.1万名奴隶被带到美国，到1825年，美国境内的奴隶人数约占西半球奴隶总数的36%。美国在世界奴隶贸易中的参与程度并不高，与美国奴隶大国的地位形成较大反差，原因在于美国奴隶的死亡率相对较低，生育率却很高。

从伊莱·惠特尼1793年制造出第一台轧棉机后，对原棉的需求迅速增长，美国南部独特的气候、土壤及运输条件的改善使棉花种植在当地迅速扩张。19世纪棉花成为美国主要的出口商品。由于在新开垦的土地上种棉花收益很高，从而把许多资源，尤其是奴隶从其他活动和地区中吸引过来。在1800年至美国内战期间，奴隶日益集中在南部从事棉花生产，所涉及的地带包括：东南起自南卡罗来纳的中部，穿过佐治亚州到亚拉巴马州，再向西穿过密西西比、田纳西南部、阿肯色、路易斯安那，一直到得德克萨斯东部。到1860年，南部黑奴人口已达384万，超过南部总人口的一半。

（二）奴隶制与南部经济增长

1860年南部人均制造业产值不及美国中部滨大西洋各州的五分之一，仅为新英格兰的八分之一。由于南部大多数种植园都是自给自足，仅提供给奴隶满足生存所需的最低消费程度，从而限制了制造品市场的扩大。在工业化进程中，南部远远落后与北部和中西部。种植园经济不能产生企业家，种植园主将资本用于购买奴隶而不是投资工业，将奴隶束缚在土地上，使工业发展缺乏劳动力，这些是其未能工业化的原因。南部的奴隶制阻碍了工业化进程，但不表示南部经济不发达。在美国内战以前，南部经济处于其发展的黄金时期,它的发展速度与整个美国经济的发展速度一样快,以人均收入的增长情况为标准的话,南部是美国经济发展最成功的地区之一。造成南部经济增长的原因很多,其中主要原因是世界市场对原棉需求的持续增加,使得棉花价格长期不下降,这给不断向西扩张种植棉花的南部农场主带来了较高的利润。

第三节 自由贸易与世界经济的形成

一、自由贸易

(一) 英国的自由贸易过程

英国是19世纪最早实现自由贸易的国家。1768年《艾登条约》是自由贸易的初步成功。随着工业资产阶级的不断壮大,自由贸易和保护贸易斗争的焦点集中到《谷物法》上。《谷物法》规定对谷物的进口实现限制或禁止,以保证谷物的价格,避免国外竞争。这一政策提高了谷物价格,保护了土地贵族的利益,使他们获得垄断利润,但却提高了资本家必须支付的工资成本,因此《谷物法》是双方利益冲突所在。

19世纪上半叶,工业资本逐渐占据了主要地位,反对《谷物法》、实现自由贸易成为他们反对土地贵族、争取更大权利的重要任务。当时,英国部分工场家和知识分子以曼彻斯特商会为中心,组成了"反《谷物法》同盟"。1820年伦敦的西蒂区曾向议会呈递一份由经济学家图克起草的呼吁实行自由贸易的请愿书。后来,在格拉斯哥、曼彻斯特及爱丁堡也有人提出过这样的请愿书。从此,提倡自由贸易的运动就在英国迅速发展起来,对英国的贸易政策产生了越来越大的影响。

哈斯基森在1823—1825年改革了海关税则是自由贸易的第一个胜利。在以后的20年间，英国自由贸易取得一连串的胜利，几乎每一年都在降低或废除一些关税和消费税。19世纪40年代自由贸易取得决定性胜利。勇于改革的首相罗伯特·皮尔于1842年废除了英国制成品的特别出口税，降低了海关税则上750个左右税目的进口税，并再次开征所得税以弥补预期的收入损失。但由于英国主要执政的辉格党和托利党中有很多土地所有者，他们是顽固的贸易保护者，因此19世纪40年代初各项改革仍没有触动《谷物法》。

当年和皮尔一起支持废除《谷物法》的托利党人格莱斯顿担任首相后，坚定执行了自由贸易政策，进一步削减关税，使蔗糖关税均等化。并于1860年实行了英国对外贸易完全自由化的第一个预算，这一年里税目削减到48个，废除了其余大部分食品关税，所有来英国领地的进口品享受的优惠税率也被废除了，只有蔗糖和糖果进口税依然是重要的财政收入来源。这样，英国成为执行自由贸易政策的国家。

(二) 自由贸易的国际扩散

拿破仑战争后，除了荷兰和丹麦这些小国外，大部分欧洲国家的贸易政策都倾向贸易保护主义。但19世纪50年代起，欧洲主要国家的关税都在下降。

1860年后，贸易自由化政策通过签订贸易条约和关税协定而扩大到其他国家。其中最重要的进展是1860年法国皇帝的顾问、经济学家米舍尔·舍瓦利艾与英国签订的《英法条约》。它是19世纪50年代把欧洲大部分地区变成低关税集团的第一个贸易条约。此后，英国与比利时、意大利、德意志关税同盟和奥地利订立条约。法国为了减免相互关税也与其他国家缔结类似的贸易协定。虽然普遍的自由贸易在这一时期仍未实现，但在19世纪60年代和70年代相对较短的时期内，自由贸易在欧洲取得了胜利。

二、世界经济的形成

(一) 国际分工体系

18世纪60年代最先在英国发生的工业革命开创了国际分工发展的新篇章，产生了真正意义上的国际分工。这一时期，从欧洲输出的商品主要是制成品，其中以棉织品为大宗。这些产品主要输往落后国家和殖民地；而殖民地则主要出口农矿原料，主要以棉花和羊毛出口量增长最快。这些原料主要是出口到欧洲国家，尤其是英国。英国的棉花四分之三来自美国，其次来自印度、巴西、埃及和西印度群岛等国家和地区，羊毛主要出口国是澳大利亚、阿根廷和海外殖民地。此外，印度的黄麻、俄国的大麻和亚麻、中国的生丝等出口量也大大增加，成为19世纪原料贸易中的大宗商品。

与前一时期的国际贸易大不相同，过去那种只为满足少数人需要的奢侈品现在已被大宗商品所替代。19世纪中叶后，工业制成品、原料、食品等大宗商品在世界市场上的贸易额大幅度增长。于是，机器大工业越来越多地把世界各国的社会生产吸引到国际分工体系中来。这一时期国际分工的形式，主要是垂直分工，也即是由英国等先进国家出口制成品，销往落后国家，而后者出口原料供应前者。前者成为世界大机器生产的中心，后者则成为其附庸。这种垂直分工在19世纪中期以后得到扩大和加深。虽然前两个时期国际分工以垂直分工为主，但在先进国家之间的商品贸易大部分是在水平分工基础上的国际贸易。前两个时期，先进国家间的贸易在世界贸易总额中比重不大，直到1913年也才只有43%，而它们与殖民地的贸易达到了52%。

(二) 国际贸易制度的演变

18世纪后期到19世纪末国际贸易的各方面都发生了较大的

变化。首先是国际贸易量迅速增加。19世纪前70年世界贸易增长了几十倍，这期间世界贸易的增长比世界工业生产的增长快。国际贸易的商品结构也发生了很大变化，工业品比重上升，其中纺织品的增长最快并占重要地位，粮食成为当时国家贸易的大宗商品。贸易方式也有了进步，国际定期集市的作用下降，现场看货交易逐渐转变为样品展览会和商品交易所，形成区域性和全球性的交易中心。1848年芝加哥出现了第一个谷物交易所，1862年伦敦成立了有色金属交易所。这一时期期货交易也已经出现，小麦、棉花等常常在收获前就已经售出。

此外，国际贸易的组织方式也有了改进。原来由英国、荷兰、法国等政府特许的海外贸易垄断公司逐渐丧失垄断地位，很多有限责任的股份制公司参与到国际贸易中来，并日益专业化，专门经营某一种或一类商品。政府对外贸易的干预也减少了，制定了调整国际经贸关系的法律规范并统一了有关各方都能接受的贸易惯例。保险业方面的统一性也取得了较大的进展。1912年，伦敦保险协会制定了《协会货物保险条款》，简称ICC，后经多次修改，是目前应用最广的保险条款。这表明国际保险市场上"销售条件"统一性的实现取得了重大进展。

（三）国际金融制度

这一时期随着国际贸易的发展，多边结算制度出现了。国际结算制度一般分为双边国际结算制度和多边国际结算制度。在国际贸易的初级阶段，各国间的贸易主要是双边贸易，由于缺乏有效的支付手段为后盾而受到妨碍。为了缓和支付手段短缺对国际贸易的制约，"三角贸易"便发展起来。三角贸易虽优于双边贸易，但是，首先，它受到贸易国家数量的限制，其次，它还受到贸易规模和贸易流向的限制。为了消除支付手段这个严重的障碍，多边贸易支付体系便逐渐发展起来。伦敦是国际贸易支付体系的中心。

19世纪以后，随着世界贸易和对外投资在范围、数量上的急剧增长，国际信贷关系也迅速扩大。伦敦不仅是短期信贷中心，而且是长期信贷中心。欧洲大陆的一些国家的政府纷纷在伦敦金融市场通过发行债券、股票等形式进行借贷。这些政府借款，有的用来资助工业发展，有的用于地区的铁路建设和矿山开采，有的用于城市公用事业建设投资。

（四）世界经济的中心

英国是最先完成工业革命的国家，在它之后，欧美一些国家也先后完成了工业革命，机器大工业在欧美大陆普遍建立起来。西方工业国家经济的迅速发展，使少数几个先进国家在世界工业和贸易中占有巨大的比重，成为中心国家。英、法、德、美四个主要工业国家在世界工业生产中的比重一度占到70%左右，而为数众多的亚洲、非洲和拉丁美洲国家则处于附属地位。这一时期，这些中心国家中，英国一直充当霸主的地位。英国是"世界工厂"、世界贸易中心、"世界摆渡人"、世界金融中心。19世纪中叶，伦敦成为国际金融中心，英镑实际作为世界货币充当各国贸易结算的主要支付手段和外汇储备。

第五章　自由市场经济的消亡

第一节　垄断的产生

19世纪上半期,继英国后,欧美主要国家都进行了工业革命,各国基本都以轻纺工业开始起步,这些部门对生产规模和资本规模的要求普遍较小,大部分是单个资本。19世纪五六十年代工业革命取得巨大成就的基础上,欧美各国普遍经历了一次经济高涨。这次经济高涨使新兴重工业开始充当重要角色,生产集中的大规模生产体制开始萌芽。

19世纪五六十年代出现铁路大规模兴建热潮,铁路建设大大刺激了冶金、采煤、机械等重工业的发展。此外,这一时期迅速建立起来的新部门中,还有美国的石油工业和德国的化学工业。这样,炼铁业、机器制造业、化学工业、交通业、通信业等成为主导产业。这些产业中企业的规模远远超过轻纺企业的规模,铁路公司是典型的代表。就铁路的修筑来说,资金的筹集是最重要的问题。在美国,即使是经过西部、南部较偏远地区的一些线路,资本额也很少有低于200万美元的,一般都是500万美元以上。美国一批巨型铁路公司,像中央太平洋铁路公司、联合北太平洋铁路公司等,当时的资本额已达到数千万美元至1亿美元之巨。而同一时期,只有少数较大的纺织厂、炼铁厂和金属加工厂的资本额超过了100万美元。可以说大规模生产是从铁路开始的。

大规模生产出现后，一方面，为企业之间联合控制市场提供了条件；另一方面，加剧了竞争，在激烈的竞争中形成了垄断。到1861年美国的铁路还没有连接成铁路网，运送货物和乘客需要的转运次数和转运费用都很高。为减少转运次数、提高运输速度，从而获得更丰厚的利润，各铁路公司开始联营，原先由许多公司经营的业务经由联营协定内部化。联营将原先数百家企业的交易和活动融合起来，使得一趟装运和一次交易相当于从前多次的利润。铁路经营逐渐被少数单位的大联营组织取代了。

直达运输发展起来后，铁路经营的成败取决于运输量的多少，为此各个联营单位相互竞争，降低运费，并积极进行广告销售活动。但很快铁路经营管理者认识到，不加控制的价格竞争的后果将是毁灭性的，他们希望通过合作来对竞争进行控制。1874年，宾尼法夕亚铁路、伊利铁路、纽约中央铁路正式建立同盟，组成了自己的立法、执行和裁决机构。该同盟请三位熟悉铁路交通事务、与各公司无利害关系和正式关联的绅士，定期制定对公众合情合理且公平的适宜运费，同时还制定出对运转者而言统一的运费。铁路公司的同盟很快成为正式制度，铁路中的卡特尔（垄断利益集团）出现了。在通信业和重化工业中卡特尔这种垄断形式也很常见。垄断成为企业生存和发展的必由之路。

第二节 经济危机

一、经济危机的影响

1929—1933年大危机是资本主义世界历时最长、损失最大的一次经济危机。这次危机发源于美国，通过各种传导机制迅速在资本主义世界扩散。在危机中证券市场崩溃、价格下跌、大批企业破产、成千上万劳动者失业。

20世纪30年代大危机是从证券市场的崩溃开始的。欧洲大部分证券市场在较早时候就已经开始下跌,德国是1927年,英国是1928年,法国是1929年。纽约证券市场却涨势惊人。道琼斯工业股票平均指数在1928年到1929年9月差不多两年的时间里翻了一番。市场被盲目愚蠢的预测所引导,人们普遍相信收益和红利还会继续增加,市场陷入了无限制的投机。股票价格失去了与现实的联系,10月24日股票价格出现了剧烈下跌,10月29日纽约证券交易所营业开始后,大量股票投入市场,不计价格的抛售,出售的不仅有小商号的股票,大商号的股票也在抛售之列,到鸣锣收场的时候,以超过1600万股的最高纪录收盘。据《纽约时报》统计,50种主要股票的价格几乎下降了40点。其他欧美各主要资本主义国家本已疲软的证券市场,也没有逃脱下跌的命运。

虽然纽约股票市场的崩溃带来了惨重损失,但迅速降温的证券市场反而让整个经济松了一口气,政府当局可以通过降低贴现率来为企业提供宽松的信贷环境。但商品价格却不断下降,各主要资本主义国家的批发价格大都下跌了三分之一到五分之二,只有英国低于十分之三。农产品和原料价格下跌更为厉害,下降幅度大都在40%~50%。

在这场经济危机中,不少公司的利润降低,企业破产现象比比皆是,大批农场破产或濒临破产,数千家银行暂停营业。随着生产停顿和企业大量破产,失业人数急剧增长,整个资本主义世界的失业人数曾高达3000万人。

二、经济危机的起源

20世纪20年代,与英国、法国等老牌资本主义国家相比,美国经济进步飞速。1929年美国的经济力量占全部工业国的一半以上,美国的国内危机是这次经济危机的起源。

关于美国1929年爆发国内危机的原因有很多种说法：一是认为美国的建筑业出现严重的供过于求造成的。建筑业是美国当时的支柱产业之一，一直有力的支持着美国经济的增长。1925年以后，因第一次世界大战而推迟的住宅需求已基本满足，加上人口增长放慢引起家庭规模缩小，以及1928—1929年因投机性贷款竞争而出现的抵押贷款不足，使建筑业出现了需求饱和的情况，产生了实际的或潜在的生产能力过剩。

二是耐用消费品需求的停滞。20世纪20年代，美国的生产能力向耐用消费品转移，汽车、收音机及电器设备等行业的生产大大扩张。20世纪20年代末，收入分配日益不公，利润、价格、收入、对经济形势的预期都开始下降，耐用消费品的发展受到限制。

三是农业长期的慢性萧条对经济产生了不利影响。第一次世界大战后，欧洲各国的农业恢复到第一次世界大战前的水平，美国农产品输出的可能性大大减少，国内市场又难以扩大，就造成了供过于求现象越来越严重。

此外，美国银行制度存在结构缺陷以及不适当的货币政策等原因也是造成经济危机的原因。

三、罗斯福新政

大危机使信奉自由市场经济原则的胡佛下台，罗斯福上任后采取了强有力的干预措施，试图挽救美国经济。罗斯福采取的一系列政策，被称为"罗斯福新政"。

（一）金融政策

1933年美国货币银行危机全面爆发，破产银行占全国银行总数的49%，防止美国财政信贷彻底崩溃成为最紧迫的任务。为此，罗斯福政府采取了金融、农业、财政等一系列政策。金融方面采取了以下措施：

第一，清理银行。授权通货管理审计长任命监督官员负责审查、重开或清算被关闭的银行，规定国民银行和各州银行须领取营业执照才能开业。

第二，发放巨额贷款给金融界。仅在罗斯福新政初期，对大银行提供的贷款就达 30 亿美元之巨。银行重新开业后，存款超过了取款，恐慌被制止，银行初步恢复了信用。

第三，禁止黄金出口，美元贬值。1933 年 3 月 10 日，发布关于除财政部批准外一律禁止黄金出口的行政命令，后来强制全国私人公司和个人把储备的黄金交到联邦储备银行，停止银行券兑换黄金，4 月 9 日发布一律禁止黄金出口的命令。同时，国会授权联邦储备银行以国家债券为担保，增发 30 亿美元通货。这些措施导致美元贬值。美元贬值造成的通货膨胀，减轻了债务，提高了商品的价格。

第四，1933 年《银行法案》。《格拉斯—斯蒂格尔法》（又称 1933 年《银行法案》）对银行制度进行了改革。最重要的两项改革是商业银行与投资银行分业经营的原则和建立存款保险制度。

《格拉斯—斯蒂格尔法》规定，所有证券代理发行、证券包销、证券分销、证券经纪人业务都属于投资银行的业务范围，由投资银行专门经营。以吸收存款为主要资金来源的商业银行，除了可以进行投资代理、经营制定的政府债券、用自有资金有限制的买卖股票债券外，不能同时经营证券投资等长期投资业务。同时，经营证券投资业务的投资银行也不能经营吸收存款等商业银行业务。《格拉斯—斯蒂格尔法》建立了存款保险制度。建立这套制度的目的是，一是重建公众对银行体系的信心；二是保护存款的利益；三是监督并促使银行在保证安全的前提下进行经营活动。

第五，通过了《证券交易法案》，规定由 1934 年建立的证券交易委员会来监管证券交易。

第六，1935年颁布《银行法案》。该法案将联邦储备局改组为联邦储备委员会，赋予它直接管理货币、信贷和利率的权力。美联储成为事实上的中央银行，联邦政府通过它大大加强了对货币和金融的管理，意味着美国自由经营银行制的结束。

（二）工业政策

在工业上采取的政策主要是通过了著名的《全国产业复兴法》。罗斯福上任之时，有一种很有影响的说法，认为美国的经济困难是由于缺乏计划造成的。经济没有统一的规则以保证企业生存的数量，以正常的价格出售，因此出现了经济的不平衡、生产过剩、失业增加。《全国产业复兴法》规定经济中的各个部门都要建立产业委员会，制定公平竞争法规，确定该行业的生产规模、价格水平、信贷条件、销售定额和雇用工人的条件。这些规定实施后，工业垄断势力空前加强，小企业破产率有增无减，商品过剩依然严重，因此受到了人们的猛烈抨击，认为它损害了自由资本主义制度。1935年，最高法院宣布《全国产业复兴法》违反宪法，罗斯福于是抛弃了这个法案。但法案中保护工人利益方面的措施被保留了下来。该法案规定：工人有权自由参加工会，推选自己的代表与资方签订集体合同，并对失业工人给予一定救济。同时还首次规定了全国最低工资。

（三）农业政策

罗斯福新政的农业政策包括国家对农业生产的调节及政府整理农村信贷和债务的政策。1933年5月通过了《农业调整法》，这是国家调节农业生产的中心措施。政府利用奖励和津贴来缩减农业耕地面积，以达到减少农产品产量、提高农产品价格的目的。在整理农村信贷和债务方面，1933—1934年，罗斯福政府通过《农村信贷法》和对农村发放贷款的两个法令，对负债额不超过本身土地价值的50%和建筑设备价值20%的农场给予低利息贷款，部分农场利用政府的贷款偿还了私人银行的贷款，私人银行因此收回了呆滞在农村的大批债款，这使农村金融形势大大改观。

（四）财政政策

罗斯福上任后，将政府支出作为反萧条的工具，他解决失业和贫困的办法是直接让人们工作，给他们收入。为此，建立联邦紧急救济署、公共事业振兴署、农产品信贷公司，并策划其他创造就业的措施。第一，政府购买。除了购买剩余农产品外，还购买劳务。罗斯福政府执行公共工程计划，吸收失业工人修筑电信线路、铁路、码头、桥梁等。第二，转移支付。罗斯福政府的主要方式是救济、社会福利和保险。1933年5月通过《紧急救济法》，成立联邦急救署，拨出5亿美元作为直接救济金，到1936年为止，政府大约支出30亿美元用于失业救济。1935年提出《社会保险法》，在全国范围内推行养老金制度和失业保险制度。

第三节　国际商战

19世纪末到20世纪初，是一个全球经济大战由缓至激、不断加剧的年代。各主要资本主义国家为了经济稳定、充分就业以及"民族生存"，不惜动用一切手段争夺市场。争夺市场的活动已超过商品对商品、资本对资本、技术对技术的自由竞争范围，竞相动用了关税壁垒、商品倾销、货币贬值等攻击性商战武器。

一、自由贸易体制的解体

（一）美国贸易保护的传统

美国的贸易保护主张是在汉密尔顿的大力鼓动和实际经济利益的诱惑下逐步完善的。1789年政府颁布的《关税法案》，对81

种物品征收进口税，其中有30种征收特种关税。由于政府发现1789年的《关税法案》中制定的平均不超过8%的关税税率不足以保护国内企业的利益，因此，分别于1790年、1792年、1794年三次提高了关税。由于1812年英美战争结束后，大量廉价英国产品涌入美国市场，极大地冲击了美国的工业，使许多美国的工业面临破产危险。1828年美国又提出一个税率更高的关税法案，将羊毛的进口税提高到50%，将毛织品的进口税提高到45%。高额关税一定程度限制了英国的竞争。

在以后的20年里，美国执行了连续性保护政策，保护的强度因北方利益集团实力的强弱变化而变化，时而温和，时而强烈。1861年，由于美国国内战争爆发，需要更多财政收入，在欧洲逐步实现自由贸易的时候，美国却加大了关税保护。1862年将应税商品的平均税率提高到了37%，1864年又上升到47%。战时关税体制奠定了美国贸易保护体制的基础，直到第一次世界大战前，美国的贸易保护政策都没有发生本质性变化。

(二) 欧洲贸易保护回归

一系列经济、政治事件导致了1880年以后欧洲保护主义的回归。第一，是德国和意大利等民族国家的兴起，以及与此相关的民族主义和保护主义的出现。1887—1898年法国和意大利之间的关税战，对双方都造成了伤害，10多年内，两个国家间的贸易额下降到正常水平的50%以下。第二，19世纪70年代美国和俄国廉价谷物大量涌入欧洲及1873—1879年的萧条，使受损农场主和幼稚工业联合起来要求保护。第三，后进国家的保护政策。第一次世界大战期间，日本、澳大利亚、印度等国家利用欧洲忙于战争的四年时间，发展了许多制造业。此外，一些初级产品生产国，为了减少对外国制成品的依赖和保护在战争期间发展起来的制造业，逐步将保护政策从特定工业扩展到保护国家的国际收支。第四，以美国为首的部分第一次世界大战参战国，如法国、德国、意大利、西班牙等为了应付战后混乱的通货膨胀情况，都上调了关税税率。

（三）大危机对自由贸易体系的冲击

1929年的大危机使各国实际收入和物价水平暴跌，减少了对进口商品的需求，同时出口国出口锐减，降低了出口国的外汇收入。在这种情况下，各国都争取多出口少进口甚至不进口，以求国际收支平衡，于是纷纷采取提高关税和贸易管制等手段。这些手段动摇了自由贸易体系的基础。这个时期经济决策的重要特点是单方面性，各国提高关税和限制进口份额等政策的制定，都是在没有经过国际协商、没有考虑有关方面影响的情形下做出的，直接破坏了针对保护主义的扩散而进行的国际协调。比如，1930年召开的旨在解决关税混战协定的会议，与会的27个国家，只有7个国家在不提高关税的协定上签字。

（四）英国放弃自由贸易

随着维多利亚盛世的失去，英国世界工厂的地位逐渐丧失，自由贸易的弱点也日益暴露出来。由于德国、美国异军突起，排挤了英国的势力，英国自由贸易的收益逐渐减少。1929年经济危机爆发后，英国国际收支状况迅速恶化，自由贸易的收益急剧下降，而维持自由贸易体制的费用却急剧增加，自由贸易对英国失去了吸引力。1932年通过的《保护关税法》使英国彻底放弃了自由贸易主义原则。它标志着世界经济全面混乱的局面已来临，国际市场恶战无限制升级而不可遏制的时期已开始。

总之，当经济危机袭来时，各国为了自己的生存和民族利益，竞相采用关税战、商品倾销、货币战争等手段争夺有限的世界市场，最终导致多边支付体系的崩溃，国际协调失败。愈演愈烈的商战成为世界大战的序曲。

第四节　世界大战产生原因及经济后果

一、两次世界大战产生的原因

第一次世界大战的直接原因是对殖民地的争夺。在最早兴起的资本主义国家中，英国和法国由于较早进行殖民扩张，占有较多的殖民地。到19世纪后半期，美国与德国发展迅速，实力已超过英国和法国。当时的殖民地不仅是帝国主义国家主要的原料产地、商品销售市场、投资场所，也是国内经济和政治矛盾的缓冲地。对殖民地的争夺使这些国家瓜分世界的斗争越来越激烈，最后导致第一次世界大战的爆发。1914年7月，奥匈帝国在德国的支持下在塞尔维亚点燃战火，几天内便席卷欧洲主要国家，然后迅速扩大到非洲、亚洲和美洲，先后有30多个国家参战。

引起第二次世界大战的直接原因是对市场的争夺。随着经济的发展变化，殖民地的作用已不像第一次世界大战前那么重要，真正困扰各国经济发展的主要问题是市场不足。当时各国国内的生产与消费的矛盾已无法解决，社会大多数人生活在贫困之中，购买力低下，而生产又急剧扩张，如果不出口，生产必然停滞，失业必然扩大。这将导致社会动荡，政局不稳，威胁到各国政府的统治。

总的来看，两次世界大战，都是由市场经济运行过程的矛盾和运行故障造成的。如果市场运行稳定，那么表现出来的就是：商品畅销、原料充足、就业充分、利润丰厚；如果市场经济运行出现故障，则会出现商品过剩、原料短缺、失业严重、人口过剩、生存空间紧张。出现后一种情况时就会导致各国为了争夺商品市场而爆发国际商战，个别国家很可能不惜进行军事冒险，因此战争不可避免。

二、第一次世界大战的经济后果

第一次世界大战中军队的死亡人数达 1000 万人,直接死于战争的平民百姓约 1000 万人,还有 2000 万人死于战争引起的饥荒和疾病。直接用于战争的费用大约为 1800 亿～2300 亿美元,非直接的财产损失超过 1500 亿美元。战争破坏了国际经济秩序,使得在 19 世纪兴起的国际经济因第一次世界大战的爆发而结束。

第一,国际贸易中断。第一次世界大战使国际贸易额下降了 40%。第二,对外投资收入严重损失。如,英国对外投资损失了 15%,法国损失了 50%,德国在各交战国的投资,在战争期间被没收,作为战后赔款。第三,国际金融秩序被打乱。战争期间的财政压力,使各参战国普遍利用大规模借款和印发纸币来资助战争,从而出现了严重的通货膨胀。第四,战争使美国经济实力大幅度增长。美国由于在战争期间保持中立,成为交战国最大的物资和军火供应者,同时利用英、法、德等国暂时退出世界贸易和投资市场的机会,大发战争财。

第六章 战后经济的发展

第一节 战后市场经济国家的发展

一、马歇尔计划

到 1947 年年中或年末,除德国以外的大多数欧洲国家的工业生产已恢复到第二次世界大战前的水平。这时候,美国处于十分有利的经济地位,它的产品不仅能满足国内的需要,还大量出口到欧洲,使美国与欧洲的贸易出现顺差。美元在那时成为最紧俏的商品,导致 20 世纪 40 年代末期非常普遍的美元荒。

美国在第二次世界大战后最初的两年,曾经向欧洲提供过救济和复兴援助,但是杯水车薪没有能结束欧洲的苦难。这一时期,苏联和美国之间的冷战不断升级,为了稳固资本主义体系、遏制苏联在西欧的影响,美国开始关心西欧经济增长和政治稳定,害怕西欧经济状况进一步恶化成为第二个苏联,于是"马歇尔计划"出台。

1947 年 7 月 12 日,16 个国家的代表在巴黎会晤,决定成立"欧洲经济合作委员会",它包括所有的西欧民主国家、中立国瑞典和瑞士,以及奥地利、葡萄牙、希腊和土耳其。在美国开始援助的时候,欧洲经济合作委员会转变为"欧洲经济合作组织",负责分配美国的援助,欧洲经济合作组织的成员必须提供以本国货币形成的补充基金。在执行这一计划的过程中,所有受援国都同美国签订了多边和双边协定，并在降低关税、减少贸易限制和开放国内市场方面对美国做出了较大的让步。

马歇尔计划对欧洲经济起到了输血的作用，大大加速了欧洲经济的恢复。1949年，西欧的工业产值已经超过第二次世界大战前1937年的水平。对亚洲和太平洋地区，美国也提供了大量援助，据估计各类援助共计70亿美元。

二、20世纪五六十年代的经济繁荣

（一）高增长率及产生原因

20世纪50年代初，世界大部分国家都通过不同方式完成了经济恢复，在此基础上整个世界迎来了20年左右的高度繁荣。这一时期，整个世界的经济增长速度超过了历史上的任何时代。20世纪50年代，美国国内生产总值年增长率为3.3%，英国为2.8%，法国为4.5%。20世纪60年代这一数字为：美国4.3%，英国2.9%，法国5.7%。经济增长大大提高了劳动者的收入水平，收入增加导致消费水平的提高、消费结构的变化以及消费观念的更新，引发了一场"消费革命"。集中表现在住宅、耐用消费品和服务性消费的增加上，追求生活质量已成为发达社会的重要倾向。

1950年以后的20年里，大多数发达市场经济国家持续的高增长率使经济长期被动的状态大为改观。美国在1948—1980年的32年间，共经历了4个周期，周期平均长度为8年，比1929年前大约10年的周期有所缩短，波动的幅度也比以前有所减小。美国在20世纪50年代经历了两次国内生产总值的下降，西欧只有1952年和1958年出现两次衰退，但每次下降和衰退的程度都比较轻，且在衰退后都继以更高的增长率。

第三次技术革命同样是这一时期资本主义国家经济繁荣的重要原因。这次技术革命是从美国开始的，接着扩展到西欧、日本等其他国家。这次技术革命的规模、深度和影响是过去任何一次科技革命所远不能及的。它综合了一切科学部门的重大发现，几乎使科学技术的一切领域都发生了深刻的变化，出现了新的飞跃，产生了一系列新兴的科学技术，在此基础上还产生了高分子合成、原子能、电子计算机、半导体等新兴工业部门。新科技革命不仅导致一系列新兴部门的产生，也使传统部门的生产发生了革命性的变化，许多传统行业都使用了新的生产技术。

三、市场经济国家的改革

（一）联邦德国的市场经济

第二次世界大战后，联邦德国的路德维希·艾哈德和阿尔弗雷德·米勒·阿尔马克继承和发展了早期新自由主义的理论。按照艾哈德的观点，新的"社会市场经济"既不是国家完全不加干预的自由经济，也不是中央高度集权的社会主义经济，而是介于两者之间的"经济人道主义的第三条道路"，即社会市场经济。市场经济的实质是以自由竞争为基础、国家进行适当调节，并以社会安全为保障的资本主义市场经济。国家的作用仅限于通过法制保障经济自由和通过社会福利保障社会公平及安全。

1948年，英、法、美占领区的"经济议会"在法兰克福通过了《关于货币改革后经济管理与价格政策指导原则》。这个原则基本取消了对经济的强制控制，允许居民不受限制地购买个人所需物品，并以公开的市场价格出售他们各自的商品和劳务。随后，将90%的商品的价格进行开放，并取消了配给。1948年经济恢复的步子大大加快，到1950年联邦德国的经济已恢复到第二次世界大战前的水平。1950—1960年，联邦德国的国民生产总值实际年增长率为7.6%，职工实际收入在1948—1958年虽然增幅没有企业主那么多，但翻番有余。

(二) 英国的国有化措施和福利国家制度

第二次世界大战后英国私人部门面对资本不足、外汇匮乏、技术落后的状况，认为靠自身的力量来加快对原有企业的技术改造和提高商品的出口竞争力是很难在短期内见效的。因此，国有化主张成为被人民普遍接受的社会改革和经济改革政策。

英国先后两次出现国有化高潮。第一次从 1945 年 7 月到 1951 年 10 月，第二次从 1975 年 3 月到 1979 年 5 月。第一次国有化，政府将采煤、电力、天然气、铁路、民航、电报、电话、水路、钢铁等收归国有，1946 年还对英格兰银行实行了国有化，掌握了干预经济的最有力工具。国有化对当时的私营企业来说，降低了生产成本。国有企业对政府来说，是最有力的调控工具。如国有企业为社会提供了一定的经济优惠或福利，如英国铁路客运服务价只相当于成本价，亏损由政府补贴；国有企业可以扩大就业；国有企业也是政府控制通货膨胀的工具。

英国政府在第二次世界大战后还实行了福利国家政策。一方面，福利政策是调节阶级矛盾的手段；另一方面，是劳动人民自己争取的权力。英国的社会福利保障政策可以追溯到 1601 年的《济贫法》和工人自己举办的自助机构。《济贫法》只是为社会上某一部分人提供了生活保障，但是在萧条时会给本已经很紧张的财政增加压力。1905 年英国提出了实行社会救济与社会保险相结合的建议。社会保障制度的真正实施是 1911 年《社会保险法》的强制推行，这是世界上第一个在全国强制推行的失业保险法。社会福利保障制度在北欧国家和西欧的法国、德国、荷兰都很盛行，其中瑞典最成功，被称为福利国家的典范。

社会保障制度对社会经济政治的稳定做出了贡献，保障了公民的生产权利，有利于促进公平和效率。但社会福利开支加重了所得赋税和财政负担，削弱了劳动力市场的自发调节机制，一方面，引起失业的增加；另一方面，使资本和专业人才外流，最终拖累经济的发展。

(三) 法国的经济计划

1945年法国开始了大规模的国有化运动,把战时同法西斯德国密切合作的企业一律收归国有。国家在国民经济的主要部门掌握了很大的控制权,为其计划经济的实施提供了保证。法国是西欧发达市场经济国家中唯一实行明确的国家经济和社会中长期计划的国家,被认为是资本主义计划的发源地。1945年底,计划创始人让·莫内提出了现代化与装备计划的建议。法国的经济计划主要有以下几方面的内容:规定国家中期的总体发展战略和目标;规定宏观经济总量增长指标,这个指标只对某些部门和国有企业有约束力;确定优先发展部门,对重点地区实现动态中的倾斜发展。

法国计划干预体系的最终形成是在戴高乐任法国总统的11年时间里(1958—1969年)。在制定和实施计划的过程中,法国的计划理论日益成熟,计划机构日益健全,计划方法越来越与市场经济体制的要求相适应。在计划理论方面,法国认为计划不是强制性,具有防止自由市场经济风险的作用,计划还能使市场继续发挥其优点。在计划机构方面,坚持"集体预测"原则,增加了参与计划制定和审议的政府机构和人员,并且分工日益制度化。在计划方法上,不断减少直接控制方法,越来越多采用间接控制方法。

戴高乐政府卸任前,法国独特的计划指导型市场经济体制终于形成。这种体制的特点是在资源配置方面,仍以现场为基础,计划通过市场因素来实行,计划只是指导和建议的手段。

(四) 美国的混合市场经济

从罗斯福新政开始,美国就在尝试经济管理体制的改革。战争期间美国大学培养了第一代凯恩斯信徒,到战争结束时,一些人已身居要职。凯恩斯主义，是根据凯恩斯的著作《就业、利息和货币通论》（凯恩斯，1936）的思想基础上的经济理论，主张国家采用扩张性的经济政策，通过增加需求促进经济增长。凯恩斯信徒利用罗斯福新政和美国战争期间的政府干预实验说明，通过扩张性的财政政策，可以消除失业，一定的政府干预有益而无害。一些人甚至认为，进行大量的经济计划也是切实可行和必要的。

1946年颁布的《就业法》，该法令责成联邦政府负责"最大限度地就业、生产和购买力"，成立协助总统制定经济政策的经济顾问委员会。随后美国混合经济体制在杜鲁门和艾森豪威尔两届政府任期内形成，在肯尼迪和约翰逊任总统期间得到发展。混合经济体制形成过程中最明显的表现是财政支出规模的扩大。扩张性财政政策的推行，使美国的经济体制发生了明显的变化，由传统的自由市场经济变成混合经济，这使得政府控制因素与市场因素彼此混合在一起。

四、新经济产生

"新经济"一词最早见于美国的《商业周刊》1996年12月30日的《新经济的胜利》一文，文中将20世纪90年代美国的经济称为"新经济"，并列举了"新经济"的五大特征：实际国内生产总值大幅度增长，公司经营利润大幅度增加，失业率和通货膨胀率双双降低，进出口额占GDP的比例上升，GDP增长中高科技的贡献率上升。后来经济合作组织在2000年6月的报告中总结了新经济的三个表现：具有长期增长趋势而不是周期性增长；没有通货膨胀压力；经济增长的源泉扩大。

同传统经济相比，"新经济"增长的动力扩大了，是一种以信息技术为基础，由知识要素驱动的经济，有些时候甚至将新经济称为知识经济。根据经合组织的定义，知识经济就是以现代科学技术为核心的,建立在知识信息的生产、存储、使用和消费之上的经济。按照世界银行的分类,能够带来经济价值的知识主要包括以下两类:与诀窍相关的、我会你不会的知识,那就是通常所说的技术;与属性相关的、我知你不知的知识,那就是通常所说的信息。传统经济学的基本前提是资源的稀缺性。这一前提在农业社会和工业社会都是正确的,传统生产的三要素(土地、劳动、资本)都有数量约束,不可能予取予求,用之不竭,这三种要素的报酬是递减的。但是,在依靠知识经济的生产、交换、分配而发展的"新经济"中,知识无疑成为传统三要素以外的第四要素。这一生产要素的最大特点便是其充裕性,它是报酬递增的。

旧的传统经济是一种负反馈经济。当一种商品的价格上涨时,生产者会增加产出,但是消费者却会减少消费;反之亦然。生产者与消费者之间的这种负反馈机制会使一种失衡的市场重新恢复均衡。但对于新经济来说,这样的均衡并不存在,因为"新经济"是一种正反馈经济。以互联网经济为例,需求增加会创造更高的效率和更高的报酬,从而会导致供给方的价格进一步下降。进而创造出更多的需求。这种需求与供给互为因果的正反馈机制使得"新经济"的发展具有自我实现的滚雪球式效应,而非自我恢复的均衡效应。

"新经济"的产生是对传统经济增长方式、经济周期的一种挑战,一定程度上打破了传统经济的一些发展方式和经济繁荣、衰退、萧条、复兴相互更替的周期性变化规律。"新经济"反映了生产方式的革命,促进了产业机构升级和劳动生产率提高。

第二节 经济全球化和民族化

（一）经济全球化

经济全球化主要指各国经济高度开放并与国际市场连为一体，具体包括全球范围内的资金流动、人才流动和技术转移。第二次世界大战后，随着科技和生产力的发展、国际分工的日益深化和国际贸易的超前发展，世界经济出现了全球化趋势：国际分工由垂直式发展为水平式、综合式，并不断深化，加强了各国经济的相互依存性；国际贸易以高于国民生产总值的速度发展，成为世界经济增长的发动机和维持动力，一个国家的进出口额已成为衡量国家经济实力的重要标志；跨国公司获得巨大发展、企业的跨国界经营、资本和利润来源的多元化，使企业的国籍概念越来越模糊；国际经济组织为协调国际经济运行发挥着越来越重要的作用；出现了一系列一体化组织，在组织内部实现了不同程度的贸易和投资自由化。

总之，整个世界经济趋于一体，各国和各民族相互依存、共同发展成为不可阻挡的大趋势。

（一）经济民族化

在经济全球化的进程中，经济民族化趋向也不容忽视。经济民族化涉及国际经济交往中的民族利益。不论世界如何发展，只要民族存在就有民族利益。世界经济的全球化，并不意味着各国的经济失去了独立的意义。相反，正因为各民族之间频繁的经济往来，民族利益才更加突出。这是因为在一定的时期，世界市场容量的有限性，决定了生存和发展空间的有限性，这使国际竞争不可避免地异常激烈。这种竞争关系到民族的根本利益，是对民族生存空间和发展空间的争夺。

世界经济的民族化倾向，主要表现在三个方面：一是区域性经济集团的发展。世界经济一体化的组织形式是区域集团。其目的是保护本集团的利益，根本上还是本民族的利益。二是发达国家贸易保护主义抬头。随着国际竞争的加强和国家经济矛盾的激化，各国的贸易政策逐渐发生变化，开始转向贸易保护主义。三是各区域集团以及各国之间的经济竞争和经济矛盾越来越以政治、种族矛盾的形式表现出来。例如，中东问题、发展中国家反对大国控制等，无不以维护民族利益为目标。所以，在经济全球化的过程中，贸易摩擦和贸易冲突从来没有停止过。

·第四部分·
20 世纪以来世界经济大事记

1900 年

爆发了世界性经济危机。这次危机被称为"现代垄断组织史上的转折点"。

1901 年

美国摩根财团把联邦钢铁公司和卡内基钢铁公司合并为美国钢铁公司，兼并 700 多家企业，拥有资产 13.7 亿美元，控制了美国 65% 的钢产量，成为美国第一家"10 亿美元公司"。这是美国发生的第一次企业兼并高潮，也是 20 世纪第一个巨额合并项目。

1903 年

1. 美国福特汽车公司成立。

2. 大英帝国关税改革同盟成立。

3. 德国柏林 6 大银行垄断资本与工业垄断资本联合，形成实力强大的金融资本。6 大银行的经理和董事参加了 751 家工业、交通、保险及商业公司。

4. 12 月 17 日，美国莱特兄弟首次试飞飞机成功。

1904 年

加拿大制定世界上最早的"反倾销法"。

1905 年

美国世界产业工人联盟成立。

1906 年

1. 意大利劳动总同盟成立。

2. 巴西 3 个主要咖啡生产州的州长在圣保罗州的塔乌巴特开会，协商制定咖啡保价政策，即《塔乌巴特协议》。该协议作为国家首次干预经济的行为载入巴西经济发展史册。

1907 年

3 月爆发的美国交易所危机引发了 20 世纪第二次世界经济危机，也是 1857 年以来的第七次世界经济危机。

1908 年

托拉斯组织已遍及美国各主要经济部门，参与联合的公司增至 10020 家，资金达 316.7 亿美元。托拉斯式的联合是美国的主要垄断形式，美国成了"托拉斯之国"。

1909 年

美国制定《佩恩—奥尔德里奇关税法》（平均税率 37％）。

1910 年

德国社会民主党领导人之一、财政部部长希法亭发表《金融资本论》。对"资本主义发展的最新阶段"做了有价值的理论分析，并对借贷资本与工业资本的融合提供了有价值的材料。

1911 年

1. 日本和美国签订《新通商航海条约》。

2. 德国卡特尔式垄断组织增至近 600 个，遍及采煤、冶金、电气、化学、纺织等许多工业部门。最重要的垄断组织有德国铁业联盟、钢铁联盟、电气总公司、西门子公司、克房伯公司等。垄断组织已成为德国全部经济生活的基础。

1912 年

美国最大的农场主组织——"农场局联盟"的第一个地方组织在纽约建立，1919 年成为全国性组织。这是一个非政府的、独立的社会团体。

1913 年

1. 从美国开始，爆发了 20 世纪的第三次世界经济危机，也是自 1857 年第一次世界经济危机爆发以来的第八次世界经济危机。危机蔓延到德国、英国，随后波及法国、日本、俄国等资本主义国家。

2. 罗沙·卢森堡发表《资本积累论》。

3. 世界黄金储备的 60％以上集中在英、美、法、德、俄 5 国的中央银行，金币流通已经变得越来越艰难，金本位体制开始动摇。

4. 12月,美国通过《联邦储备法》。

1914年

1. 7月,纽约股票交易所因第一次世界大战爆发关闭,同年11月28日又重新开放。

2. 8月,巴拿马运河通航。

3. 9月,美国重要反托拉斯立法《联邦贸易委员会法》经国会讨论通过。

4. 10月,美国国会通过议员亨利·克莱顿倡议的《反托拉斯法》,提出限制托拉斯发展的新条款。该法旨在进一步禁止商品生产和贸易中的不正当竞争。

5. 12月,沙皇俄国的金铸币——帝币和金币停止流通。

1914—1935年

法国开展国有化运动。主要是把德国人在法国建立的阿尔萨斯钾矿公司、氮气工业公司收归国有。对本国的军火生产、运输、粮食、钢铁、化工等实行国家管制,对大西洋航运公司、法国航空公司实行国家参股。

1917年

1. 11月10日,苏维埃俄国颁布无偿废除地主土地私有制的法律。

2. 11月27日,由列宁起草的"工人监督条例"经全俄中央执行委员会通过,翌日生效。苏俄制定的由工人代表监督企业的生产、交换和财务的法令,是实行社会主义改造的最初步骤。苏俄制定了将私人银行收归国有、建立统一苏俄人民银行的"银行国有化"法令。

1918年

1. 1月20日,根据苏维埃政府国有化法令,彼得格勒和莫斯科的私人银行及其他城市的私人银行收归国有。

2. 4月，苏维埃政府颁布法令，将外贸企业收归国有，实行对外贸易国家垄断制。

3. 7月，美国垄断资本集团联络英、法、日组成"新银行团"，争夺对中国贷款的领导权。

4. 11月11日，德国与协约国签订贡比涅停战协定，宣告投降。第一次世界大战结束。资本主义国家的经济贸易遭到严重破坏。

1919年

1. 英国重新实行帝国特惠关税制。

2. 美国提出"海上自由"的要求和"贸易机会均等""门户开放"的主张。

3. 英国著名经济学家凯恩斯发表了《凡尔赛和约的经济后果》。

4. 1月18日，巴黎和会开幕，25日通过建立国际联盟的决议。

5. 4月11日，巴黎和会通过《国际劳工组织宪章》。

6. 6月28日成立国际劳工组织，1946年9月26日国际劳工组织成为联合国第一个专门机构，总部设在日内瓦。

7. 10月10日，协约国最高会议正式宣布对苏俄实行经济封锁。1920年1月16日解除。

1920年

1. 6月，国际商会在巴黎正式成立，并在纽约、日内瓦、曼谷设立联络处。

2. 7月，美国、英国、日本等主要资本主义国家爆发了第一次世界大战后的第一次世界经济危机，也是第九次世界范围的经济危机。

3. 9月24日—10月8日，国际联盟在布鲁塞尔召开国际财政金融会议，研究欧洲国家的财政危机及政策。有39个国家的

86名财经专家出席了会议。

4. 12月，苏俄第一个全国统一的经济发展远景计划——"电气化计划"编制完成。

1921年

1. 1月，国际联盟在贝尔斯龙召开第一次国际交通及运输会议，通过了关于保证运输和航运国际利益的公约。

2. 3月，俄共第十次代表大会通过由战时共产主义政策过渡到新经济政策的决定。内容包括：农业上用粮食税代替余粮征集制；工业上将一些轻工企业出租或转让给国外企业主，发展商品货币关系；商业上由国家垄断贸易改为自由贸易等。旨在发展经济，向社会主义过渡。

3. 3月16日，苏联和英国在伦敦签订《临时贸易协定》。这是苏维埃国家与资本主义大国签订的第一个贸易协定。

4. 6月22日—7月12日，共产国际第三次代表大会在莫斯科举行，52个国家的605名代表出席了会议。讨论世界经济危机和共产国际的新任务等问题。

5. 10月6日，20个资本主义国家代表在布鲁塞尔召开"援助苏俄"特别会议。建议在苏俄偿还外债、发还外国在俄财产和"恢复正常经济生活"的条件下，向苏俄提供救灾贷款。

6. 11月12日—1922年2月6日，美、英、法、意、日、中、葡、荷、比等9国在华盛顿举行会议。会议通过9项条约，其中1922年2月6日签署的《九国公约》规定中国"门户开放"和"机会均等"原则，使中国进一步沦为帝国主义的半殖民地。

1922年

1. 2月9日，美国国会成立"世界大战外债委员会"。

2. 4月10日—5月19日，29个欧洲国家的代表，以及英国自治领地共34个国家的代表在意大利热那亚召开国际经济会议，讨论欧洲经济问题。中国和美国派观察员列席了会议。

3. 12月1日，国际铁路联盟正式成立，总部设在巴黎。现为联合国经济及社会理事会的咨询机构。

1923年

国际联盟在日内瓦召开第二次国际交通及运输会议，通过了《海港国际制度公约》《铁路国际制度公约》等多边条约。

1924年

1. 2月7日，意大利政府与苏联建交并签署《苏意通商条约》。

2. 4月9日，美国银行家查尔斯·道威斯向以他本人为首的德国赔款问题专家委员会提出了一项向德国提供贷款，帮助其摆脱经济危机、恢复战争赔偿能力的报告——《道威斯计划》。

3. 8月16日，伦敦会议各方签订实行该计划的协议书。9月1日生效。1930年，道威斯计划为杨格计划取代。

1925年

1. 4月，英国恢复金本位制。

2. 6月，意大利法西斯政权为实现小麦自给和准备战争而发动了小麦增产运动，史称"小麦战役"。

3. 7月，英国恢复保护关税。

1926年

1. 由美国、英国、比利时的铜业垄断组织组成了第一个国际铜卡特尔——"铜出口商协会"。

2. 9月，由德、法、比、卢及萨尔区（1935年回归德国）钢铁垄断企业建立了"国际粗钢卡特尔"。规定成员国粗钢的生产份额、出口限额和价格限制。1930年7月解体。

3. 美国"杜邦集团"、德国"洁本公司"与英国"帝国化学工业公司"共同签订瓜分世界军火市场的协定。

1927年

1. 美、英、荷、法等国大石油公司，为掠夺亚、非、拉石油资源，控制美国以外资本主义世界石油市场而建立起国际石油卡特尔。

2. 5月4—23日，国际联盟在日内瓦召开世界经济会议，有52个国家、194名代表及157名专家出席了会议。主要讨论取消进出口禁令和降低关税等国际贸易问题。

1928年

1. 苏联第一个国民经济建设五年计划编制完成，1929年5月全苏苏维埃第五次代表大会批准实施。

2. "美国钢铁公司"正式参加国际钢铁卡特尔。

3. 12月20日，英国与中国签订条约，英国承认中国国民党政府和中国关税自主权。中国国民党政府则免征英国货物口岸和内地税。

1929年

1. 6月，成立了以美国通用电气公司董事长欧文·杨格为首的德国赔款问题专家委员会。6月7日，提出新的赔款计划，即"杨格计划"，并经在海牙的国际会议上通过，于1930年1月生效施行。

2. 10月24日，美国纽约证券交易所出现股票价格暴跌，一天内抛售近1300万股。10月29日，股市以更大幅度下泻，交易额达1641万股。50种主要股票的平均价格几乎下跌了40点。股票市场的崩溃标志着1929—1933年世界经济大危机的开始。

3. 11月，以英格兰银行为首创立了证券经营托拉斯，领导工业证券的推销工作。

4. 11月7日，苏联在斯大林的《大转变的一年》一文发表后，以全盘集体化改造农业生产关系的一场政治运动开展起来。

1930年

1. 2月，日内瓦国际经济会议召开。

2. 5月6日,《中日关税协定》在南京签字。日本承认中国关税自主,但取得多项商务保障。中国承认日本以往对中国历届政府的贷款。

3. 5月19日,美国国会通过《霍利—斯穆特法》,将890种商品的关税由31.2%提高到34.3%,该法于6月17日经胡佛总统签署生效。

4. 5月20日,国际清算银行成立,总行设在瑞士的巴塞尔。

1931年

1. 成立了以股份公司形式出现的国际铝卡特尔,名叫"铝联营公司",本部设在瑞士巴塞尔。这是资本主义国家炼铝企业为瓜分原料产地和产品销售市场而建立的国际垄断组织。

2. 5月11日,奥地利一家资格最老、资金最雄厚的银行——奥地利信贷银行宣告破产。标志着欧洲金融信贷危机的开始。

3. 6月20日,美国总统胡佛发布了《债款延付宣言》,建议"在一年期内延付一切政府间债务、赔款和救济借款的本利"。

4. 9月21日,资本主义货币信用制度危机迫使英国宣布放弃金本位制,不再按固定价格兑换黄金,禁止黄金出口,英镑贬值。这标志着以金本位为基础的世界金融体系开始崩溃。

5. 11月,英国和英联邦各成员国以及其他一些国家组成以英镑为中心的货币集团,称"英镑集团"。1939年该集团为"英镑区"取代。

6. 12月13日,日本政府禁止黄金出口,并宣布放弃金本位制。日元汇价迅速下跌65%。

1932年

1. 由于经济危机,美国至少有1400家银行破产。全世界失业人数高达3000万人。

2. 国际法协会于 1928 年在华沙举行会议,制定了华沙规则。其后,经 1931 年纽约会议、1931 年巴黎会议和 1932 年牛津会议,修订为《1932 年华沙—牛津规则》,这是关于 CIF 合同项目下买卖双方的权利和义务的统一规则。

3. 德国从 1932 年起推行了一种掠夺性的双边贸易结算制度,即非现金结算制度。1932 年德国同匈牙利签订了第一个清算协定。到 1937 年,德国已同除英国、阿尔巴尼亚以外的所有欧洲国家,以及南美的阿根廷、乌拉圭、智利和哥伦比亚等国签署了清算协定。这一制度对于支撑德国的军事经济起到了重要作用。

4. 英、美等 70 多个国家在马德里开会,决定将 1865 年签订的《国际电报公约》和 1932 年签订的《国际无线电公约》合并为《国际电信公约》,并将原国际电报联盟改为国际电信联盟。1947 年 10 月 15 日成为联合国的一个专门机构。

5. 2 月 19 日,英国政府通过新的《进口关税法》,规定除少数商品和原料之外,一般征税 10%,而工业进口的征税则在 20% 以上。新法的通过彻底放弃了传统的"自由贸易"政策。

6. 4 月,已有 23 个国家放弃金本位制,另有 17 个国家实际上也取消了金本位制。

7. 7 月 21 日—8 月 20 日,在加拿大渥太华召开英联邦成员国的帝国经济会议,签订了《渥太华协定》,规定帝国内部各成员国在相互贸易中彼此提供特惠关税,确立普惠制,即"帝国特惠制"。

1933 年

1. 3 月,资本主义货币信用制度危机进一步蔓延,美国联邦储备银行歇业,全国近半数银行宣布破产,国库黄金储备急剧减少,美元大幅度贬值。

2. 3 月 4 日,美国新任总统罗斯福制定一套反危机政策,被称为"新政"。新政第一阶段（1933—1935年）的目标是重建瓦解了的财政金融系统，复苏工农业，进行失业救济。第二阶段（1936—1939年）的重点是对在职人员进行社会保险和适当提高劳工的社会地位。

3. 3月5日，美国总统罗斯福命令全国银行"休假"4日，以遏制各银行因挤兑而出现的普遍倒闭风潮。

4. 3月9日，美国总统罗斯福颁布《紧急银行法令》，放弃金本位制，禁止黄金出口和收藏，美元贬值41%。

5. 3月10日，中国国民党政府下令，自4月6日起全国实行以银圆为货币单位。

6. 4月5日美国总统罗斯福发布禁止囤积黄金和黄金券的命令，强制全国私人公司和个人把储备的黄金交到联邦储备银行，停止银行券兑换黄金。

7. 5月，德、法、比、卢等国钢铁垄断组织联合成立国际粗钢输出协会，规定成员国钢铁的出口份额。

8. 5月12日，美国总统罗斯福批准公布《农业调整法》，并设立"农业调整局"，以推动该法的实施。

9. 6月12日—7月27日，世界经济会议在伦敦召开，与会者共66个国家，主要讨论有关战债、关税与贸易，以及稳定金融等问题；会议通过了美国提出的《白银协定》。

10. 6月16日，美国总统罗斯福批准"葛拉斯—斯蒂格尔银行条例"，将商业银行和投资银行业务分开：禁止经营存款业务的商业银行从事投资业务，同时禁止投资银行收受存款，借以抑制银行用收受的存款进行证券投机活动。

11. 7月3日，国际联盟理事会决定成立"援华特别委员会"。

12. 7月，法国、意大利、荷兰、瑞士、波兰、比利时6国为维持金本位制的正常运转，结成了货币集团，史称"黄金集团"。

13. 7月,德国希特勒政府颁布"卡特尔条例",规定帝国经济部有权建立新卡特尔;一切卡特尔有权将局外企业合并进来;对任何反对这种规定的局外企业,卡特尔可以剥夺其得到原料和商品供应的权利。

14. 8月,由美、加、澳、阿根廷等小麦出口国与英、法、德等小麦进口国政府之间签订了关于小麦贸易限额和价格的《国际小麦协定》。

15. 12月,第七届泛美会议在乌拉圭的蒙得维的亚召开。在美国提议下,泛美联盟各国之间相互降低关税。

1934年

1. 1月,美国颁布黄金储备法,美元贬值。组成美洲美元集团。

2. 2月,美国国务院提出《互惠贸易协定法草案》,经众议院和参议院先后通过,由罗斯福总统于6月12日正式签署生效。

3. 4月13日,美国国会通过由参议员海勒姆·约翰逊提出的《债务拖欠法案》(即《约翰逊法》),规定不按期偿还债务的国家不能获得美国的新贷款,同时也不得在美国发行债券。

4. 5月,由英国、法国、荷兰、印度和暹罗(泰国旧称)5国政府签订关于橡胶生产和销售的《国际橡胶协定》。该协定是英、法、荷等宗主国控制世界橡胶生产和贸易的工具。

5. 6月,美国颁布证券交易法,设立证券交易委员会。

6. 6月,美国实施白银法案,大幅度提高银价,造成了中国白银大量外流,银本位制基础动摇,国内市场上银根奇紧,拆息上涨,物价猛跌,工商企业银行钱庄倒闭、停业等严重后果。

1935年

1. 2月,国际钢管卡特尔解散。

2. 7月5日,美国政府全面调整劳资关系的重要立法《全国劳工关系法》经罗斯福总统签署成为正式法律。它是美国劳工立法史上最重要的立法之一。

3. 10月，美国与中国国民党政府签订《中美白银协定》，攫取了对中国货币的控制权。

4. 11月3日，中国国民党政府公布币制改革令，发行"法币"，实行白银国有，放弃银本位制。

1936年

1. 英国著名经济学家凯恩斯发表了他的代表作《就业、利息和货币通论》，标志着凯恩斯主义经济学的问世。

2. 1936—1938年，法国人民阵线政府实行了一系列经济改革。包括：增加工人工资、吸收工人代表参政、改善劳动条件、改组法兰西银行、设立小麦管理局、创设法国铁路公司等，对法国经济发展产生了重要影响，史称第二次"法国新政"。

3. 国际商会公布了一套具有国际性的解释贸易术语的通则，定名为《1936年贸易术语解释国际通则》。1953年加以修订，称为《1953年贸易术语解释国际通则》。1980年再次修订，称为《1980年贸易术语解释国际通则》，成为现行的国际通则。

4. 1月4日，美国总统罗斯福在年度国情咨文中提出了第二次新政，其实质是发展国家垄断资本主义，以挽救资本主义制度。

5. 9月，法国放弃金本位制后，以金本位为基础的世界金融体系彻底瓦解。

6. 9月26日，美国、英国、法国签订了《三方货币协定》。按照规定，3国同意维持协定订立时的汇价，并共同合作来保持货币关系的稳定。这是现代世界经济史上就货币问题进行多边合作的首次尝试。

7. 10月，美、英、法3国签订《三国黄金协定》，规定3国间可自由兑换黄金。

第四部分　20世纪以来世界经济大事记

1937 年

1. 1937—1938 年世界经济危机。

2. 9 月 10 日—9 月 17 日，英、法、希、土、南、罗、保、埃及和苏联 9 国代表在瑞士尼翁举行会议，并缔结了《尼翁协定》，决定由英法海军共同负责对地中海主要航道的巡逻，保护商船在地中海的航行。

1938 年

1. 3 月 18 日，墨西哥卡德纳斯政府宣布将美国、英国 17 家石油公司的全部石油工业收归国有，其资本分 10 年偿还。

1939 年

1. 3 月 15 日，英国和德国签订《工业家协定》。

2. 5 月 22 日，德国和意大利在柏林签订了为期 10 年的《德意同盟条约》，被称为钢铁同盟条约。

3. 5 月 27 日，英国和法国联合向苏联政府提出英、法、苏协定的新方案，接受互惠原则，同意签订三边条约。

1941 年

1. 3 月 11 日，美国国会通过关于贷款和出租武器的《美国国防法案》，即《租借法案》；5 月 6 日罗斯福总统宣布《租借法案》适用于中国；11 月 7 日宣布适用于苏联。

2. 8 月 2 日，美国和英国达成《军事经济互助和对苏进行物资支援协定》。

3. 8 月 12 日，美国总统罗斯福、英国首相丘吉尔签署《大西洋宪章》，规定保证一切国家在平等基础上进行贸易并获得原料，一切国家在经济方面进行经济合作。

4. 8 月 16 日，英国和苏联签订《关于相互信贷、供应信贷和支付程序协定》。

5. 10 月 1 日，美、英、苏签订《对苏供应第一号议定书》。

1943年

1. 2月，美国同伊朗签订贸易协定，确定最惠国待遇原则。
2. 11月19日，成立联合国家善后救济总署。

1944年

1. 7月1—22日，在美国新罕布什尔州的布雷顿森林，召开有44个国家参加的国际货币金融会议（简称"布雷顿森林"会议）。通过《联合国家货币金融会议最后议定书》和《国际货币基金组织协定》《国际复兴开发银行协定》，总称《布雷顿森林协定》，确定了可兑换货币、固定汇率和自由贸易的制度，从而建立起战后以美元为中心的资本主义国际货币体系。

2. 9月5日，比、荷、卢签订《伦敦关税协定》，关税同盟成立。1948年1月1日生效。

1945年

1. 2月21日—3月8日，美洲国家外长举行查普特佩克会议。会上美国代表提出自由贸易、自由投资和自由企业三大自由的要求。会议通过了一项《美洲经济宪章》。

2. 9月1日，美国政府宣布，第二次世界大战期间向西欧盟国提供战争物资的《租借法案》即日起停止实施。

3. 10月16日，联合国粮食及农业组织在加拿大魁北克正式成立；1946年12月14日成为联合国专门机构；总部设在罗马。

4. 10月24日，《联合国宪章》开始生效，联合国正式成立，总部设在美国纽约。联合国经济及社会理事会成立，总部设在美国纽约。

5. 12月27日，美、英、法、中等29国代表在华盛顿签署《布雷顿森林协定》，正式成立国际货币基金组织和国际复兴开发银行。

1946 年

1. 3月1日，国际货币基金组织和国际复兴开发银行（通称世界银行），在美国佐治亚州举行开业会议。

2. 8月，联合国经济及社会理事会人口委员会成立。

3. 10月15日—11月25日，联合国贸易与就业会议筹备委员会在伦敦召开第一届会议，讨论美国起草的《联合国国际贸易组织宪章》。

4. 12月18日，国际货币基金组织正式公布美元含金量为0.888671克，每盎司黄金官价为35美元。

1947 年

1. 3月28日，联合国亚洲及远东经济委员会在中国上海成立，1974年改名为联合国亚洲及太平洋经济社会委员会，总部设在曼谷。

2. 6月5日，美国国务卿G.C.马歇尔在哈佛大学毕业典礼上发表演说，提出《欧洲复兴计划》的建议，通称"马歇尔计划"。

3. 7月12—15日，英、法等16个国家讨论"马歇尔计划"的欧洲经济会议在巴黎举行。会议成立"欧洲经济合作委员会"，负责起草西欧各国4年内资源和需求的总报告。9月22日，"欧洲经济合作委员会"向美国政府提出了《欧洲复兴计划》的四项原则和要求美国贷款的具体数额。

4. 10月30日，参加联合国经社理事会召开的国际贸易组织筹委会第二次会议的23个国家和地区，在日内瓦签订《关税及贸易总协定》。协定的宗旨是："制定互惠互利办法，以谋求削减关税及其他贸易壁垒，取消国际贸易中的差别待遇""推进世界资源之充分利用并扩大货物之间之生产和交换"。该协定于1948年1月1日起正式生效。总部设在日内瓦。

5. 11月15日，国际货币基金组织、世界银行与联合国正式签订了建立相互关系的协定,确定世界银行、国际货币基金组织为联合国两个专营国际金融业务的机构。

1948年

1. 2月18日,联合国拉丁美洲经济委员会成立,总部设在圣地亚哥。

2. 3月23日,在哈瓦那举行的联合国贸易和发展会议闭幕。53个国家在会议通过的国际贸易组织宪章上签字。但由于多数国家政府没有批准该宪章,国际贸易组织未能成立。

3. 4月3日,美国总统杜鲁门签署《1948年经济合作法》(即"1948年对外援助法"),规定为"马歇尔计划"拨款53亿美元,并规定参加"马歇尔计划"的各受援国须与美国就援助条件签订双边协定。"马歇尔计划"正式执行。

4. 7月,区域性合作组织——南太平洋委员会成立,总部设在新喀里多尼亚首府努美亚,其成员包括美国、法国、英国、澳大利亚等27个国家。

5. 10月,美国爆发战后第一次经济危机。

1949年

1. 4月,苏联、保加利亚、匈牙利、波兰、罗马尼亚、捷克斯洛伐克等国政府代表在莫斯科举行第一次会议,经济互助委员会(简称经互会)正式宣告成立,总部设在莫斯科。

2. 8月24日,由美、英、法、意、荷、比、卢、葡、丹、挪、冰、加等12国于同年4月4日在华盛顿签署的《北大西洋公约》正式生效,北大西洋公约组织遂告成立。

3. 9月18日,英国政府宣布,战后英镑首次贬值,幅度为30.5%。英镑贬值引起20多个国家的货币贬值。

1950年

1. 1月1日,由美国、英国、德国、法国、意大利、加拿大、荷兰、比利时、卢森堡、丹麦、挪威、葡萄牙、希腊、土耳其、日本组成的输出管制统筹委员会、战略贸易控制统筹委员会（巴黎统筹委员会）正式成立，总部设在巴黎。

2. 6月，英国爆发战后第一次经济危机。

3. 7月1日，欧洲经济合作组织成员国组成了一个旨在通过自动调节多边清算制、抵消其成员国间的贸易差额，以促进相互间贸易的"欧洲支付同盟"，标志着西欧国家在货币金融领域里的协调与合作的开始。

4. 12月16日，美国政府宣布冻结中国在美国的公私财产，并禁止一切在美国注册的船只开往中国港口。为此，中国政府宣布管制美国在华财产，冻结美国在华存款。

1951年

1. 2—10月，日本爆发战后第一次经济危机，工业生产下降3.5%。同年12月恢复到危机前的最高水平。

2. 4月18日，法国、联邦德国、意大利、荷兰、比利时、卢森堡等国签署欧洲煤钢联营条约，建立了管理煤钢事务的超国家组织机构。

1952年

1. 德国发生经济危机，1952年1—5月工业生产下降4.5%。

2. 1月1日，法国爆发战后首次经济危机。1952年1月—1953年1月，工业生产下降9.5%。

3. 8月14日，日本正式加入国际货币基金组织。

1953年

1. 3月8日，美、日在东京签订《美日共同防御援助协定》《购买剩余农产品协定》《经济措施协定》和《保障投资协定》。

2. 8月25日，伊朗政府和由美、英、法石油垄断企业组成的国际财团，签订为期25年的关于石油问题的协议。

3. 9月17日—10月24日，33国关税与贸易总协定第八届会议在日内瓦召开。讨论了各资本主义国家之间的关税与贸易问题。英国及英联邦国家反对美国支持的日本加入该协定。

4. 12月2日,美国和拉美国家的财政和经济部长在里约热内卢举行泛美国家经济会议,讨论美洲国家经济和贸易问题。

1954年

1. 3月,关闭15年之久的伦敦黄金市场重新开放。

2. 12月7日,联合国大会和经济社会理事会讨论决定,由世界银行在同其成员国政府协商后,草拟国际金融公司条款。

1955年

7月,欧洲经济合作组织成员国政府签订《欧洲货币协定》,该协定于1958年12月27日正式生效,1972年底宣告终止。

1956年

7月24日联合国专门机构国际复兴开发银行附属单位——国际金融公司成立,总部设在华盛顿。其宗旨是:当成员国私人企业资金不足时,可提供贷款,以刺激其经济的发展。

1957年

1. 1957年爆发了战后第一次世界范围的周期性经济危机,涉及主要资本主义国家。

2. 3月25日,法国、联邦德国、比利时、意大利、荷兰和卢森堡6国政府首脑和外长云集意大利首都罗马,签订了欧洲经济共同体条约和欧洲原子能共同体条约,后来人们把这两个条约统称为《罗马条约》。

3. 4月20日,美国国务院发表声明,同意其他国家对中国的贸易禁运做某些放宽,但美国将单方面继续禁止同中国的一切贸易往来。

1958年

1. 1月1日欧洲经济共同体正式成立,总部设在布鲁塞尔。

2. 2月3日,比利时、荷兰、卢森堡3国在海牙正式签订的《比荷卢经济联盟条约》，1960年11月1日正式生效。这是一个包括人员、货物、资本和劳务自由流通的经济联盟。

3. 11月10—13日，参加"科伦坡计划"的18个国家在美国西雅图举行部长会议。美国总统艾森豪威尔在会上提出5点计划，为美国的资本输出开辟道路。

4. 12月8—11日，亚非经济会议在开罗举行，39个国家和地区的代表通过了关于建立亚非国家经济合作组织等五项决议。

1959年

4月8日 21个美洲国家组织成员国的代表在华盛顿签订《建立泛美开发银行协定》，泛美开发银行总部设在华盛顿。该协定于1959年12月30日生效，1960年12月1日开始营业。

1960年

1. 1月4日，英国、瑞典、丹麦、挪威、瑞士、奥地利和葡萄牙等7国在斯德哥尔摩签订《欧洲自由贸易联盟公约》。5月3日公约生效，欧洲自由贸易联盟正式成立（又称"7国联盟"小自由贸易区）。

2. 9月10—14日石油生产国会议在巴格达举行。会议决定建立"石油输出国组织"，以协调成员国的石油政策、同国际石油垄断公司进行谈判、维护产油国的利益。

3. 9月，由美国副国务卿狄龙发起的关贸总协定第五次多边贸易谈判在日内瓦举行，讨论美国与欧共体之间在关贸总协定范围内的互相减让关税问题，又称"狄龙回合"。

4. 10月20日，1960年美国对外短期债务（210亿美元）远远超过其黄金储备（178亿美元），遂引发第一次美元危机。

5. 12月13—14日，欧洲经合组织18国和美国、加拿大签订《成立经济合作与发展组织公约》，提出成立"经济合作与发展组织"（简称经合组织），以取代原有的"欧洲经济合作组织"，协调各种双边和多边援助计划，监测西方国家对发展中国家提供的经济援助。

6. 12月13日，危地马拉、萨尔瓦多、尼加拉瓜和洪都拉斯在马那瓜签订《中美洲经济一体化总条约》，发起建立中美洲共同市场。条约规定，取消成员国之间的关税壁垒，大力发展互惠贸易。

7. 12月，中美洲区域性金融组织——中美洲经济一体化银行成立，1961年6月开始营业。成员国有：哥斯达黎加、萨尔瓦多、危地马拉、洪都拉斯、尼加拉瓜。

1961年

1. 9月30日，经济合作与发展组织正式成立，总部设在巴黎。共有24个成员国。

2. 11月，由美国、英国、法国、联邦德国、意大利、日本、荷兰、加拿大、比利时和瑞典组成的10国集团（又称巴黎俱乐部）成立。10国集团是国际货币基金组织的一个附属机构，对国际货币基金组织的决策有决定性影响。

3. 12月，经互会国家在华沙举行第十五次会议，批准了《社会主义国际分工的基本原则（草案）》。该草案于1962年6月生效。

1962年

1. 5月12日，区域性政府间货币合作组织——西非货币联盟成立，联盟内发行统一货币"非洲金融共同体法郎"，总部设在达喀尔。

2. 7月1日，欧洲共同体开始实行共同农业政策，主要包括关税政策、农产品统一价格和共同农业基金。

3. 8月2日，萨尔瓦多、危地马拉、洪都拉斯、尼加拉瓜、哥斯达黎加5国成立中美洲共同市场，总部设在危地马拉城。

1963年

1. 2月27日，国际货币基金组织为了缓和出口初级产品的发展中国家因出口收入下降而发生的国际收支困难，决定设立"出口波动补偿贷款"，从而迈出了开设特殊信贷项目的第一步。

2. 5月9—11日，欧洲自由贸易联盟7国在日内瓦举行部长级会议，就1966年底以前全部取消联盟内部工业品关税的时间表达成协议。

3. 7月20日，欧共体和18个非洲国家在喀麦隆首都雅温得签订贸易和经济协定，通称《雅温得协定》。

4. 10月22日，保加利亚、匈牙利、民主德国、蒙古、波兰、罗马尼亚、苏联和捷克斯洛伐克在莫斯科签署了《关于用转账卢布办理多边结算和建立国际经济合作银行的协定》，从而建立起一个以转账卢布为中心的货币体系。

1964年

1. 3月23日—6月15日，第一届联合国贸易和发展会议在日内瓦举行，出席会议的有120多个国家的代表。会议决定设立常设的贸易和发展委员会。与会的77个发展中国家和地区代表发表联合宣言，"77国集团"由此诞生。

2. 1964年5月—1967年5月，由美国总统肯尼迪发起的关贸总协定第六次多边关税减让谈判在日内瓦举行，有54个国家参加，又称"肯尼迪回合"。

3. 10月5—10日，第二次不结盟国家首脑会议在开罗举行，首次提出重建世界经济体系、建立"国际经济新秩序"，并通过了《和平和国际合作纲领》。47个国家的代表和11个国家的观察员参加了会议。

4. 12月30日，联合国大会决定，建立联合国贸易和发展会议，作为联合国大会的一个常设机构，并决定建立"贸易和发展理事会"作为其执行机构，总部设在日内瓦。

1965年

1. 1月1日，埃及、叙利亚、伊拉克、科威特和约旦等5

国组成的"阿拉伯共同市场"成立。

2. 4月8日欧洲经济共同体6国部长理事会会议签订了《布鲁塞尔条约》，决定合并经济共同体、煤钢共同体和原子能共同体三个组织的执行机构。

1966年

1月1日，联合国开发计划署成立。它由1950年7月1日设立的联合国扩大技术援助计划署和1959年6月1日设立的联合国特别基金组织两个机构合并而成，总部设在纽约。

1967年

1. 4月，日澳经济合作委员会第五次会议在东京举行。决定由日本、美国、澳大利亚、加拿大、新西兰5国经济界人士组成太平洋经济委员会。

2. 8月6—8日，印尼、马来西亚、菲律宾、新加坡和泰国在曼谷举行会议，发表《东南亚国家联盟宣言》，即《曼谷宣言》，宣告东盟成立。

1968年

1. 2月1日—3月29日，联合国贸易和发展会议第二次会议在印度新德里举行，132个国家和地区的代表参加，会议通过了33项决议。

2. 3月16—17日，美国、英国、西德、瑞士、意大利和比利时中央银行在纽约召开会议并发表联合公报，宣布实行新的黄金政策——黄金双价制（一种是官价，每盎司35美元，用于各国官方的结算；另一种是自由市场价，随供求关系而变化）。"黄金双价制"表明美元已变相贬值，布雷顿森林体系从此进入危机。

3. 5月16日，阿拉伯联盟经济委员会决定成立基金会，通过财政开发项目，促进向阿拉伯国家投资和提供技术援助。成员国有埃及、阿尔及利亚、科威特、沙特阿拉伯等中东国家。

4. 7月6日，中美洲共同市场5国（危地马拉、萨尔瓦多、尼加拉瓜、哥斯达黎加和洪都拉斯），在圣萨尔瓦多就经济问题举行会议，并发表联合声明，支持旨在加强中美洲共同市场的一系列新的合作项目。会议决定，5国之间互免关税，对区外进口物品增收30%的附加税。

1969年

1. 5月26日，玻利维亚、哥伦比亚、智利、厄瓜多尔、秘鲁在哥伦比亚卡塔赫纳签署《安第斯区域一体化协定》（又称《安第斯条约》）。10月16日协定生效，卡塔赫纳协定委员会（习称安第斯条约组织）正式成立。

2. 6月25日，国际货币基金组织应发展中国家的要求，设立"缓冲库存贷款"，以帮助发展中国家稳定国际市场初级产品价格。

3. 7月17日，西欧"共同市场"6国财政部部长在布鲁塞尔举行会议，原则上同意6国在货币领域内实行合作的巴尔计划。

1970年

1. 2月23日，西欧"共同市场"成员国财政部长在巴黎举行会议，一致同意1980年以前建立经济和货币同盟的计划纲要。

2. 7月7日，保加利亚、匈牙利、民主德国、蒙古、波兰、苏联和捷克斯洛伐克等7国在华沙签署《国际投资银行协议》，国际投资银行宣布成立，并于1971年1月1日在莫斯科正式营业。

1971年

1. 2月15日，欧共体6国部长级会议在布鲁塞尔举行，就正式成立欧洲经济和货币联盟达成协议。

2. 4月14日，美国总统尼克松宣布同中国"缓和关系的五个新步骤"，其中包括可直接向中华人民共和国出口非战略物资。

3. 5月，美国出现自1893年以来的第一次巨额外贸逆差，使其国际收支逆差高达520亿美元,而黄金储备进一步下降到102亿美元,遂爆发了第六次美元危机,西欧主要金融市场出现抛售美元、抢购黄金的风潮。瑞士、比利时、荷兰中央银行停止买进美元。

4. 7月,在第六次美元危机尚未平息的情况下爆发了第七次美元危机。美国黄金储备已不及短期对外债务的1/5。

5. 8月15日,美国总统尼克松宣布实行"新经济政策",主要内容是:冻结工资和物价,并暂停外国中央银行用美元向美国兑换黄金。年底又宣布美元贬值,从此,以美元为中心的实行固定汇率的国际货币体系开始瓦解。西方各国普遍实行浮动汇率。

6. 10月25日,中国恢复了在联合国中的席位。同世界各国的交往更加扩大。

7. 10月28日,77国集团部长级会议在利马召开,通过了《利马宣言》。

1972年

1. 1月18日,西欧"共同市场"6国同申请加入该组织的英国、丹麦、爱尔兰、挪威达成协议,同意以上4国自1973年1月1日起正式加入"共同市场"。4月24日,上述10国的外交部部长在卢森堡举行会议,讨论建立经济和货币同盟问题。

2. 1月,阿尔及利亚等24个国家组成的关于国际货币事务的政府间24国集团成立。

3. 9月,研究国际货币制度改革问题的专门委员会"20国委员会"成立。该委员会由印度、巴西、摩洛哥、埃塞俄比亚、阿根廷、墨西哥、扎伊尔、印度尼西亚、伊拉克等9个发展中国家和美国、日本、联邦德国、法国、英国、意大利、加拿大、澳大利亚、瑞典、比利时、荷兰等11个发达国家组成,又称"20国委员会"。

4. 9月14日，中国人民银行恢复对美元汇价挂牌，牌价为100美元兑221.74元人民币（中国于1952年1月1日开始停挂美元牌价）。

1973年

1. 1月，爆发第九次美元危机，国际金融市场大量抛售美元，抢购联邦德国马克、日元和黄金。2月12日美国政府不得不再次将美元贬值10%，黄金官价从一盎司38美元升至42.22美元。2月下旬伦敦黄金市场金价一度上涨到每盎司91美元，超过官价一倍以上，从而引发第十次美元危机。欧日各国实行联合浮动或单独浮动。由此，美元完全丧失在国际货币体系中的中心货币作用，宣告战后建立的以美元为中心的资本主义国家货币体系彻底瓦解。

2. 7月，非政府性国际机构日本、北美和欧洲委员会——"三边委员会"在纽约成立。在纽约、巴黎和东京各设一个总部。成员国包括美国、加拿大、比利时、丹麦、法国、德国、爱尔兰、意大利、荷兰、挪威、葡萄牙、西班牙、英国、日本等14个国家。

3. 8月19日，战后第三次世界人口会议（亦是第一次各国政府间专门讨论人口问题的世界性会议）在罗马尼亚首都布加勒斯特召开，共有136个国家的代表3000人参加。会议就世界人口问题，特别是对发展中国家人口增长和经济发展之间失调的原因以及如何有效控制人口问题展开了讨论。

4. 10月，中东战争爆发，石油输出国组织大幅度提高油价，每桶油价从3.011美元提高到11.65美元，使资本主义世界石油进口受到严重影响，史称第一次世界性能源危机。

5. 11月，意大利、英国、美国、日本、联邦德国、法国相继爆发经济危机，工业生产普遍、持续、大幅度下降。整个资本主义世界工业生产下降8.1%，其中钢产量下降14.5%，小汽车产量下降18.6%。下降的持续时间为12~23个月。企业大量破产，股票行情大跌，失业人数创战后最高纪录。与此同时，物价大幅上涨：危机期间，美国消费物价上涨7.4%，日本上涨18.9%，法国上涨26%。因此，"滞胀"成为这次危机的新特点。这是战后空前严重的一次世界性经济危机。

6. 11月13日，原"黄金总库"的7个成员国（美国、英国、爱尔兰、荷兰、比利时、法国、摩纳哥）在巴塞尔举行会议，就结束黄金双价制和各国中央政府自由买卖黄金问题达成协议。黄金双价制宣告结束。

1974年

1. 2月12日，第一次非洲石油会议在利比亚首都的黎波里举行，31个非洲国家的代表和石油输出国组织、阿拉伯石油输出国组织的代表出席会议，讨论了非洲石油生产国与消费国之间的关系等问题。

2. 4月，第一次拉美促进对外贸易组织会议在墨西哥城举行，会议决定加强拉美国家在对外贸易方面的合作。19个拉美国家的代表出席了会议。

3. 4月9日—5月5日，应不结盟国家的要求，联合国大会第六届特别会议在纽约联合国总部召开。专门研究原料和发展问题。邓小平出席了会议。

4. 9月14日，西欧"共同市场"9国元首和政府首脑以及欧洲经济共同体委员会主席，就西欧建设的现状和前途问题在巴黎举行非正式会谈。

5. 10月2日国际货币基金组织成立"关于国际货币制度问题的临时委员会"（简称临时委员会），同时，20国委员会宣布解散。该委员会由5个国际货币基金中份额最多的国家、9个发展中国家、6个发达国家各派一名代表组成。

6. 12月9日，印度、巴基斯坦、孟加拉国、伊朗、尼泊尔、斯里兰卡、缅甸7国成立亚洲清算联盟。总部设在德黑兰。于1975年11月1日开始营业。

1975年

1. 2月28日，欧洲经济共同体与非洲、加勒比和太平洋地区46个发展中国家签订第一个《洛美协定》，于1976年4月1日生效。1979年10月签订了第二个《洛美协定》，于1980年4月生效。

2. 3月5—7日，拉丁美洲和加勒比国家发展基金会议在墨西哥城举行，决定建立资助本地区发展的基金会。22个国家以及该地区和世界其他地区一些金融机构的代表出席了会议。

3. 6月3—6日，非洲、加勒比和太平洋地区46个发展中国家在乔治敦举行会议，通过《乔治敦宣言》。非洲、加勒比和太平洋地区国家集团正式成立。

4. 9月1日，国际货币基金组织和世界银行在华盛顿举行第30届年会。许多发展中国家谴责超级大国转嫁经济危机，要求改革国际货币制度。

5. 10月17日，25个拉美国家代表在巴拿马城举行会议，签署了《巴拿马协议》，拉美经济体系成立，总部设在加拉加斯。

6. 11月15—17日，法、美、联邦德国、英、意、日等6国首脑参加的第一次主要工业国家经济最高级会议在朗布依埃举行。会议通过了《朗布依埃宣言》。

1976年

1. 1月26—28日，石油输出国组织成员国在巴黎举行财政部长会议，决定建立石油输出国组织特别基金，向发展中国家提供8亿美元的援助。

2. 2月，东盟第一次首脑会议在印度尼西亚巴厘岛举行。会议签订了《东南亚友好条约》和《东南亚国家联盟协调一致宣言》。

3. 5月5—28日，联合国贸易和发展会议第四次会议在肯尼亚首都内罗毕举行，会议通过了有利于维护第三世界国家主权和民族经济的一系列决议，其中包括《关于商品综合方案》《有关发展中国家的债务问题》《关于对跨国公司实行控制》等。

4. 9月1—4日，38个非洲国家的贸易部长和政府官员在亚的斯亚贝巴举行会议，通过关于发展中国家特别是非洲国家间经济合作的宣言和行动纲领。

5. 9月13—22日，发展中国家经济合作会议在墨西哥举行。决定建立发展中国家间贸易优惠总体系。

6. 10月13日，澳大利亚等12个国家和地区的政府领导人在斐济首都苏瓦举行会议，决定各自建立200海里经济区，并制定警卫经济区的办法。

1977年

1. 4月，国际货币基金组织决定，增设一项"补充贷款"，以弥补"普通贷款"的不足，解决许多成员国面临的庞大的、持续的国际收支逆差。

2. 4月19日，20个阿拉伯国家财政部长和中央银行行长在拉巴特举行会议，正式设立阿拉伯货币基金组织，总部设在开罗。1979年4月迁至阿布扎比。

3. 5月30日—6月3日，国际经济合作会议（又称"南北对话"）部长级会议在巴黎举行。会议决定建立稳定原料价格共同基金和特别援助基金。

4. 7月5日，欧洲议会在卢森堡举行会议，通过了关于发展西欧经济共同体同中国经济、贸易关系的决议。

5. 8月29日，国际货币基金组织决定设立约100亿美元的特别基金，援助出现国际收支赤字的发展中国家。

6. 11月29日，关税及贸易总协定的83个成员国在日内瓦举行年会，主要讨论贸易方面的保护主义问题。

1978 年

1. 4月1日，修改后的《国际货币基金组织协定》（又被称为《牙买加协定》）正式生效。牙买加协定后的国际货币体系，又被称为"牙买加货币体系"。牙买加协定的产生是战后国际货币金融关系中仅次于"布雷顿森林协定"的一次重大事件，它为布雷顿森林货币体系瓦解以后国际货币体系的继续运转铺平了道路。

2. 9月18日，欧洲经济共同体9国同非洲、加勒比和太平洋地区53个国家在布鲁塞尔举行会议，研究签订一项新的协定以代替《洛美协定》。

3. 12月4—5日欧洲经济共同体国家首脑会议在布鲁塞尔举行。5日，9国政府达成自1979年1月1日起建立欧洲货币体系的协议，内容包括稳定西欧货币比价、扩大西欧货币合作基金、建立作为西欧国际结算和储存货币的欧洲计算单位等内容。

4. 12月20日，中国共产党第十一届三中全会在北京召开。会议确定了以经济建设为中心，进行经济体制改革和对外开放路线。改革首先从农村开始，实行联产承包责任制。

1979 年

1. 3月，自1979年1月1日中美两国建立外交关系之后，中美双方又签署了《中美贸易关系协定》，该协定规定相互给予最惠国待遇。

2. 3月5—16日联合国亚洲及太平洋经济社会委员会第三十五届会议在马尼拉举行。会议通过联合国第三个十年发展计划、十年国际发展战略的决议以及其他10余项决议。

3. 3月13日欧洲经济共同体9国首脑在巴黎举行第13次欧洲理事会会议，决定新的欧洲货币体系即日起正式生效，欧洲货币单位开始使用。

4. 4月，美国工业生产出现绝对下降，此后持续下降和停滞达44个月,超过了30年代持续43个月的纪录。欧共体各国工业生产相继下降超过30个月。这次资本主义世界经济危机持续时间超过1973—1975年危机,并伴随着更加严重的货币金融危机,破产率达到惊人程度(美国1982年企业倒闭率达0.89%),失业率创战后新高,通货膨胀率保持在两位数,国际贸易出现战后首次萎缩。

5. 4月22—24日,日本、美国、欧洲委员会(三边委员会)第十次会议在东京举行。会议讨论了减缓日本、联邦德国同美国、欧洲国家的国际收支不平衡,稳定货币汇率和调整经济政策问题,能源问题,苏联问题以及日美欧同第三世界的关系问题等。

6. 4月,关贸总协定举行第七次多边贸易谈判(又称"尼克松回合")。最初的部长级会议在东京召开,故通过的宣言称为《东京宣言》。最后在日内瓦就世界贸易自由化问题达成一揽子协议。会议有99个国家参加。

7. 5月7日,第五届贸发会议在马尼拉开幕,159个成员国中的144个国家参加了这次会议。会议就国际经济结构改革、保护主义、多边贸易谈判、商品综合方案、货币与援助、技术转让等15个主要问题进行谈判。

8. 6月28—29日,美、日、联邦德国、英、法、加、意7国首脑,在东京举行第五次高级会议。主要讨论了能源问题,通过了《东京宣言》,宣布7国限制石油进口。

1980年

1. 4月17日,国际货币基金组织执行董事会通过决议,恢复中国在世界银行及其附属机构的合法席位。

2. 9月,由工商企业界、政府和学术界三方人士组成的协商性国际组织——太平洋经济合作会议成立。其成员包括:中国、澳大利亚、菲律宾、加拿大、马来西亚、美国、日本、中国台湾、太平洋岛国。

3. 9月22日,伊朗与伊拉克两大产油国之间爆发武装冲突,造成石油大幅度减产和对石油的竞相抢购,引起油价再次暴涨,由每桶13美元猛涨到50美元,此为第二次世界性能源危机。

1981年

1. 3月11日,国际货币基金组织执行董事会通过了"扩大贷款政策",决定用沙特阿拉伯出借的80亿特别提款权和18个工业发达国家出借的13亿特别提款权向国际收支发生逆差的成员国提供援助。

2. 5月13—19日,由"77国集团"发起召开的发展中国家间经济合作高级会议,通过了《发展中国家间经济合作的行动纲领》,也称(《加拉加斯纲领》),以促进南南合作的发展。

3. 5月25日,由阿拉伯国家组成的区域性经济合作组织——海湾阿拉伯国家合作委员会在阿布扎比成立,总部设在沙特阿拉伯首都利雅得。成员国有:阿拉伯联合酋长国、阿曼、巴林、卡塔尔、科威特、沙特阿拉伯。

4. 10月22—23日,由14个发展中国家、8个发达国家参加的关于合作与发展的国际会议在坎昆举行,通称坎昆南北首脑会议。

5. 11月30日—12月2日,拉美经济体系27个成员国第一次部长级协商会议在巴拿马城举行。会议通过《巴拿马声明》,确定了改变拉美地区同美国不平等经济关系所要采取的共同战略和行动准则。

6. 12月7—8日,欧洲经济共同体10国外长会议在布鲁塞尔举行。决定对中国和罗马尼亚的某些产品实行普遍优惠制,要求日本采取措施改善双方贸易关系。

1982年

1. 3月23日—4月2日，联合国亚洲太平洋经济社会委员会第三十八届年会在曼谷举行，会议通过《亚洲太平洋地区粮食供应和分配——中期展望和区域合作》等11个决议，要求改变不合理的经济关系，发展区域经济合作。

2. 5月5—8日，第18届非洲开发银行和第九届非洲开发基金年会决定接受非洲以外，包括美国、日本和西欧国家在内的25个国家加入银行。成员国由原来的50个增加到75个。

3. 9月6—9日，国际货币基金组织和世界银行第三十七届联合年会在加拿大多伦多举行。

1983年

1. 2月23日世界银行董事会批准一项"特别行动方案"，以扩大"结构调整贷款"，进一步支持有关国家的经济结构调整和政策改革，克服国际收支的不平衡。

2. 4月4—7日，中国社会科学院和第三世界社会经济研究基金会共同举行北京"南南合作"发展战略、谈判及合作讨论会。

3. 6月6日—7月3日，第六届联合国贸易发展会议在南斯拉夫首都贝尔格莱德举行。148个国家和地区及91个国际组织的3000余名代表出席了会议。通过了《贝尔格莱德宣言》和关于国际经济问题的若干决议。

4. 11月，中国与欧洲煤钢共同体和欧洲原子能共同体建立了正式关系，从而使中国同欧洲经济共同体的关系扩大到整个欧洲共同体。

1984年

1. 2月17—20日，首届亚洲议员人口和发展论坛大会在新德里举行，30个亚洲国家和大洋洲国家的200多名代表出席了会议。大会议题是：亚洲人口发展前景、人口与粮食平衡、人口增长与环境和能源的关系等。

2. 4月3—5日，第十四届储蓄银行大会在新加坡举行。这是自1924年成立国际储蓄银行协会以来首次在亚洲举行世界性会议，中国参加了会议，并申请加入该协会。

3. 8月6—14日，联合国第四次世界人口会议在墨西哥首都墨西哥城举行，有158个国家的代表参加，通过了《关于进一步实现世界人口行动计划的建议》，发表了《关于人口和发展的墨西哥城声明》。

1985年

1. 7月25—26日，77国集团讨论全球贸易优惠制度的部长级会议在新德里举行。会议通过宣言，要求发展中国家采取措施扩大相互贸易。

2. 10月3—5日，24国集团财政部长在韩国汉城举行会议并发表公报，要求增加对发展中国家的贷款以促进经济发展。

3. 12月，"南亚区域合作联盟"正式成立，成员国包括：孟加拉国、印度、巴基斯坦、尼泊尔、斯里兰卡、不丹、马尔代夫等国。其宗旨是：改善人民的福利，促进经济增长，促进成员国间的相互了解，加强同世界其他发展中国家和地区的合作。

1986年

1. 3月10日，中国正式成为亚洲开发银行成员。

2. 5月22—23日，77国集团关于全球贸易优惠制谈判委员会部长级会议在巴西的巴西利亚举行，通过了《巴西利亚声明》。

3. 6月1日，联大特别会议通过《联合国1986—1990年非洲经济复苏和发展行动纲领》。

4. 9月15—20日，关贸总协定第八次多边贸易谈判在乌拉圭举行。发表了《乌拉圭回合部长宣言》。宣言规定的谈判内容包括货物贸易谈判和服务贸易谈判。1988年开始进行实质性谈判，有105个国家和地区参加。

5. 12月20日，石油输出国组织部长级会议在日内瓦达成减产保价协议。会议宣布，自1987年1月1日起，恢复固定油价制度，每桶油价为18美元。

1987年

1. 1月26—27日，区域性能源合作组织——非洲石油生产国协会在尼日利亚拉各斯成立，总部设在刚果布拉柴维尔。成员国有：阿尔及利亚、埃及、安哥拉、刚果、贝宁等11个国家。

2. 2月21—23日，西方6国（美国、日本、法国、英国、联邦德国、加拿大）财长和中央银行行长在巴黎卢浮宫举行会议，就加强合作促进汇率稳定达成协议。故称《卢浮宫协议》。

3. 7月1日，欧共体各国于1986年2月签订的《单一欧洲法案》作为《罗马条约》的补充，正式生效。

4. 10月19日，世界股票市场因受纽约股票价格暴跌的影响，发生股市暴跌。纽约股票价格指数下跌508.32点，下跌22.62%，超过1929年10月28日纽约股票市场股票价格指数下跌12.8%的纪录。

1988年

7月，国际清算银行的巴塞尔银行和巴塞尔委员会在瑞士举行会议，通过了《巴塞尔协议》。这是20世纪80年代以来国际金融业的一份重要文件，对世界银行业的发展和各国金融银行的监督管理产生了深远影响。

1989年

11月7日，亚洲太平洋经济合作组织在澳大利亚的堪培拉成立。其宗旨是为地区性经济合作和贸易问题举行定期讨论提供讲坛。有18个国家和地区参加了该组织。

1990年

1. 美国和英国发生经济危机，1990年8月至1991年3月，美国工业生产下降4.4%，1990年6月至1991年8月英国工业生产下降7.3%。

2. 4月9日,欧洲复兴开发银行正式成立。美国是该行最大股东,占总资本的10%,日、法、英、联邦德国、意大利分别占8.5%。

3. 5月8日,国际货币基金组织临时委员会通过一项联合声明,内容包括该组织的基金增加50%,即从1200亿美元增加到1800亿美元;确定了对拖延偿还债务国家的对策。

4. 7月2日,两德马克合并为德国马克,欧洲联邦德国马克遂改名为欧洲马克。

5. 10月28日,欧共体特别首脑会议闭幕,除英国外,与会各国一致同意从1994年1月1日起欧洲经济货币联盟进入建立欧洲中央银行的第二阶段。

6. 11月6日,日本等24个国家提供总额达130亿美元的资金援助,以解决海湾危机,其中日本提供20亿美元,居发达国家之首。

1991年

1. 日本发生经济危机,1991年5月至1993年10月工业生产下降14.1%。

2. 1月6日,拥有总资产230亿美元的新英格兰银行宣告破产。美国联邦存款保险公司以23亿美元资金接管,这是美国政府有史以来进行的最大规模的救援银行业行动。

3. 7月17日,苏联总统戈尔巴乔夫与西方7国首脑进行协商,就苏联作为国际货币基金组织和世界银行的准成员国等事宜达成协议。

4. 11月14日,第三届亚太经合组织会议召开,通过《汉城宣言》,同时接纳中国及中国台湾和香港地区加入该组织。

5. 12月,自1985年3月以来,日元不断升值,1974年300.95日元兑1美元,1991年12月125.20日元兑1美元。日元以"强币"姿态登上世界货币舞台。

6. 12月16日,联合国发表的1991年世界经济报告表明,世界经济增长率为-0.3%,这是战后的首次负增长。

1992年

1. 5月2日,欧共体12国代表与欧洲自由贸易联盟7国代表在葡萄牙波尔图正式签署建立欧洲经济区的协定(亦称波尔图协定)。

2. 7月2日,美联储决定即日起将联邦基金利息率下调0.5%,降为年率3%,这是自1963年7月以来的最低水平。

1993年

1. 7月30日,因法郎对马克比价跌破下限,致使欧洲汇兑机制出现混乱,欧洲各国中央银行纷纷进行市场干预,合计动用金额达500亿马克以上。

2. 11月1日,欧洲联盟条约生效,将欧共体改称为欧洲联盟。

3. 11月19—20日,亚太经合组织首次在美国西雅图召开首脑会议,江泽民主席应邀出席会议。

4. 12月3日,国际货币基金组织确定向低收入国家提供贷款的新制度,于年内实施,资金来源的40%以上由日本等亚洲各国提供。

1994年

1. 1月1日,《欧洲经济区协定》生效,当今世界最大的市场——欧洲经济区宣告成立。欧洲经济区的诞生不仅改变了欧共体与欧洲自由贸易联盟的关系,同时也对世界经济产生重大影响。

2. 2月3日,美国总统克林顿宣布解除对越南长达30年的经济制裁和长达19年的贸易禁运。

3. 3月19日,亚太经合组织第一次财政部长会议在檀香山闭幕，会议发表联合声明，提出以民间交流推动经济持续增长等5项原则。

4. 4月15日参加关贸总协定乌拉圭回合谈判的各国代表在摩洛哥马拉喀什城签署了《乌拉圭回合协议》和《建立世贸组织协定》。

5. 10月11日，俄罗斯卢布对美元汇率暴跌，莫斯科外汇交易市场卢布与美元汇率突破4000∶1。

6. 10月25日，国际外汇市场美元对日元比价跌至1美元兑换96.35日元，是1945年以来的最低点。随着美元下跌，欧洲股票市场全面下跌，伦敦《金融时报》100种股票指数跌破3000点。

7. 11月11日，亚太经济合作部长级会议在雅加达开幕，次日通过旨在实现区域内贸易投资自由化的联合声明。

8. 12月15日，第二次亚太经合组织领导人非正式会议在印度尼西亚茂物召开。会议发表了《茂物宣言》，确定在亚太地区推行自由贸易化政策。

9. 12月，除古巴以外的南北美洲34个国家，成立了美洲自由贸易区，总部设在签约地迈阿密。

10. 12月19日，墨西哥新政府宣布比索汇率贬值15％，48小时后，再度贬值15.3％。22日又宣布取消政府干预，让比索汇率自由浮动，从而引发了一场全世界关注的金融危机。

1995年

1. 1月1日，世界贸易组织正式成立，总部设在日内瓦。

2. 3月6日，经英国法院正式批准，荷兰国际银行集团接管巴林银行在全球的所有业务、资产和负债，也包括巴林兄弟公司的全部业务。

3. 10月8日，国际货币基金组织采取预防金融危机措施，决定将250亿美元的应急融资基金扩大至500亿美元。

4. 11月29日，俄国家杜马宣布：俄罗斯资本外流严重，年外流量近500亿美元。俄从苏联继承了2500吨黄金，黄金储备已减至115吨。

5. 12月6日，中国、朝鲜、俄罗斯、韩国和蒙古等5国的代表在联合国总部签署了3项关于开发图们江地区的国际协定，从而使图们江地区第一次出现了国家间的经济合作组织。

1996年

1. 5月22日，经济合作与发展组织部长级会议闭幕，会议通过了解决失业问题以谋求世界经济持续增长的联合声明。

2. 9月1日，企业的国际环境规格ISO14001开始生效。

3. 11月15日，首届世界粮食首脑会议在罗马召开，大会通过《罗马宣言》，提出争取在2015年之前将世界饥饿及营养不良人数减少一半。

4. 11月22日，亚太经合组织菲律宾会议开幕。23日通过《马尼拉行动计划》，25日通过《苏比克宣言》，旨在实现贸易投资自由化。

1997年

1. 4月28日，国际货币基金组织的决策机构临时委员会在华盛顿举行第48次会议。会议发表的公报表示支持实现各国经常项目下的资金自由流动。

2. 7月2日，泰铢贬值引发东南亚金融危机。波及周边的马来西亚、新加坡、印度尼西亚、菲律宾，以及中国台湾地区和香港特区。随后蔓延到韩国、俄罗斯等国家。中国政府多次宣布人民币不贬值，为稳定东亚金融形势做出了重要贡献，显示了中国作为负责任大国的风范，得到国际社会的普遍好评和赞赏。

3. 7月8日，为期3天的首届亚欧商务会议在雅加达开幕。会议的主题是：加强亚欧两大洲之间的商务伙伴关系。会议讨论了中小企业的发展、促进投资和发展基础设施建设、亚欧伙伴关系的发展等问题。

4. 8月11日,国际货币基金组织主持召开对泰国金融援助国会议,各国达成一致,对泰国提供总额为160亿美元的融资,其中日本融资为40亿美元。

5. 9月28日,首届亚欧经济部长会议在日本千叶县国际会议中心闭幕。会议发表了《主席声明》,强调亚欧会议成员国要进一步加强经济、技术等合作,以求共同发展。会议讨论了与世界贸易组织有关的问题,批准了《促进投资行动计划》和《贸易便利行动计划》,并规划了今后的行动方针。

1998年

1. 3月25日,欧盟委员会宣布,法国、德国、意大利、西班牙、比利时、荷兰、卢森堡、葡萄牙、奥地利、芬兰和爱尔兰这11个欧洲联盟成员国已总体达到《马斯特里赫特条约》规定的经济趋同标准,成为首批有资格流通欧元的国家。

2. 5月13日,加勒比开发银行举行第28届年会,中国首次以正式成员国身份出席。

3. 7月1日,欧洲中央银行正式开始运作。

4. 7月30日,经中华人民共和国中央人民政府正式授权,香港特别行政区政府与大不列颠及北爱尔兰联合王国签署一项促进和保护投资协议。这是中国政府恢复对香港行使主权后港英签署的首份此类文件。

5. 8月,香港特区政府与国际投机者的较量进入白热化阶段。为稳定香港的汇市和股市,特区政府采取有力措施,击退了国际投机者对香港联合汇率制度的进攻。

6. 10月27日,为期两天的东盟、南盟、中西亚经济合作组织、南太平洋论坛和联合国亚太经济社会委员会等区域组织领导人磋商会议在加德满都闭幕。会后发表的联合公报重申,要通过加强区域合作和经济一体化,促进亚太地区的持续发展。会议确定了各区域组织的合作重点。

7. 11月16日,美国总统克林顿和日本首相小渊惠三发表的联合声明宣布,美、日、世界银行和亚洲开发银行联合提出"亚洲增长和复苏项目",对遭受东南亚危机冲击的国家再提供100亿美元的援助资金。

1999年

1. 1月1日,欧元正式启动。4日欧元首次在全球各大外汇交易市场挂牌交易,当日纽约汇市上欧元对美元汇率以1∶1.1806收市。

2. 2月2日,世界经济论坛第29届年会在瑞士达沃斯闭幕。来自世界各地的2000名与会者就"负责任的全球化"这一主题发表了各自的见解,并达成共识:全球化已成为世界经济发展的大趋势。

3. 3月5日,由联合国开发计划署和塞内加尔政府共同组织的非洲经济竞争论坛会议在塞内加尔首都达喀尔闭幕。来自非洲各国的30位经济、财政、工业部部长以及200多位各界知名人士出席了会议,通过了《达喀尔宣言》。

4. 3月29日,道琼斯指数以超过1万点(10006.78点)收盘;同年5月3日道琼斯指数首次以超过1.1万点(11014.69点)收盘。

5. 4月10日,中国国务院总理朱镕基和美国总统克林顿在华盛顿就中国加入世界贸易组织问题发表联合声明。中国对外贸易经济合作部部长石广生与美国贸易谈判代表巴尔舍夫斯基分别代表中美两国政府,在华盛顿签署了《中美农业合作协议》。

6. 5月20日,美国联邦储备委员会宣布,同意美国信孚银行与德意志银行合并。这两家银行合并后组成的金融机构资产将高达8300亿美元,超过目前世界最大的瑞士联合银行和新组建的美国花旗集团。

7. 8月9日,77国集团亚洲组第九届部长级会议在黎巴嫩首都贝鲁特开幕,会议讨论了国际经济发展状况、私有资本市场、债务、国际贸易规则和高科技发展等问题。中国对外贸易经济合作部首席谈判代表龙永图应邀率团出席了会议。

8. 9月26日,国际货币基金组织和世界银行在华盛顿召开政策协调会,决定推出一项新的减免世界最穷国债务计划。计划减免36个最穷国的债务,减债总额超过1000亿美元。

9. 10月9日,为期两天的第二届亚欧经济部长会议在柏林闭幕。会议讨论了亚洲金融危机后,如何加强亚欧之间的经济合作。会议发表《主席声明》,支持进行新一轮多边贸易谈判。

10. 10月21日,太平洋经济合作理事会第13次大会在菲律宾开幕。会议着重讨论亚太经济在21世纪的发展趋势、面临的挑战以及经济全球化对地区经济的影响。

11. 11月4日,欧洲中央银行决定将指导利率由原来的2.5%提高到3%。这是自年初欧元启动以来,欧洲中央银行首次提高利率。

12. 11月12日,美国总统克林顿签署了国会11月4日通过的《金融服务现代化法案》。这不仅对美国金融制度产生重要的影响,而且将使整个国际银行乃至国际金融体系、金融制度发生重大转折。

13. 11月15日,中美两国在北京签署了关于中国加入世界贸易组织的双边协议。

14. 11月20日,海湾合作委员会(海合会)6个成员国就统一进口税率问题达成协议。根据协议,进口商品将分成三大类:免税商品、基本商品和其他商品,后两类商品的税率分别确定为5.5%和7.5%。从2005年3月1日起,海合会5国将正式使用统一的海关。

15. 11月26日,中国与加拿大签署了关于中国加入世界贸易组织的双边协议,加拿大是第 14 个与中国结束世界贸易组织双边谈判的国家。

2000 年

1. 世界经济加速增长。据 IMF 预测,2000 年全球经济增长率可望达到 4.7%,大大高于 1999 年的 3.4%。

2. 石油价格暴涨。进入 2000 年以来,国际石油价格一路飙升,从 1999 年 3 月每桶不到 10 美元涨至 2000 年 10 月中旬超过 35 美元,上涨了两倍半。

3. 欧元持续下跌。欧元从 1999 年 1 月 1 日开始流通到目前已经对美元贬值了 23%。西方国家中央银行于 9 月 22 日采取协调行动,联合干预外汇市场,提高了欧元汇率。此后,欧元汇率开始止跌回稳。

4. 美国在线收购时代华纳。2000 年 1 月 10 日。华尔街迎来了交易总额达 1840 亿美元的有史以来的最大的收购案。网络巨头美国在线宣布将以换股及债务方式,收购世界最大的媒体公司——时代华纳。

5. 美国给予中国大陆 PNTR。美国总统克林顿于 10 月 10 日签署了"对华永久正常贸易关系议案"(PNTR),从而使这项由美国参众两院通过的法案正式成为美国法律。

6. 美国经济增速放慢已成定局。是受世界原油价格攀升、美联储加息以及总统大选结果迟迟不能揭晓所形成的政治不明朗等因素的影响,美国经济增速放慢,11 月份消费者指数跌到一年来的最低,制造业连续 4 个月收缩。

7. 1 月 19—22 日,国务院西部地区开发领导小组召开西部地区开发会议。中国西部开发拉开序幕。

8. 9 月 15 日—10 月 1 日,世纪之交、千年更迭之际举行的世界体坛盛会第二十七届奥运会在澳大利亚悉尼举行。历时半个月的"赛会经济"也为东道国澳大利亚带来了丰厚的收入。

9. 6月26日，参与人类基因组计划的美、中、德、英、日、法等六国科学家向全世界宣布人类基因组工作草图绘制成功。而人类基因组计划一旦彻底完成，将标志着人类进入生物经济时代。

10. 纳斯达克指数持续走低。按照华尔街的标准，股价下跌20%即可看作熊市来临。依此标准，纳斯达克市场已身陷熊市之中。从3月10日创下5048.62的历史最高点算来，纳斯达克指数下跌了近50%，并且创下了15个月的新低。

2001年

1. 3月，股市受到重挫，道琼斯指数跌破1万点，纳斯达克指数下探到2000点以下。相当于1987年股市大暴跌时的两倍，全球股市市值损失近10万亿美元。

2. 9月11日，在世界经济不景气的情况下，美国发生"9.11"恐怖主义袭击事件，使世界经济增长受到损害。

3. 10月21日，上海APEC领导人非正式会议圆满结束，会议通过了四个文件：《APEC领导人宣言：迎接新世纪的挑战》《上海共识》《数字APEC战略》和《反恐声明》。

4. 11月14日，世界贸易组织第四届部长级会议举行。会议通过决议，决定启动新的多边贸易谈判。

5. 12月11日，中国正式成为世界贸易组织成员，历经15年的艰苦谈判，中国入世终成现实。

6. 美、日、欧经济同时陷入不景气。"9.11"恐怖袭击事件后，美国经济由减速转变为负增长，世界经济出现衰退，日本经济已经陷入衰退，欧盟经济也趋于停滞。

7. 中国经济保持高速增长。中国国内生产总值将完成96450亿元，比2000年增长7.4%。总体经济不断改善，国际收支状况良好，10月末，国家外汇储备2030亿美元。

8. 欧盟为欧元现钞使用做好准备。从2002年1月1日起，世界上将出现一种新的货币现钞，它不是由一个主权国家发行的，而是由欧洲中央银行发行。由欧盟的12个成员国共同使用这种新货币，这就是欧元。

9. 新经济泡沫破裂。新经济固然推动了经济增长，但也为经济衰退埋下了祸根。当高技术设备供过于求，就造成许多网络公司纷纷倒闭。2002年著名高科技公司思科、英特尔、3M、爱立信、世界电讯等公司大规模裁员。

10. 中国与东盟确定建立自由贸易区。朱镕基总理在2000年出席"东盟和中国政府首脑会议"时，提出要研究中国与东盟发展自由贸易的可行性问题，与会各方极为重视，东盟也积极响应。

2002年

1. 1月1日，欧盟引进欧元纸钞和硬币，欧元成为欧盟11个国家的唯一货币。中国和中国台北正式加入世界贸易组织。

2. 10月16日，中国首家中外合资基金管理公司获准筹建。这标志中国在履行WTO有关承诺方面迈出了重要的一步，在中国证券业发展上具有划时代的意义。

3. 12月3日，上海赢得2010年世博会主办权。

2003年

1. 美国经济景气重现。2003年初几乎没有人曾预料到美国经济到年底时会如此强劲。三季度令人惊讶地增长了8.2%，10月份工业生产比上月增长0.9%，为四年来最高速度。道琼斯指数重上万点，纳斯达克指数复登2000。

2. 2003年9月，坎昆会议，因为发展中国家成员与发达国家成员在农业等问题上没有达成一致，会议最终失败，世界贸易组织的权威性受到挑战。

3. 欧元升值经济吃力。据欧盟委员会1月底发表的报告预测，今年欧元区经济增长仅为0.5%，大大低于去年底预计的

18%的增长速度。

4. 10月25日，俄罗斯首富霍多尔科夫斯基在西伯利亚机场被捕。霍氏被捕后第一个交易日，莫斯科证券交易所各公司股票纷纷跳水，股指下跌10个百分点，资本市场一片惊恐。

5. 安大、安纳之争。俄罗斯西伯利亚石油是中国和日本都要争取的战略资源，安大线通往中国，安纳线通往日本。中日两国都在争取首先建设输油管线，俄罗斯政府反复权衡，迟迟未能定夺。

6. 非典全球化。2003年一场非典造成全世界的恐慌，中国及东南亚旅游经济遭到重创，欧美各国也不同程度受到影响。

7. 欧盟宪法未获通过。由于多数国家在有关"有效多数表决"机制等问题上的立场南辕北辙，会议未能就欧盟宪法草案最终达成一致。"宪法"之争，在政治的背后是经济利益，未来的"表决权"将会影响到一个国家在欧盟的经济地位和利益

2004年

1. 1月21日，第34届世界经济论坛（WEF）在瑞士小城达沃斯举行，来自世界各地的2100余名政治人物、经济学家、学者及企业家就当今世界的重大经济与政治问题举行了250多场研讨会。

2. 2月24—25日，博鳌亚洲论坛（BFA）2004年年会在中国海南的博鳌举行。本次年会的主题为"亚洲寻求共赢：一个向世界开放的亚洲"。

3. 6月17日，上海合作组织第四次元首会晤在乌兹别克斯坦首都塔什干举行。

4. 10月7日，第七次东盟与中日韩（10+3，即东盟10国加上中国、日本、韩国3国）领导人会议在印度尼西亚举行。

5. 10月8日第五届亚欧首脑会议在越南首都河内举行，会议通过了《第五届亚欧首脑会议主席声明》《亚欧会议更紧密经

济伙伴关系河内宣言》和中国、法国共同起草的《亚欧会议文化与文明对话宣言》三项宣言。

6. 10月8日，瑞典皇家科学院宣布，2004年的诺贝尔经济学奖授予挪威经济学家芬恩·基德兰德和美国经济家爱德华·普雷斯科特，以表彰他们在动态宏观经济学领域做出的贡献。

7. 10月11—14日，国际农业工程大会在北京国际会议中心举行。本次大会是国际农业工程学会首次在我国举办的大型国际会议，也是首次在亚洲举办的大型国际会议。

8. 10月27日，国际油价大幅飙升，每桶达到56.5美元，再次刷新了历史最高纪录。石油是经济发展的血液，油价疯涨，既加重了世界经济发展的不平衡性，又增大世界经济发展的不稳定性。

9. 11月20—21日，亚太经合组织第12次领导人非正式会议在智利首都圣地亚哥举行。

10. 12月14日，美国联邦储备委员会决定将联邦基金利率从2%提高到2.25%。

11. 12月30日，美元汇率连续走弱之后，对欧元更是创下历史新低：纽约外汇市场上，1欧元能兑换1.3667美元。

2005年

1. 4月22—23日，博鳌亚洲论坛（Boao Forum for Asia BFA）2005年年会在中国海南博鳌举行。

2. 7月21日，中国人民银行发布公告，自即日起，我国开始实行以市场供求为基础、参考一篮子货币进行调节、有管理的浮动汇率制度。

3. 10月10日，瑞典皇家科学院宣布，将本年度诺贝尔经济学奖（Economic Sciences in Memory of Alfred Nobel）授予著名经济学家罗伯特奥曼（Robert J. Aumann）教授和托马斯谢林（Thomas C. Schelling）教授，以表彰他们"运用博弈论增进了我们对冲突和合作的理解"。

4. 12月12日,国际黄金市场价格每盎司上升541.00美元,刷新了24年以来的最高纪录。

5. 12月13—18日 WTO第六次部长级会议（WTO Ministerial Conference in Hong Kong）在中国香港举行。

2006年

1. 1月1日,欧盟开始实施新的普惠制。新普惠制旨在帮助发展中国家,免除或降低它们出口到欧盟市场的商品关税。

2. 1月17—18日,由中国政府、欧盟委员会、世界银行共同发起的"禽流感防控国际筹资大会"在北京举行。

3. 6月15日,适逢上海合作组织成立五周年和"上海五国"机制建立10周年,上海合作组织成员国元首理事会第六次会议在上海举行。

4. 7月24日,WTO的6个关键成员美国、欧盟、日本、澳大利亚、巴西和印度24日结束为期两天的部长级会谈,因分歧严重难以弥合,他们决定中止已持续谈判近五年的多哈回合全球贸易谈判。

5. 9月10—11日,第六届亚欧首脑会议在芬兰首都赫尔辛基举行,会议的主题为"全球性挑战——共同应对"。

6. 9月19日,2006年国际货币基金组织（IMF）和世界银行年会在新加坡开幕。

7. 10月16日,联合国贸易和发展会议发表《2006年世界投资报告》称,继2004年大幅增长后,2005年全球外国直接投资又增长了29%,达到9160亿美元。

8. 11月3—5日,中非合作论坛北京峰会暨第三届部长级会议在北京召开,中国领导人和48个非洲国家的国家元首、政府首脑或代表出席了会议。

9. 11月7日,WTO总理事会正式批准越南加入WTO的相关文件，WTO关于接纳越南加入该组织的工作全部完成。

2007年

1. 4月3日，第十四届南亚区域合作联盟（南盟）首脑会议在印度首都新德里开幕。

2. 5月1日，委内瑞拉总统乌戈·查韦斯宣布该国退出世界银行及国际货币基金会。

3. 9月6—8日，首届夏季达沃斯论坛在大连举行，温家宝出席开幕式并讲话。

4. 11月27日，中东问题国际会议在美国马里兰州首府安纳波利斯举行，这是自1991年马德里和会以来，国际社会就中东问题召开的规模最大的一次会议。

5. 12月3日，联合国气候变化大会在印尼巴厘岛拉开帷幕，来自191个国家和地区的1万多名代表参会。

2008年

1. 9月15日，美国第四大投资银行雷曼兄弟公司陷入严重财务危机并宣布申请破产保护，更加严重的金融危机来临。欧洲央行当天宣布向商业银行系统共注资300亿欧元，期限为一天，平均利率为4.39%，高于欧洲央行主导利率4.25%的水平。这是欧洲央行自去年夏季全球金融市场出现危机以来首次采取这种干预方式。

2. 9月19日，中国救市"组合拳"出击股市印花税改为单边征收、中央汇金增持工、中、建三行、国资委支持央企增持或回购上市公司股份。

3. 9月20日，布什政府正式向美国国会提交拯救金融系统的法案，财政部将获得授权购买最高达7000亿美元的不良房屋抵押贷款资产。美国政府希望两年内将所有问题解决掉，希望在这个问题影响实体经济之前把它解决掉，避免出现像20世纪30年代那样的大萧条。

4. 9月22日,德国财政部长施泰因布吕克在与西方七国集团财政部长和中央银行行长电话磋商后表示,西方七国集团其他成员国拒绝参与美国金融救援计划。

5. 9月25日,全美最大的储蓄及贷款银行——总部位于西雅图的华盛顿互惠公司(Washington Mutual Inc.),已于当地时间星期四(25日)被美国联邦存款保险公司(FDIC)查封、接管,成为美国有史以来倒闭的最大规模银行。

6. 9月29日,美国众议院否决七千亿美元的救市方案,美股急剧下挫,道指暴泻777点,是历来最大的点数跌幅,单日跌幅高达7%,亦是1987年环球股灾以来最大的跌幅。市场信心薄弱,道指不断沉底,10000点的关口岌岌可危。

7. 9月30日,美国众议院否决了七千亿美元的救市计划,参议院则试图予以挽回,预定周三对该案进行表决。

8. 10月2日,美国参议院74票对25票通过了布什政府提出的7000亿美元新版救市方案,美参议院投票表决的救市方案总额从原来的7000亿美元提高到了8500亿美元,增加了延长减税计划和将银行存款保险上限由目前的10万美元提高到25万美元的条款,目的是安抚紧张的美国公众及支持经济增长。预料可望对全球股市都有帮助,且将对众议院造成压力,一些众议员正考虑转向支持法案。

9. 10月8日,各大央行同时行动,对金融市场的动荡做出明确的回应,接连宣布降息。美联储宣布降息50个基点至1.5%,欧洲央行、英国央行、加拿大央行、瑞典央行和瑞士央行也纷纷降息50个基点。澳大利亚当地时间10月7日下午,澳大利亚联邦储备银行(RBA)将银行基准利率下调1%至6%,以色列央行(Bank of Israel)也宣布,由于全球金融市场急剧下降,下调利率50个基点至3.75%,新利率将于10月12日生效。

10. 10月9日，韩国、日本、中国香港、中国台湾和印度尼西亚等有关当局，纷纷采取措施放松了货币政策，向银行注资。

11. 10月10日，冰岛因次贷危机基本冻结了外汇资产，并将三大银行国有化，但因债务问题与英国等国发生外交纠纷。

12. 11月10日，中共中央国务院出台十大措施，确定四万亿元投资计划。

13. 11月15日，在巴西举行2008年G20峰会，而这次会议的重点议题就是应对这次的次贷危机。

14. 12月11日，美国华尔街传奇人物、纳斯达克股票市场公司前董事会主席伯纳德·麦道夫因涉嫌证券欺诈遭警方逮捕

15. 11月25日，美联储迅速出台了8000亿美元的救市计划，该计划将在今年年内启动。

16. 12月16日，美联储将美元基准利率下调至0~0.25%，超过市场预期的0.5%，ICE期货小幅上涨。

2009年

1. 1月14日，北美最大电信设备制造商——北电网络公司申请破产保护。

2. 1月16日，欧洲央行再度降息至历史低点。

3. 2月5日，英格兰银行再次宣布降息，这是英国连续第五个月降息，也是自2007年12月以来的第八次降息。

4. 3月2日，美国道琼斯工业股票平均价格指数收于6763.29点，创下1997年4月以来的最低收盘水平，这也意味着道琼斯指数的市值在短短一年半时间内已缩水过半。在此刺激下，3日亚洲股市普遍开盘暴跌。美国国际集团（AIG）2日宣布的历史性季度亏损，成了压在美国股市身上的最后一根稻草。去年第四季度AIG亏损617亿美元，创下美国公司史上亏损之最。

5. 3月18日，美国联邦储备委员会决定保持零利率区间不变，同时计划大手笔购买1.15万亿美元债券，其中包括高达3000亿美元的美国长期国债、7500亿美元的相关房产抵押债券以及1000亿美元的房贷机构债券。

2010年

1. 2月11日，丰田深陷召回危机，警示"日本制造"。

2. 4月，希腊主权债务危机爆发，为全球经济敲响警钟。

3. 4月16日，美国证券交易委员会正式指控高盛集团涉嫌欺诈投资者。

4. 4月20日，BP租赁的"深水地平线"海上钻井平台在墨西哥湾水域发生爆炸并沉没，酿成美国历史上最严重的原油泄漏事故，给墨西哥湾及周边造成巨大的环境和经济损失。

5. 8月5日，俄罗斯因夏季火情引发连锁反应，宣布8月15日—12月31日，禁止小麦、大麦、黑麦、玉米等粮食和面粉出口，全球小麦价格被推高一倍。

6. 11月3日，美联储推出第二轮定量宽松货币政策，期望通过购买国债刺激美国经济复苏。

7. 11月5日，国际货币基金组织总裁卡恩宣布，IMF执行董事会当天通过份额改革方案。中国投票权从3.65%升至6.07%，位列美国、日本之后，超过德、法、英。

2011年

1. 8月3日，三大国际评级机构中的两家惠誉公司和穆迪投资者服务公司2日先后宣布，维持美国的3A主权信用评级不变，但均将美国的前景展望定为"负面"。在惠誉和穆迪宣布维持美国国债3A评级后，市场人士更为关注另外一家主要评级机构——标准普尔公司对美国债务前景的评估。

2. 8月6日，国际评级机构标准普尔下调美国长期主权信用评级AAA至AA+，这也是标准普尔百年来首次下调美国信用评级。标准普尔方面表示，政治风险与不断上升的债务负担是下调评级的主要原因。

3. 8月9日，继5日将美国主权信用评级由AAA下调至AA+后，标准普尔公司8日又将美国贷款抵押融资公司房利美和房地美的评级由AAA下调至AA+。

4. 美国总统奥巴马在白宫就标准普尔调降美国主权信用评级纽约股市大跌发表讲话，坚称美国信用仍是世界上最安全，但当日欧洲、亚太股市的惨淡表现一道遭遇了"黑色星期一"。

5. 8月29日，标准普尔公司根据银行业评级新标准，对全球37家主要金融机构的评级做出调整，其中包括下调美国银行、花旗银行、高盛集团、富国银行、摩根大通银行和摩根士丹利等美国大金融机构的信用评级。

2012年

1. 6月25日，亚洲投行与券商大范围裁员应对市场变化。

2. 6月26日，欧盟决定7月1日起全面禁运伊朗石油

3. 6月29日，德国联邦议院29日晚以超过三分之二的多数票分别批准了旨在加强财政纪律的"财政契约"和规模为5000亿欧元（约合6644亿美元）的欧元长期救助机制欧洲稳定机制（ESM）。

4. 7月5日，欧洲中央银行决定将欧元区主导利率从1％下调25个基点至0.75％的历史最低水平。

5. 7月19日，美国56％的地区陷入干旱，农产品价格大涨。美国个股——黑石集团押注美国房市复苏，收购逾2000户房屋供出租。

6. 7月20日，摩根士丹利计划进一步裁员以应对疲弱前景。

7. 9月10日，欧洲拟一统存款保险机制，力保银行及储户存款。

8. 9月12日，希腊财政部发表声明向德国索要巨额第二次世界大战赔偿。德国宪法法院裁定，德国可以批准欧元区新的救援基金和预算协议，前提是政府必须保证，若未获得国会批准，德国在欧元区救援基金的负担不能增加。

9. 9月13日，联邦公开市场委员会（FOMC）发布最新货币政策，宣布推出第三轮量化宽松政策（QE3），即每月购买400亿美元的抵押贷款支持证券，并维持现在扭曲操作（OT）不变，延长0~0.25%的超低利率至2015年中。

10. 10月6日，欧元区永久援助基金（ESM）10月8日正式启动，价值5000亿欧元的欧洲稳定基金（ESM），以增强欧元区应对主权债务危机的防卫能力，而目前危机的风暴眼是西班牙。

2013年

1. 3月26—27日，中国、俄罗斯、巴西、印度、南非5个金砖国家领导人第五次会晤在南非德班举行。

2. 4月6日，2013年亚洲经济论坛在中国海南省琼海市博鳌镇举行。

3. 5月，非洲开发银行行长唐纳德·卡贝鲁卡在摩洛哥古城马拉喀什宣布，非洲国家的人均国内生产总值最近首次突破1000美元关口。

4. 7月6日，中国与瑞士签署自贸协定，这是中国与欧洲大陆国家签署的首个自贸协定。

5. 9月5—6日，二十国集团领导人峰会在俄罗斯圣彼得堡举行，此次峰会的主题是促进经济增长和创造就业岗位。

6. 10月10日，美债危机

7. 10月16日，美国非政府机构关闭，16天后恢复运作。

8. 11月27日，迪拜赢得2020年世博会举办权。

9. 12月3—7日，世界贸易组织第九届部长级会议在印尼巴厘岛举行。

10. 12月6日，中国电信产业正式进入4G时代。

11. 12月7日，世贸组织第九届部长级会议达成了首个全球贸易协定后闭幕。

2014年

1. 4月1日，日本政府提高消费税至8%，导致日本经济再次陷入技术性衰退。

2. 6月5日，欧洲央行下调存款利率至-0.1%，成为全球首个推行负利率政策的主要央行。

3. 7月15日，金砖国家开发银行宣布成立，打破国际金融秩序长期被发达国家垄断的僵局。

4. 10月24日，筹建亚洲基础设施投资银行（亚投行）备忘录在北京正式签署。

5. 10月29日，美联储宣布结束长达6年的资产购买计划，美国量化宽松货币政策落幕。

6. 11月11日，亚太经合组织（APEC）第二十二次领导人非正式会议在北京举行，亚太自由贸易区进程启动。

7. 11月15—16日，二十国集团（G20）领导人第九次峰会举行，提出2%额外增长目标。

8. 12月8日，摩根大通新兴市场货币指数跌至创立以来新低，新兴市场货币集体"跳水"。

9. 12月11日，纽约商品交易所2015年1月交货的轻质原油期货价格收于每桶59.95美元，首次跌破60美元大关。

2015年

1. 6月上证综指达到5178.19点的高位，而后急速下挫，到8月26日最低点2850.70，最大跌幅达到45%，创业板最大跌幅56%。期间出现14次千股跌停的局面，是A股历史上前所未有的股灾。

2. 12月16日，美联储在本年度最后一次FOMC会议上决定加息25个基点，新的联邦基金利率目标将维持在0.25%～0.5%的区间。开启了近十年来首次加息，标志着全球最大的经济体正式进入加息周期，也意味着美联储对美国经济前景有信心。

3. 7月5日，希腊公民投票否决了债务救助方案。而8月25日，希腊总理助理和希腊投资副部长辞职，希腊政府在迎战债务危机之际遭到打击。希腊债务危机不但影响欧元区经济，更波及全球市场。

4. 全球大宗商品价格暴跌。从油价，到矿业、金属、咖啡、大豆期货，基本都呈现大幅度下挫的行情。

5. 10月5日，美国亚特兰大经过再三延期，连续6天的通宵谈判之后12个太平洋沿岸国家的谈判代表宣布，各方已经就TPP协定达成一致。

2016年

1. 1月16日，亚洲基础设施投资银行（亚投行）正式开业。中国财政部部长楼继伟被选举为亚投行首届理事会主席，金立群当选首任行长。

2. 10月1日，人民币加入国际货币基金组织SDR货币篮子，成为世界五大篮子货币之一，同时也是首个进入SDR的新兴市场货币。

3. 12月5日，意大利修宪公投初步结果出炉，反对票高出赞成票近20个百分点，修宪公投被否决。

4. 12月10日，OPEC与非OPEC产油国达成2001年以来的首份联合限产协议，将协同减产以缓解全球供应过剩。

5. 12月15日，美联储时隔1年后再次宣布将联邦基金利率目标区间上调25个基点，同时预计2017年可能加息三次。

6. 大宗商品市场强势转身。2016年大宗商品价格年度增幅达到10.4%，与2014年、2015年分别下降8.8%和26.7%的局面形成鲜明对比。

2017年

1. 1月23日，美国总统特朗普签署退出跨太平洋伙伴关系协定（TPP）行政令。美国退出TPP，未来走向增添变数。

2. 3月29日，英国正式向欧盟递交"脱欧"信函，成为首个寻求退出欧盟的成员国，随后双方正式启动谈判。

3. 5月14日—15日，"一带一路"国际合作高峰论坛在京召开

4. 7月，法国团结与生态转型部长尼古拉·于洛宣布，法国计划从2040年开始全面停止出售汽油车和柴油车。英国政府也宣布，将于2040年起停止销售燃油汽车以减轻空气污染。此前，荷兰、挪威和印度等国相继提出在2025到2030年间禁售传统燃油车的计划。

5. 7月19日，首轮中美全面经济对话在美国华盛顿举行。

6. 9月3日—5日，金砖国家领导人第九次会晤在中国厦门举行。

7. 9月20日，美联储宣布，从10月起开始缩减总额高达4.5万亿美元的资产负债表规模。

8. 12月，芝加哥期权交易所推出比特币期货，接近年底时比特币价格曾一度逼近每枚20000美元关口。

9. 12月22日，美国总统特朗普签署自1986年以来美国最大规模的减税法案。这是特朗普推行"美国优先"原则的又一具体行动。

附录1
历届诺贝尔经济学奖得主（1969—2017年）

年份	获奖者	国籍	获奖原因
1969	简·丁伯根	荷兰	他们发展了动态模型来分析经济进程。拉格纳·弗里希是经济计量学的奠基人，简·丁伯根是经济计量学模式建造者之父。
	拉格纳·弗里希	挪威	
1970	保罗·安·萨缪尔森	美国	发展了数理和动态经济理论，将经济科学提高到新的水平。他的研究涉及经济学的全部领域。
1971	西蒙·库兹涅茨	美国	在研究人口发展趋势及人口结构对经济增长和收入分配关系方面做出了巨大贡献。
1972	约翰·理查德·希克斯	英国	深入研究了经济均衡理论和福利理论。
	肯尼斯·约瑟夫·阿罗	美国	
1973	华西里·里昂惕夫	苏联	发展了投入产出方法，该方法在许多重要的经济问题中得到运用。
1974	弗里德里希·奥克斯特冯·哈耶克	澳大利亚	深入研究了货币理论和经济波动，并深入分析了经济、社会和制度现象的互相依赖。
	纲纳·缪达尔	瑞典	
1975	列奥尼德·康托罗维奇	苏联	创立了享誉全球的线形规划要点

· 353 ·

续表

年份	获奖者	国籍	获奖原因
	佳林·库普曼斯	美国	将数理统计学成功运用于经济计量学，对资源最优分配理论做出了贡献。
1976	米尔顿·弗里德曼	美国	创立了货币主义理论，提出了永久性收入假说。
1977	贝蒂尔·奥林	瑞典	对国际贸易理论和国际资本流动作了开创性研究。
	詹姆斯·爱德华·米德	英国	
1978	赫伯特·西蒙	美国	对于经济组织内的决策程序进行了研究，这一有关决策程序的基本理论被公认为关于公司企业实际决策的见解。
1979	威廉·阿瑟·刘易斯	圣卢西亚	在经济发展方面做出了开创性研究，深入研究了发展中国家在发展经济中应特别考虑的问题。
	西奥多·威廉·舒尔茨	美国	
1980	劳伦斯·罗·克莱因	美国	以经济学说为基础，根据现实经济中实有数据所做的经验性估计，建立起经济体制的数学模型。
1981	詹姆斯·托宾	美国	阐述和发展了凯恩斯的系列理论及财政与货币政策的宏观模型，在金融市场及相关的支出决定、就业、产品和价格等方面的分析做出了重要贡献。
1982	乔治·斯蒂格勒	美国	在工业结构、市场的作用和公共经济法规的作用与影响方面，做出了创造性重大贡献。
1983	杰拉德·德布鲁	美国	概括了帕累拖最优理论，创立了相关商品的经济与社会均衡的存在定理。
1984	理查德·斯通	英国	国民经济统计之父，在国民账户体系的发展中做出了奠基性贡献，极大地改进了经济实践分析的基础。

附录1 历届诺贝尔经济学奖得主（1969—2017年）

续表

年份	获奖者	国籍	获奖原因
1985	弗兰科·莫迪利安尼	意大利	第一个提出储蓄的生命周期假设，这一假设在研究家庭和企业储蓄中得到了广泛应用。
1986	詹姆斯·麦基尔·布坎南	美国	将政治决策的分析同经济理论结合起来，使经济分析扩大和应用到社会—政治法规的选择。
1987	罗伯特·默顿·索洛	美国	对增长理论做出贡献，提出长期的经济增长主要依靠技术进步，而不是依靠资本和劳动力的投入。
1988	莫里斯·阿莱斯	法国	在市场理论及资源有效利用方面做出了开创性贡献，对一般均衡理论重新做了系统阐述。
1989	特里夫·哈维默	挪威	建立了现代经济计量学的基础性指导原则。
	默顿·米勒	美国	
1990	哈里.马科维茨	美国	在金融经济学方面做出了开创性工作。
	威廉·夏普	美国	
1991	罗纳德·科斯	英国	揭示并澄清了经济制度结构和函数中交易费用和产权的重要性。
1992	加里·贝克尔	美国	将微观经济理论扩展到对人类相互行为的分析，包括市场行为。
1993	道格拉斯·诺斯	美国	建立了包括产权理论、国家理论和意识形态理论在内的"制度变迁理论"
	罗伯特·福格尔	美国	用经济史的新理论及数理工具重新诠释了过去的经济发展过程。
	约翰·福布斯·纳什	美国	在非合作博弈的均衡分析理论方面做出了开创性贡献
1994	约翰·哈萨尼	美国	对博弈论和经济学产生了重大影响。
	莱因哈德·泽尔腾	德国	非合作博弈理论中开创性的均衡分析

续表

年份	获奖者	国籍	获奖原因
1995	小罗伯特·卢卡斯	美国	倡导和发展了理性预期与宏观经济学研究的运用理论，深化了人们对经济政策的理解，并对经济周期理论提出了独到的见解。
1996	詹姆斯·莫里斯	英国	前者在信息经济学理论领域做出了重大贡献，尤其是
	威廉·维克瑞	美国	不对称信息条件下的经济激励理论；后者在信息经济学、激励理论、博弈论等方面都做出了重大贡献。
1997	罗伯特·默顿	美国	对布莱克－斯科尔斯公式所依赖的假设条件做了进一步减弱，在许多方面对其做了推广
	迈伦·斯克尔斯	美国	给出了著名的布莱克－斯科尔斯期权定价公式，该法则已成为金融机构涉及金融新产品的思想方法。
1998	阿马蒂亚·森	印度	对福利经济学几个重大问题做出了贡献，包括社会选择理论、对福利和贫穷标准的定义、对匮乏的研究等。
1999	罗伯特·蒙代尔	加拿大	对不同汇率体制下货币与财政政策以及最适宜的货币流通区域所做的分析使他获得这一殊荣。
2000	詹姆斯·赫克曼	美国	发展广泛应用在经济学以及其他社会科学中对个人和住户的行为进行统计分析的理论和方法。尤其是，赫克曼
	丹尼尔·麦克法登	美国	对分析选择性样本的理论和方法的发展，麦克法登对分析离散抉择的理论和方法的发展。
2001	迈克尔·斯宾塞	美国	在"对充满不对称信息市场进行分析"领域做出重要贡献
	乔治·阿克尔洛夫	美国	在"对充满不对称信息市场进行分析"领域做出重要贡献。

附录1 历届诺贝尔经济学奖得主（1969—2017年）

续表

年份	获奖者	国籍	获奖原因
	约瑟夫.斯蒂格利茨		
2002	丹尼尔.卡尼曼	美国	在心理和实验经济学研究方面所做的开创性工作。
	弗农·史密斯		
2003	罗伯特·恩格尔	美国	在处理经济时间序列的两个关键性质：时变波动性和非平稳性时，所开创的统计分析方法。
	克莱夫·格兰杰	英国	
2004	芬恩·基德兰德	挪威	在动态宏观经济学领域中所作的贡献。
	爱德华·普雷斯科特	美国	
2005	罗伯特·约翰·奥曼	美国和以色列	"他们通过对博弈论的分析加深了我们对冲突与合作的理解"。
	托马斯·克罗姆比·谢林	美国	
2006	埃德蒙德·费尔普斯	美国	费尔普斯在20世纪60年代后期对当时盛行的"菲利普斯曲线"理论提出了挑战。
	莱昂尼德·赫维奇		
2007	埃里克·马斯金	美国	他们在创立和发展"机制设计理论"方面做出了贡献。
	罗杰·迈尔森		
2008	保罗·克鲁格曼	美国	克鲁格曼整合了此前经济学界在国际贸易和地理经济学方面的研究，在自由贸易、全球化以及推动世界范围内城市化进程的动因方面形成了一套理论。

续表

年份	获奖者	国籍	获奖原因
2009	埃莉诺·奥斯特罗姆 奥利弗·威廉姆森 彼得·戴蒙德	美国 美国	奥斯特罗姆因为"在经济管理方面的分析、特别是对公共资源管理的分析"获奖,威廉姆森则因为"在经济管理方面的分析、特别是对公司边界问题的分析"获奖。
2010	戴尔·莫特森 克里斯托弗·皮萨里德斯	美国 英国和塞浦路斯	对"经济政策如何影响失业率"理论的进一步分析。
2011	克里斯托弗·西姆斯 托马斯·萨金特	美国	"经济危机从某种程度上而言就是政策危机,所以需要 研究政策变量在宏观经济运行中到底扮演什么角色。"
2012	家埃尔文·罗斯 罗伊德·沙普利 尤金·法玛	美国	"稳定分配及市场设计实践"理论。
2013	拉尔斯·皮特·汉森 罗伯特·希勒	美国	对资产价格的实证分析。
2014	让·梯若尔	法国	对市场力量和管制的研究分析。
2015	迪顿	美国	对消费、贫困和福利的分析。
2016	哈特 霍姆斯特罗姆	美国	对契约理论的贡献。
2017	理查德. 塞勒	美国	在行为经济学领域的贡献。

附录 2
外国经济学家姓名中英文对照表

1. 亚当·斯密 | Adam Smith
2. 大卫·李嘉图 | David Ricardo
3. 约翰·梅纳德·凯恩斯 | John Maynard Keynes
4. 阿尔弗雷德·马歇尔 | Alfred Marshall
5. 莱昂尼德·赫维奇 | Leonid Hurwicz
6. 简·丁伯根 | Jan Tinbergen
7. 拉格纳·弗里希 | Ragnar Frisch
8. 西蒙·库兹涅茨 | Simon Kuznets
9. 华西里·列昂惕夫 | Wassily Leontief
10. 弗·冯·哈耶克 | Friedrich August von Hayek
11. 纲纳·缪达尔 | Karl Gunnar Myrdal
12. 保罗·萨缪尔森 | Paul A. Samuelson
13. 约翰·希克斯 | John R. Hicks
14. 肯尼斯·约瑟夫·阿罗 | Kenneth J. Arrow
15. 列奥尼德·康托罗维奇 | Leonid Vitaliyevich Kantorovich
16. 佳林·库普曼斯 | Tjalling C. Koopmans
17. 米尔顿·弗里德曼 | Milton Friedman
18. 戈特哈德·贝蒂·俄林 | Bertil Ohlin
19. 詹姆斯·爱德华·米德 | James E. Meade
20. 赫伯特·西蒙 | Herbert A. Simon

21. 威廉·阿瑟·刘易斯｜Sir Arthur Lewis
22. 西奥多·舒尔茨｜Theodore W. Schultz
23. 劳伦斯·罗·克莱因｜Lawrence R. Klein
24. 詹姆斯·托宾｜James Tobin
25. 乔治·斯蒂格勒｜George J. Stigler
26. 罗拉尔·德布鲁｜Gerard Debreu
27. 理查德·约翰·斯通｜Richard Stone
28. 弗兰科·莫迪利安尼｜Franco Modigliani
29. 詹姆斯·麦基尔·布坎南｜James M. Buchanan Jr.
30. 罗伯特·索洛｜Robert M. Solow
31. 莫里斯·阿莱斯｜Maurice Allais
32. 特里夫·哈维默｜Trygve Haavelmo
33. 默顿·米勒｜Merton H. Miller
34. 哈里·马科维茨｜Harry M. Markowitz
35. 威廉·夏普｜William F. Sharpe
36. 罗纳德·科斯｜（Ronald H. Coase）
37. 加里·贝克尔｜Gary S. Becker
38. 道格拉斯·诺斯｜Douglass C. North
39. 罗伯特·福格尔｜Robert W. Fogel
40. 约翰·福布斯·纳什｜John F. Nash Jr.
41. 约翰·海萨尼｜John C. Harsanyi
42. 莱因哈德·泽尔腾｜Reinhard Selten
43. 小罗伯特·卢卡斯｜Robert E. Lucas Jr
44. 詹姆斯·莫里斯｜James A. Mirrlees
45. 威廉·维克瑞｜William Vickrey
46. 罗伯特·默顿｜Robert C. Merton
47. 迈伦·斯克尔斯｜Myron S. Scholes
48. 阿马蒂亚·森｜Amartya Sen

附录2 外国经济学家姓名中英文对照表

49. 罗伯特·蒙代尔 | Robert A. Mundell
50. 詹姆斯·赫克曼 | James J. Heckman
51. 丹尼尔·麦克法登 | Daniel L. McFadden
52. 乔治·阿克尔洛夫 | George A. Akerlof
53. 迈克尔·斯宾塞 | A. Michael Spence
54. 约瑟夫·斯蒂格利茨 | Joseph E. Stiglitz
55. 丹尼尔·卡尼曼 | Daniel Kahneman
56. 弗农·史密斯 | Vernon L. Smith
57. 克莱夫·格兰杰 | Clive W. J. Granger
58. 罗伯特·恩格尔 | Robert F. Engle III
59. 芬恩·基德兰德 | Finn E. Kydland
60. 托马斯·克罗姆比·谢林 | Thomas Crombie Schelling
61. 罗伯特·约翰·奥曼 | Robert John Aumann
62. 埃德蒙德·菲尔普斯 | Edmund Phelps
63. 埃里克·马斯金 | Eric S. Maskin
64. 罗杰·迈尔森 | Roger B. Myerson
65. 里奥尼德·赫维克兹 | Leonid Hurwicz
66. 保罗·克鲁格曼 | Paul Krugman
67. 奥利弗·威廉姆森 | Oliver·Williamson
68. 埃莉诺·奥斯特罗姆 | Elinor Ostrom
69. 彼得·戴蒙德 | Peter A. Diamond
70. 戴尔·莫特森 | Dale T. Mortensen
71. 克里斯托弗·西姆斯 | Christopher Sims
72. 托马斯·萨金特 | Thomas J. Sargent
73. 斯托弗·西姆斯 | Christopher Sims
74. 埃尔文·罗斯 | Alvin E. Roth
75. 罗伊德·沙普利 | Lloyd S. Shapley
76. 尤金·法玛 | Eugene F. Fama

77. 拉尔斯·皮特·汉森 | Lars Peter Hansen
78. 罗伯特·席勒 | Robert J. Shiller
79. 让·梯若尔 | Jean Tirole
80. 安格斯·迪顿 | Angus Deaton
81. 奥利弗·哈特 | Oliver Hart
82. 本特·霍姆斯特罗姆 | Bengt Holmstrom
83. 理查德-塞勒 | Richard Thaler
84. 爱德华·普雷斯科特 | Edward C. Prescott

参考文献

1. 田森. 三个世纪的陈翰笙 [M]. 杭州：浙江人民出版社，2012.
2. 靳明全. 论王学文在日撰写的经济学论文与河上肇学说之影响 [J]. 江苏科技大学学报（社会科学版），2011（6）：57-63.
3. 全国政协文史和学习委员会. 何廉回忆录 [M]. 北京：中国文史出版社，1988.
4. 邓加荣. 勇气与卓识：马寅初的一生 [M]. 北京：人民文学出版社，2011.
5. 徐梅，易洁. 马寅初：宁鸣而死，不默而生——一个知识分子的心灵史 [M]. 成都：四川出版集团，巴蜀书社，2010.
6. 杨永华. 卓炯传 [M]. 广州：广东经济出版社，2003.
7. 方显廷. 方显廷回忆录 [M]. 北京：商务印书馆，2006.
8. 中国社会科学院科研局组织编选. 钱俊瑞集 [Z]. 北京：中国社会科学出版社，2002.
9. 邓加荣. 登上世纪坛的学者：孙冶方 [M]. 北京：中国金融出版社，2006.
10. 姜猛. "牛虻"孙冶方 [J]. 名人传记（上半月），2010（4）：25-28.
11. 薛暮桥. 薛暮桥回忆录 [M]. 天津：天津人民出版社，2006.
12. 王保贤. 许涤新苦读《资本论》侧影 [N]. 北京日报，

2012-2-27-(20).

13. 方卓芬,方梧. 回忆许涤新 [M]. 深圳：海天出版社,2002.

14. 罗伯特·海尔布罗纳. 改变世界的经济学家 [M]. 陈小白,译. 北京：华夏出版社,2016.

15. 罗伯特·海尔布罗纳. 几位著名经济思想家的生平、时代和思想 [M]. 蔡受百,马建堂,马君潞,译. 北京：商务印书馆,1994.

16. 亚当·斯密. 国富论（上）[M]. 郭大力,王亚南,译. 南京：译林出版社,2014.

17. 亚当·斯密. 国富论（下）[M]. 郭大力,王亚南,译. 南京：译林出版社,2014.

18. 李嘉图. 政治经济学及赋税原理 [M]. 郭大力,王亚南,译. 北京：北京联合出版公司,2013.10.

19. 约翰·穆勒. 政治经济学原理 [M]. 赵荣潜,桑炳彦等,译. 北京：商务印书馆,1991.

20. 约瑟夫·熊彼特. 从马克思到凯恩斯的十大经济学家 [M]. 狐咪咪,译. 北京：电子工业出版社,2013.

21. 马歇尔. 经济学原理（上卷）[M]. 朱志泰,译. 北京：商务印书馆,1964.

22. 马歇尔. 经济学原理（下卷）[M]. 朱志泰,译. 北京：商务印书馆,1964.

23. 宇琦. 领导干部每天读点经济学 [M]. 北京：中国华侨出版社,2010.

24. 李仁君. 由穷变富的学问——舒尔茨极其人力资本理论 [J]. 创业者,2005（Z1）.

25. 琼·罗宾逊约翰·伊特韦尔. 现代经济学导论 [M]. 陈彪如,译. 北京：商务印书馆,1982.

26. 琼·罗宾逊. 凯恩斯以后［M］. 虞关涛，等，译. 北京：商务印书馆，1985.

27. 米尔顿·弗里德曼. 资本主义与自由［M］. 张瑞玉，译. 北京：商务印书馆，1986.

28. 威廉·阿瑟·刘易斯. 经济增长理论［M］. 周师铭，等，译. 北京：商务印书馆，1983.

29. 保罗·萨缪尔森威廉·诺德豪斯. 经济学［M］. 萧琛，等，译. 北京：人民邮电出版社，2008.

30. 范家骧. 一部世界性的经济学教科书：解读萨缪尔森《经济学》［M］. 济南：山东人民出版社，2004.

31. 道格拉斯·C. 诺斯. 经济史中的结构与变迁［M］. 陈郁，等，译. 上海：上海三联书店，1994.

32. 道格拉斯·诺思，罗伯特·托马斯. 西方世界的兴起［M］. 厉以平，蔡磊，译. 北京：华夏出版社，2009.

33. 莫里斯. 詹姆斯·莫里斯论文精选［M］. 厉以平，蔡磊，译. 北京：商务印书馆，1997.

34. 卢卡斯. 经济发展讲座［M］. 罗汉，应洪基，译. 南京：江苏人民出版社，2003.